历史文化文库
LI SHI WEN HUA WEN KU

高建军◎著

MINGLING XINGGONG GONGHUACHENG

本书由人文在线出版基金资助出版

明陵行宫巩华城

中国文联出版社
http://www.clapnet.cn

图书在版编目（CIP）数据

明陵行宫巩华城 / 高建军著. -- 北京 ：中国文联
出版社，2016.9
ISBN 978-7-5190-1692-0

Ⅰ．①明… Ⅱ．①高… Ⅲ．①十三陵－研究 Ⅳ.
①K928.76

中国版本图书馆CIP数据核字(2016)第229842号

明陵行宫巩华城

作　　者：高建军	
出 版 人：朱　庆	
终 审 人：朱彦玲	复 审 人：王　军
责任编辑：刘　旭	责任校对：傅泉泽
封面设计：人文在线	责任印制：陈　晨

出版发行：中国文联出版社

地　　址：北京市朝阳区农展馆南里10号，100125

电　　话：010-85923043（咨询）85923000（编务）85923020（邮购）

传　　真：010-85923000（总编室），010-85923020（发行部）

网　　址：http://www.clapnet.cn　　http://www.claplus.cn

E－mail：clap@clapnet.cn　　liux@clapnet.cn

印　　刷：北京市媛明印刷厂

装　　订：北京市媛明印刷厂

法律顾问：北京天驰君泰律师事务所徐波律师

本书如有破损、缺页、装订错误，请与本社联系调换

开　　本：710×1000	1/16
字　　数：245千字	印 张：15.5
版　　次：2017年1月第1版	印 次：2017年1月第1次印刷
书　　号：ISBN 978-7-5190-1692-0	
定　　价：48.00元	

前　言

　　昌平沙河镇巩华城，弹丸之地，邑小而势冲，城小而位尊。明朝建都北京，以昌平黄土山为皇家陵寝，使昌平出现了两座城和两座行宫。其中就有坐落于沙河的巩华城和沙河行宫。沙河明清以来为京北重镇，集军事与商业贸易中心为一身。明清的《昌平州志》《顺天府志》对巩华城记载较为简略，未有详文。沙河之地理沿革，人文掌故散落于民间者众多，今城内外八九十岁老人健在者历历可数，若不加以记取沙河之旧貌，数十年后谁人可知？生于斯土，感念于此，则志其大概。

　　2001年秋，网罗搜集地方史志，遍走沙河城内外古迹遗存，早晚访问村中耆老，采择人文掌故，历有数年，才下笔成今文，期待本书形成后可补《光绪昌平州志》之遗漏，亦可拾《昌平外志》之未拾，填补昌平地区有关沙河地理人文沿革记载之不足。

　　我昌平先贤西贯市村麻兆庆先生，在其所著的《昌平外志》一书中，曾说到"巩华城图、北路厅署图、巩华城之城隍庙、魁星楼"昌平外志未能补进的原因，令人感慨万分。本书尽最大可能，用现今所掌握的史料来弥补麻兆庆先生的遗憾。

　　为使读者对沙河巩华城的今昔有清晰的了解，在书中特附图十余例。分别为：巩华城街巷图，京北大道历史变迁示意图，明清沙河地区京北大道示意图，杨守敬《水经注疏·湿余水》图，明清巩华城示意图，民国二年沙河镇图，明清巩华城守备署示意图，清顺天府北路厅署，沙河城隍庙示意图，沙河圣文寺及泰清宫示意图，沙河龙王庙及北路厅司狱署示意图，一些图均为笔者依据相关历史记载或地图放大手绘。

　　此书在编写过程中参考了许多文献史料。在搜集史料过程中，笔者访问了许多沙河城内外耆老，这些老人年龄都在七十岁以上，年纪最大的是北二村王姓老人九十六岁，西二村李式元、赵平来、昌平区伊斯兰协会会长李红玉，老校长李同老师等人给此书提供了大量史料，人文掌故、寺庙沿革等内容。

在本书写作中东一村的梁伯卿老先生提出不少宝贵建议，提出要在书中突出行宫，城池和泰清宫，圣文寺的重要性，因为这些建筑是沙河标志性建筑物。笔者尽量以自己所掌握材料来复原历史。由于沙河城毁较早，并且沙河城内外耆老的相继故去，沙河城的史料也只能收集到此为止，可为憾事。颜师古曰"志者，记也，积记其事也。"从来记志，以实为记，善恶皆当存之，不揣摩猜测，不轻下结论，这也是写作本文所秉承的思想。

沙河展思门高建军于二〇〇七年十一月二十三日记

明陵行宫巩华城定稿自序

　　笔者生长于沙河。小学就学于沙河城隍庙和圣仁寺，中学在沙河行宫遗址，在观音堂内观看过壁画，行走于城内大街小巷，对沙河城四面城墙夯土墟址，护城河，寺庙遗址并不陌生。生活工作于此耳濡目染。初时并没有感觉它有什么特殊的地方。成年之后，无意中看了一些资料，再加上平时同一些老年人聊天，才知道沙河曾经名为巩华城。笔者想再深入了解巩华城的历史，查看了许多历史资料，发现只有零星记录，并无完整记载，更无一部专门著述的书籍，想要全面了解巩华城的历史难上加难。

　　2001年秋，笔者决定整理巩华城现存史料，于是网罗搜集地方史志，遍走沙河城内外古迹遗存，早晚访问村中耆老，采择人文掌故，历有数年，才于2007年下笔成稿。初稿名为《巩华城访闻录》，二稿为《京北巩华城考记》，三稿为《昌平沙河巩华城考记》。初稿和二稿各复印数十本，散发笔者写作时采访的各位人士，收取建议和不足。

　　2008年我有幸与昌平文化委员会杨广文副主任相识，我的二稿《京北巩华城考记》也请教了杨广文副主任。杨广文当时在文委主管昌平区文物工作，他正在组织编写昌平文物的系列书籍，邀请我担任《风雨沧桑巩华城》一书的特约编辑。作为该书特约编辑的还有昌平文化委员会的工作人员张丽娟。编写过程中我主要负责《风雨沧桑巩华城》的第四章，第五章以及附录一巩华城文物遗存及相关追述的内容编写。正如杨广文在《风雨沧桑巩华城》后记中提到我本人时候所说的："由于他家住在展思门内，所以平日里也日积月累积攒整理了有数万字的"京北巩华城考记"，也正是由于他提供的一些相关资料使得《风雨沧桑巩华城》又增添了不少的具体内容，使得书稿愈加的充实了"。此后，昌平区委党史办公室在组织编写北京区县古镇图志《沙河》一书时也征得我同意，使用了我的二稿《京北巩华城考记》一些内容。遗憾的是二稿《京北巩华城考记》中有许多的内容由于当时收集史料的不足，调查的不严谨，出现了若干考证错误和记叙，特别是巩华城内的寺庙位置和历史沿革方面混乱不清。这使得《风雨沧桑巩华城》和北京区县古镇图志《沙河》一书也留下了遗憾。感念于此，笔者决定重新编写二稿《京北巩华城考记》，历时三年在推倒重来的基础上终于完成了四稿《明陵行宫巩华城》的工作。在四稿中笔者认为正是沙河有了南北沙河之水才有了沙河这一特定历史区域，所以用了很大的笔墨对南北沙河的来历进行叙述。本稿完成于巩华城末拆迁之前，而拆迁之后巩华城将何去何从无从知晓。截至2016年巩华城内外还是建筑垃圾累累，一片废墟。所以本稿绝大部分资料只涉及2010年拆迁之前时期的沙河及巩华城，望同知者见谅。

沙河兆丰家园高建军于二零一六年五月记

目　录

第一章　沙河镇的历史 / 1

第二章　昌平、军都二县历史沿革 / 16

第三章　沙河源流辨析 / 26

第四章　巩华城的肇建 / 49

第五章　沙河行宫 / 71

第六章　巩华城营卫衙署 / 91

第七章　巩华城的漕运开发 / 109

第八章　巩华城的桥 / 117

第九章　巩华城金石碑刻记 / 124

第十章　巩华城大事年表 / 163

第十一章　巩华城的民间传说 / 179

第十二章　巩华城民俗与工商街 / 186

第十三章　巩华城文物遗存 / 205

第十四章　巩华城的寺观庙宇 / 212

第十五章　历代沙河吟咏记 / 223

本书主要参考资料 / 228

附图：巩华城历史示意图

附图一：巩华城街巷图 / 230

附图二：京北大道历史变迁示意图 / 231

附图三：明清沙河地区京北大道示意图 / 232

附图四：杨守敬《水经注疏·湿余水》图 / 233

附图五：明清巩华城示意图 / 234

附图六：民国二年沙河镇图 / 235

附图七：明清巩华城守备署示意图 / 236

附图八：清顺天府北路厅署 / 237

附图九：沙河城隍庙示意图 / 238

附图十：沙河圣文寺及泰清宫示意图 / 239

附图十一：沙河龙王庙及北路厅司狱署示意图 / 240

第一章　沙河镇的历史

沙河镇即明清顺天府昌平州沙河店，位于北京市昌平区南部。自昌平城区至沙河镇方位角为172°，直线距离11.7公里。全镇东西长三公里，南北宽两公里，总面积为六平方公里。《光绪昌平州志》载"沙河店，距城二十里。东至窦各庄五里，南至定府黄庄二里，西至梅所屯八里，北至满井村五里，东南至史家庄八里，西南至老牛湾五里，东北至丰善五里，西北至大兴庄五里。"以原巩华城为中心，镇内有街、路、胡同、巷、居民区上百条。居民多数为汉族，有少部分回、满族等。主要人口分布在南北沙河之间。镇东部濒临沙河水库，镇西有八达岭高速公路穿镇而过。

沙河的名称来自于昌平区西部、北部山区的水到此汇合，因水中含沙量大而称沙河。沙河的名称是在明代之后才出现的。明代之前历史资料记载沙河名称是湿余水、温余水、易荆水、高梁水、高梁河、榆河等。这些名称在当时都是指河之水名，用来称呼河水的名称，非指今沙河地理名称。沙河在宋元之时，两岸还较为荒芜，当时南沙河北岸只有若干人家，以捕鱼为生，因常泗水渡河，为求济水安全，便以安济村为沙河地名。在1421年明成祖迁都北京后，即在沙河建造行宫，作为皇帝北巡出塞聚屯军队粮马之所。此后，由于明成祖选定昌平黄土山作为皇家陵寝，修建和祭祀皇陵都要由沙河经过，因而沙河地理位置的重要性逐渐地体现出来。巩华城兴建以后，温榆河漕运十分繁重，商旅往来大多在此停留，住户也逐渐增多，店铺也伴随开设，自此沙河又有了"沙河店"之称。

1948年12月沙河解放，1949年沙河成立镇公所，辖八村计东一村、西二村、北二村、南一村、老牛湾、定福黄庄、满井、路庄，1951年撤镇公所，成立昌平县二区区政府，管辖范围扩大南至回龙观、北至西沙屯、东至松兰堡，西至现已划到海淀区的前章村、后章村。1953年镇内几个村建立了乡政府，并成立了初级社。1958年8月23日，红旗人民公社成立大会在七里渠村举行，这是北京市郊区建立的第一个人民公社。该公社包括沙河、回龙观、平西府、北七家、松兰堡、百善六个高级农业生产合作社和一个国营畜牧场，共有77个村，约1.5万户，6万人口，耕地1.4万公顷。1961年沙河高级人民公社改称沙河镇人民公社。1980年又改称沙河人民公社，1981年7月改称沙河乡。1987年沙河乡改称沙河镇。1990年6月从沙河镇内划出南一村、北二村、东一村、西二村、老牛湾五个行政村成立巩华镇。1997年巩华镇并入沙河镇。1999年10月七里渠乡并入沙河镇。

一 沙河镇辖区范围

辖5个社区，22个村委会：南一村社区、东一村社区、西二村社区、北二村社区、沙阳路社区、西沙屯村、老牛湾村、南一村、东一村、西二村、北二村、辛立屯村、路庄村、踩河村、丰善村、于辛庄村、满井东队村、满井西队村、松兰堡村、王庄村、小寨村、大洼村、七里渠南村、七里渠北村、白各庄村、豆各庄村、小沙河村。截至2000年底沙河镇常驻人口为5.7万人。

其中巩华城内东一村居民约有500多户，人口1500人，主要姓氏有梁、曹、张、李、刘。西二村居民约有700多户，人口1600人，主要姓氏有张、王、李、申、方。南一村居民约有800多户，人口2000人，主要姓氏有张、李、黄、聂。北二村居民约有400多户，人口1200人，主要姓氏有张、李、马、杨、王。巩华城居民民族成份以汉、回、满为主体。汉、满两族主要分布于东一村、北二村、西二村。回族主要分布于南一村、西二村。

在明代以前，从北京经居庸关至塞外的南北大道是沿西山山麓一线，从辽金故都（幽州城）向北，经清河朱房村、唐家岭、阳坊，贯市，军都故城、旧县、龙虎台、南口，出居庸关，这条路的历史可上溯至汉代。因而沿这条交通线上出现了较大的居民聚落区和集市，如阳坊、西贯市等地。曾作为军都县和昌平县治的土城村、旧县和辛店大致也位于这条交通线上。此外，白浮也是个历史悠久的聚落。考古研究表明，东周以来就已存在人类居住了。可能是由于这里有丰富的泉水和排水良好的土地，有利于生活与生产，成为一个历久不衰的较大聚落。元代以前的旧县、阳坊、白浮可能是昌平地区三足鼎立的集镇。这是与其周围地区地势较高，排水良好，经济开发较早有关。

元代，居庸关和昌平地区作为大都与上都的交通通道和水源地，具有重要地位。元帝每年都要到上都巡幸，经过居庸关往来时都是驻跸在南口龙虎台。昌平县治所在地旧县，正在龙虎台附近，为东西交通必经之路。由于郭守敬（1231—1316）修建了引白浮泉到京的通惠河渠道，途经西山山麓地带，使白浮、阳坊、沙河的地位有了较大提高。

明代定鼎北京后，昌平地区由于军事形势和十三陵的修建，京北的交通情况起了变化，使沙河的地理位置的重要性更加突出。明代作为重要军事防御工程的长城，在昌平的西北面和东北面呈弧形延伸。昌平县城恰好位于圆弧的圆心上，与长城相交的山地沟谷都成为长城重要的防守关口。镇边城、白羊城、居庸关城、黄花城、高崖口沟、柏峪沟、德胜口、锥石口等要塞环立于昌平城的西面、东北面，构成了一个军事上的防御网络体系。昌平则是网络体系的中心，这就是当时昌平的军事功能。明代选择十三陵地区建皇陵，提高了昌平的重要性，文武百官祭陵都要在昌平住宿，使昌平县城的位置发生了迁移。从远离北京到十三陵京北大道的旧县迁至永安城（今昌平城区）所在地。永安城是明景泰年间（1450—1457）所建。由于京北大道转移到今八达岭高速公路一线上，导致了沙河镇的发展。十三陵的修建使沙河成为祭陵的必经之地，皇帝北上祭陵需在沙河驻宿，因而修建了巩华城和沙河行宫。昌平西北至东北一线有大量的重兵防守边塞，又需要大量的粮食，从而又使沙河的水运有了发展。明隆庆至万历（1567—1620）年间，疏通了通州至巩华城的沙河漕运，当时漕运官船有300多只，应急时有民船千余只，运粮20万石由此转陆运至昌平西北，东北各关隘口和十三陵。故有"商船往西从潞河直抵安济桥下贸易"之说。巩华城也成为水陆贸易集运中心，物资由此转运昌平至各地。因此在明代，昌平的永安城与沙河的巩华城分别扮演着不同的历史角色，昌平作为州治所在地，功能重在行政和军事。有官署衙门和军事机构，驻有重兵，巩华城则是仓储贸易商业中心，有粮仓和漕运。

清朝是大一统的国家，长城作为军事防御工程的作用有所减弱，昌平虽有驻军，但其军事功能的重要性却大为下降，政治地位也因明朝的覆亡随着十三陵的地位下降而下降。相反，由于沙河镇距京城较近，对于卫戍京城的重要地位却超过昌平城。康熙二十七年（1688），顺天府设东、西、南、北四路厅分驻通州城、宛平拱极城、大兴黄村、沙河巩华城，各驻重兵。四厅驻地距京城均在40里左右。沙河巩华城为北路厅驻地，管辖昌平州、顺义、怀柔、密云、平谷四县一州。

清代沙河镇继续作为昌平地区的商业中心。同时，由于京北地区的开发，沙河所在的温榆河上游地区成为昌平农业的中心地带，为沙河镇的发展提供了有利条件。巩华城西部的工商街相当繁华，而巩华城内则由卫所官兵驻地变为农民住地。京张铁路在清末建成后在沙河设有火车站，更增强了沙河镇的商业地位，使其经济联系的范围迅速扩大，集市贸易相当繁荣，成为京北跨地区性的贸易中心。赶集之日，上市粮食每天达几百担，秋收后每天达2000担，甚至更多。人挑、车拉、牲口驮，从周围农村及怀柔、宣化、大同，甚至河北各地运此出售，再由铁路转运全国，北京、天津、保定都有人来此收购粮食，使沙河镇成为京北重要粮食集散地。在1948年之前，沙河已有商铺五六十家。并建有百人规模的烧锅酒厂，从事工商业和手工业的人数达到七八百人，全镇总人口达到了3000人左右。

1937年芦沟桥事变后，沙河地方经济遭到严重破坏。沙河镇做为京北大道的重要集镇，有京张铁路穿镇而过。日军重要大量物资如山西的煤炭、粮食都要由此转运，日军极为重视沙河，委派日人充当沙河火车站站长，并在沙河城内驻有一个连的协和军（伪军）和日军一个小队。1940年5月，晋察冀军区步兵第十团进入平北地区开展抗日游击战争，昌平地区是平北地区的游击区。八路军经常与日伪进行拉锯战争夺这块战略重地。日伪在昌平的南口、十三陵地区、沙河、百善等地修筑了大量炮楼，妄图封锁八路军，但八路军却两次攻占了昌平县城，夜袭南口、沙河城。抗日战争结束后国民党统治时期，昌平县的国民党地方武装纷纷成立。沙河镇工商街驻有保安队和警察所，沙河各村也成立了壮丁队和伙会。国民党一〇四军九十四师二八二团进驻沙河城内，团部设在威漠门瓮城内。1948年12月平津战役开始后，国民党一〇四军被东北野战军全歼于昌平县西峰山和高崖口地区，至此昌平县全境得到解放。

沙河镇在解放以后，农业人口占全镇人口总数的80%，工商业经济十分落后。沙河工业初期的发展是靠从北京迁来的市属企业单位如：北京第一通用机械厂、王麻子刀剪厂、北京第二量具厂、水利机械厂，北京半导体器件研究所等带动兴建起来的。这些市属单位迁到沙河后，改变了沙河地区人口构成，使非农业人口大量增多，从而也带动了沙河地方的经济发展，先后涌现出一批乡镇企业的兴建。截至1985年底，沙河在籍人口为17000余人，从事工商业人数约为8000余人。沙河镇的发展与往昔相比有了很大的进步，但与昌平区其他地区相比经济发展还是比较落后。八达岭高速公路纵穿沙河镇而过，把沙河镇分割成东西两个部分，使城镇居民往来十分不便。特别是商业服务和居民区多在镇东部，镇西部多分布大型工业企业，镇东西两部分经济发展十分不平衡。但由于沙河镇距北京德胜门只有22公里，有京包、沙通线铁路在沙河火车站停靠，加上南北方向的八达岭高速公路与东西方向的沙阳路和到顺义、平谷等地区的顺沙路在沙河途经，从而成为京北地区的交通枢纽。在北京市区工作的外来人口正是看中了沙河这一交通便利条件，加之本地房租便宜，从而选择在沙河居住。外来人口现在已占沙河地区常住人口的三倍之上。正是这部分外来人口在沙河的居住生活，而使沙河的商业服务行业迅速发展起来。

在昌平区沿八达岭高速公路一线分布的昌平区建制镇如昌平、沙河、回龙观等镇中，沙河镇的城镇化建设还是十分落后的，现代化企业与城镇居民住宅小区数量很少，本地居民构成以农业人口为主，经济收入主要以靠打工和出租房屋来获得。一旦外来人口减少会严重影响到居民的日常收入。要改变这种现状关键在于沙河镇要制定符合自己发展的城镇建设规划，定位好城镇职能。逐步改变沙河地区的人口构成。现在沙河镇政府在镇北已经开始进行沙河高校园区的建设规划工作，并制定了沙河镇远景规划目标。本文记述现代沙河镇的状况，是为了更好地展望今后沙河镇的经济发展。

现今沙河镇的行政辖区面积很大，但本书立足于明代巩华城的历史变迁，所以记述重点只放在巩华城内的记述上，其他地区只是记述现状，简略带过而不详列。巩华城外有以下几条主要街路：

八达岭高速公路西侧有东西向大街两条。由南往北依次为沙阳路和站前街。沙阳路是沙河通往阳坊、南口和海淀上庄地区的交通要道。路两侧有王麻子刀剪厂和北京科技职业学院。北京地质调查所、首钢第一线材厂和福田汽车有限公司以及北京第一通用机械厂。站前街是沙河火车站所在地，站前路路南侧有昌平煤炭公司，昌平粮食局沙河仓库；路北有万通烤肉馆，华云楼清真饭馆。

八达岭高速公路东侧由南往北依次排列四条东西向主要大街，扶京门路、巩华城大街、朝宗桥路西街和展思门路。扶京门路现为沙河镇内最为繁华的街道，街长有600余米，东至沙河住宅小区，西至沙河公交汽车站。街两侧是各类商店，以超市、书店、饭馆和理发店为多。巩华城大街是沙河街路中较为宽阔整齐的大街，街东与工商北街和南街相通，街两侧为沙河药店、新华书店、燕北照相馆、手机通信店等。朝宗桥路西街东侧与沙河工商北街和朝宗桥路相连，西侧街口有新世纪商城朝宗桥超市、沙河麦当劳店、中石化沙河加油站等。沙河工商街分工商南街与工商北街，工商北街为沙河古老的商业街；工商南街北侧与巩华城大街和工商北街相连，南侧隔扶京门路与安济桥路相望，工商南街主要有沙河巩华中心小学和家家福超市。工商北街北侧与朝宗桥路西街和朝宗桥路相连。顺城街在工商街东侧，位于沙河西门瓮城以南的护城河西岸，街南口与扶京门路相通。顺城街东是建于沙河西门瓮城护城河原址的沙河西门市场。朝宗桥路北与展思门路相连，南与工商北街相连，朝宗桥路两侧分布有沙河北二村居民区。展思门路东至沙河东一村北，西至朝宗桥。展思门路两侧有沙河工商所、沙河派出所、药物研究所、昌平区农机公司、沙河法庭以及北京半导体器件研究所。有住宅小区两处，分别为佳美小区和博达小区。安济桥路南起沙河清真寺，北至扶京门路与工商南街相对望，路两侧分布沙河南一村居民区。巩华城东门外为农田，农田已经分片租赁为乳制品厂和外来人口耕住，大部分土地被开挖成沙坑和垃圾填埋厂，建筑废弃物堆积成山，环境十分恶劣，经沙河地区有关部门多次整治，环境已有所改善。

巩华城内现为沙河东一村、西二村居民区。北二村居民区主要分布于巩华城外西北侧，南一村居民区主要分布于巩华城外南侧。城内主要有泰清宫大街、柴禾市大街、北门大街、东门大街，前街和南河漕大街等。这些街道都是明清时期遗留下来的古老街道。城内街道大多笔直，街两侧民居住宅整齐，规划严谨。为叙述方便，把巩华城内按片分成四大居民区分别述说（书后附图一）。

1. 第一居民区为城东北区

以展思门（北门）瓮城以东城墙至镇辽门（东门）瓮城以北城墙为区界。展思门瓮城以东城墙内有北城根大街（横向街），镇辽门瓮城以北城墙内有东城根大街（纵向街）。北城根大街西起北门大街，东至东城根大街。东城根大街北与北城根大街相通，南至东门大街。东门大街（横向街）西与北门大街相通，东至镇辽门。东门大街路北侧自西向东依次为仓门口南街、葡萄园胡同、三眼井横街、东城根大街。东门大街路南侧自西向东依次为闫家胡同、刘家胡同、王家胡同，这三条胡同南口俱通泰清宫大街。

北城根大街北距原北城墙遗址约有50米，街南侧由西向东依次为井儿胡同、玉皇庙西街、玉皇庙胡同（勇坑胡同）、井儿胡同、玉皇庙西街南与仓门口大街（横向街）相通。仓门口大街西至北门大街，东至仓门口南街。仓门口南街南至东门大街，北与仓门口大街和葡萄园胡同相接。朱家北胡同在仓门口大街路南侧，隔仓门口大街与井儿胡同斜望。朱家北胡同南至朱家胡同。朱家胡同（横向街）西至北门大街，东至仓门口南街。仓门口南街路东侧有仓门口横街，西与朱家胡同相对望，仓门口横街东与葡萄园胡同相通。葡萄园胡同（纵向街）路东由南向北有两条胡同，依次为辘轳把胡同、三眼井胡同，这两条胡同东与三眼井横街相通（纵向街）。三眼井横街，南至东门大街，北至三眼井北街（横向街）。三眼井北街北与玉皇庙胡同（勇坑胡同）相通，西与仓门口大街相通。三眼井北街、三眼井横街俱有小巷向东通往东城根大街。

2. 第二居民区为城西北区

以展思门瓮城以西城墙南至威漠门瓮城为区界。展思门正门前为北门大街（纵向街），北门大街南口分别与东侧的东门大街、西侧的前街相通。展思门瓮城以西沿西城墙遗址有北门西街（横向街），北门西街东至北门大街，西与龙王庙西街（纵向街）相通。龙王庙西街南至西城角地区与威漠门内的柴禾市大街相通。北门西街东侧路南有后坑胡同（纵向街），后坑胡同南至前街，隔前街与圣仁寺前街相对望。圣仁寺前街在沙河第二小学西墙外，南与柴禾市大街相通，北至前街。后坑胡同东侧有两条小巷与北门大街相通，后坑胡同西侧有后街（横向街）和中街（横向街）。后街和中街俱西至安济沟，东至后坑胡同。安济沟（纵向街）北至龙王庙头条，南经前街至柴禾市大街，与柴禾市大街路南侧的东小街相对望。龙王庙胡同（纵向）北至龙王庙头条，南至柴禾市大街，与柴禾市大街路南侧的南河槽大街相对望。

龙王庙头条，龙王庙二条俱为东西向的胡同，龙王庙胡同从中纵向贯穿于这两条胡同。头条、二条胡同西与龙王庙西街相通，东至安济沟。前街为横向街道，西至龙王庙西街，东至沙河第二小学后面与北门大街和东门大街相贯通。

3. 第三居民区为城东南区

以镇辽门瓮城以南城墙至扶京门（南门）瓮城为区界，泰清宫大街在东门大街南侧30米处为横纵向街，西至沙河第二小学，东至原泰清宫遗址，与环城路相通。环城路北至展思门路，沿原巩华城东城墙外侧至南沙河边。泰清宫大街路南由东向西依次有菩萨庙胡同、梁家沟胡同，两条胡同俱为南北走向。菩萨庙胡同路东有小巷与环城路相通，路西侧由北向南依次有兴隆巷胡同、西坑北街、西坑南街。这三条胡同俱为东西向胡同，西与梁家沟胡同相通，兴隆巷胡同横跨梁家沟胡同西至沙河中学东墙外。梁家沟胡同南至巩华城南水关。城东南区为巩华城内人口居住密度较小的居民区，梁家沟胡同东南部原为东一村菜田，菜田现已出租建成厂房，扶京门瓮城内东北侧被征地建为北京青年职业学院。北京青年职业学院南至扶京门瓮城东，北至柴禾市大街。

4. 第四居民区为城西南区

以威漠门瓮城以南至扶京门瓮城以西为区界，有三条纵向大街，从原沙河行宫（沙河中学）自东向西依次为皇城根大街、东小街、南河漕大街。三条大街俱北起柴禾市大街。柴禾市大街（横向街）东至沙河第二小学，和泰清宫大街相贯通，西至威漠门。南河漕大街南至沙河南一村的扶京门大街。皇城根大街南至扶京门。东小街过蝴蝶大街南至南庄子街。南庄子街和蝴蝶大街俱为纵向街，两街西至南河漕大街，东至皇城根大街。在扶京门瓮城以西原城墙遗址上由东向西依次有鸿雁民办小学、小新庄、昌平区粮食局沙河职工宿舍、昌平区百货公司职工宿舍、家平洗浴中心等。

二　沙河的历史溯源

沙河地理名称是从沙河水的名称而来，即以河水之名定地名。沙河作为地理名称第一次出现于《明史》。沙河在明代以后的官方史籍中记载为巩华城、地方志记载为沙河店，至清末时沙河之名称开始固定下来。沙河地区的历史最早可以追溯到汉晋，汉晋时期至少已经有人类聚居。考古研究发现古人早有临水而居，聚族成邑的习俗。在本书稿即将付审之时，新闻报道北京市文物研究所与昌平区文化委员会，在沙河镇巩华城镇辽门以东800米处的原东一村范围内分两个阶段对考古勘探发现的墓葬进行了发掘。第一阶段发掘时间为2010年1月2日至13日，发掘西晋时代墓3座、元代墓葬3座、明清墓葬104座。第二阶段发掘时间为2010年4月1日至30日，发掘汉代窑址1座、汉墓5座、唐墓9座、元墓2座、明清墓2座。这次发掘的重要性在于把沙河地区有人类居住的时间提前了千年。

在宋元之际，沙河称安济村，其地理位置在沙河镇南沙河北岸，今南一村濒河处，村民大多为渔民。以打鱼和摆渡为生。渔民为求临水谋生安全，取名安济村。到了明朝永乐年间，官方记载如《明实录》开始以沙河为名称出现在史籍中。由于巩华城的兴建，沙河成为京北军事重镇，漕运的发展，带动了商旅往来，民户开始增多，从而又有了沙河店之称，当时沙河店分沙河北店和沙河南店。沙河北店即今沙河镇北二村，沙河南店即指沙河镇南一村。清康熙年间至清末俱称沙河店，1912年民国后至1948年沙河镇北二村称沙河北会，东一村西二村称沙河东会，南一村称为沙河南会，从1948年至今称为沙河镇。

三　沙河镇周边村落起源

沙河镇周边村落大多是明清两代形成的居民聚集区，也有少数可以追溯到唐、金、元时期。东西贯市、阳坊在北魏已经成村，丰善、西沙屯等在唐代已经成村，晚唐著名人物刘贲故里就在西沙屯村，《新唐书》《旧唐书》中都有他的传记。

西沙屯：在明代之时为军屯，因村址位于东沙河西岸而称为西沙屯。

松兰堡：金代成村。《金史》记载其为"宋天水郡王（宋徽宗）亲属所葬墓地"，又称宋王墓，后讹传为宋王务、宋郎埠、宋郎府、送郎务、宋郎庄，1949年改称为松兰堡。

丰善：元代成村，称丰赡里。清代改称丰善至今。

百善：明清昌平州志记载为白蛇村或白石山村，因村内有白石山而名。后白石二字演化为百善。

路庄：元代成村，称二里庄。明代时为十三陵永陵皇庄，《康熙昌平州志》称永陵庄。《光绪昌平州志》称路家庄，因村中以路姓为多而得名。

王庄：即大王庄村。清代成村，称王家庄，以姓氏得名。

满井村：明代成村，原村中有两眼井，长年水满，水质清凉甘甜而称满井村。东沙河将村分为东西二部分，1961年成为两个行政村，即满井东村，满井西村。

踩河：清代成村，因虎峪山沟河水从村西流入北沙河，洪水满溢时村内数日积水，村民来往必踏水而行故名踩河。

于辛庄：清代成村，称于家辛庄，以姓氏得名，后演变成今名。

辛力屯村：清代成村，称新立屯，为了与沙河西部的海淀区上庄镇新立屯相区分也称为东新立屯。后演变至今称。

七里渠：明代成村，因村东有一条长达七里的渠沟，故称七里沟，明代后期改七里渠至今。

小寨：明代成村，名称沿用至今。明初十三陵的兴建，招集了全国各地区的匠人。其中有从山东来的哥仨都是铁匠，姓朱，把家属都接到昌平，大哥带家属定居在香堂村，二哥带家属定居在沙河南的朱辛庄村，老三就在沙河满井村和西沙村之间的东沙河西岸一片地方盖房居留下来。后来又有从山西来的李姓木匠也将家属接到老三这边同住，朱李两姓商议以后有事两姓合着办。经过几百年的变化，小寨村已从明初的朱李二姓发展成现代近500户的大村了。

窦各庄：明代成村，明时官府在此置渔户捕捞沙河金翅鲤鱼为贡品，村因姓氏得名。

常乐村：即大常乐村。据传说，早年为佃户住所，村东西各有个打谷的"场子"，逐渐成为村名。谐音变为今名。据《光绪顺天府志》记载常乐社为军屯。

西马坊村：即小常乐村。《光绪昌平州志》名为常乐小马房。据光绪《顺天府志》记载常乐村为明代军屯，由此推断西马坊村为军屯养马之处。1949年以后为避免大小常乐村之混称，按方位改称西马坊村。

永太庄村：又名永泰庄，取永远太平之意。村民均为汉族，姓氏王、周、张、李为主。村南有解放军二六一医院，村北有东岳行宫，习称东岳庙，建于明代，清康熙五十九年（1720）重修，庙前建有戏台。过去每年农历三月演出，四乡群众来赶庙会，又称为三月庙。

白水洼村：曾以传说白蛇闹水名白蛇洼，后音转为现名。

南北玉河村：据《光绪昌平州志》记载，南沙河"东南迤大小榆河两村之间"。因榆树众多又沿河得名。明代曾在此设立榆河驿。1948年前后按地形和方位分为南、北榆河村，谐音成今名。

章村：据兴善寺明代石碑记载为张村。两百多年前从山西大柳村迁来章姓兄弟二人，名大章秋、二章秋。大章秋住在大道南边以后成村，名前章村。二章秋住在道北面，成村后名为后章村。又一说，有个名叫章秋的富户，两个儿子分住大道南北各成村。目前无章姓人家，张姓人家有不少。明末清初从山东章丘过来秦守仁、秦守义哥俩，分别挑担举家迁至此处，亦称章丘。章丘曾有3条大街18条胡同，有当铺、烧锅，后称前章村。该村曾有始建于明代中期关帝庙，位于村落西面，座北朝南高台阶大殿，殿内供奉木胎泥塑关公。庙前左侧有明朝17名太监联名所立汉白玉石碑1座，清朝雍正年间小青碑1座，古松1株。该庙曾为小学校，拆毁于解放初。清光绪二十六年七月廿一日，八国联军侵入北京，慈禧太后和光绪皇帝、王公贵族及宫人百余人，西行曾在前章村古庙和张家胡同稍息后夜宿西贯市，民族有满、蒙、汉，姓氏秦、张、李居多。

西闸村：与东闸村隔河相望，两村均因元代疏通双塔漕渠时立闸而得名。

皂甲屯村：元、明、清、民国时均名皂角屯。据清康熙五十九年（1720）《重修榆河乡东岳庙行宫碑记》："有皂荚屯者，或云昔日造甲处"。元代至明初，此处是去蒙古交通干线上的路站，明初为皂角铺，清代是贡果园。

上庄村：这里曾是清朝康熙年间大学士明珠所建花园，园荒废后，住户迁入，时称新立村，后因与村西上庄村相连，故名上庄村。有满、回、汉族，姓氏以黄、张、李、朱为主。村北卫生院曾是明珠墓地，村委会所在地曾是明珠长子、名词家纳兰性德墓地，1926年至1927年墓被盗，"文化大革命"中又遭破坏，现已无存。

东小营村：位于元至明初经皂甲屯去内蒙古的大道西侧，推断是明代所建兵营，为与苏家坨西小营区别，按其位置称今名。

马池口村：村名与它所处的重要地理位置密切相关。近代北京将长城以北的地区称"口外"，往来于北京和口外的商队走到马池口村这个地方都要休息，在此给牲畜饮水。因马池口村有数个巨大的石质饮马水池，水池是用来给口外商队的牲畜饮水故称为马池口，村因此而得名。

双塔村：在元代明初名为双塔河。村北双塔故城"旧传辽人所筑"，明初就已只存遗址。元至元元年（1264）发动军工疏通双塔漕渠。粮食从通州经温榆河运至双塔仓库。明初为双塔铺，村的南北各有一座塔得名。1976年村北曾出土铁铸牛属辽金遗物。

西辛力屯村：据传是清代从山东迁来的蔡、刘、宋三姓人家建立的新村。《光绪昌平州志》名为西辛力屯。有蒙古族、汉族，姓氏以蔡、宋、赵、刘为主。

梅所屯：位于海淀区北部。东至沙河西二村，西邻后章村，南邻北玉河，北邻昌平西坨、东坨。初称"闷索屯"，后转音梅所屯。据屯内庙钟记载为"闷索屯"，是古代囚禁战俘之所。曾名梅树屯和梅沙屯。

西三旗、西二旗、东三旗、东二旗：在海淀区清河镇北有西三旗、西二旗两个村庄，在昌平区东南部北七家镇，还有东三旗、东二旗两个村。这几个村庄的形成与得名，是明代军队在这一带牧马的结果。明代的军制是在一些要害之地设置卫或所，旗是卫所中的最小军事组织。为了供给北京沿边驻军所需的战马，在内地设立了许多牧马草场和马房，其中在西三旗东边的黄土店就有一处，称为黄土店马房。被分派到黄土店马房牧马养马的官军，按照所编的小旗散布其间牧马。西三旗、西二旗、东三旗、东二旗等村庄就是明代牧马的各小旗官军的驻地，后来演变成村落，并以当时小旗的编号和所处方位命名。

四拨子：位于八达岭高速路西侧，临近西三旗，此地为明代巡逻护军的值班处。"拨"相当于一个小组或小分队的意思。明嘉靖皇帝在位时，为了保证交通治安的需要，在巩华城设立一个专门的安全保卫机构"巩华城汛地"，并在"汛"下面设立"拨"，也就是在京城到巩华城沿线设立众多的巡逻护军的哨所，以防不测。从"巩华城"由北往南一线设立了头拨、二拨、三拨、四拨、五拨等。每个"拨"驻有十余名明军，并设有烽火台和火炮，其火炮除有杀伤功能外，还有报警作用。"四拨"即是众拨中最大的一个。

清河：

是京北商品集散重镇。位于海淀区东部，因跨清河两岸得名。早在新石器时代晚期，就有先民在此活动、汉代已有城邑。辽代称清河馆，元代称清河社，明代称清河店、清河里，清代始称清河镇，亦称清河村、简称清河。金、元、明三代属昌平县（州），清光绪年间划归宛平县，民国初年复归昌平县，1952年8月始属海淀区。历史上，清河镇一直是北京城通向南口、居庸关、八达岭的必经重镇，是北通长城内外的第一门户，具有重要的交通和战略意义，汉及元、明、清都曾在此驻重兵把守。

双泉堡：

据史料记载，元代的纺织方法是按合并线的股数分有双股线和多股线，就是用两股及以上的单纱线或丝一次或多次合并加捻而成。元朝至元年间在元大都城北十余里处设立双线局，负责双线织法和织品的征购。到了明代称双线堡，为递铺。明代的时候这里逐渐形成一个自然村。因这里离德胜门不远，过往的人很多，经常在双线堡歇脚，于是这里就出现了许多旅店、饭馆，因"双线堡"的"线"繁体字写成"線"，时间一长，人们就把"双線堡"的"線"字叫白了，叫成了"双泉铺"或"双泉堡"，因"铺"与"堡"字意相近，都是"驿站"的意思。

回龙观：明代成村，初时有北店村和南店村，源自明代皇帝十三陵谒陵。此地旧有一处道观，名为玄福观，是皇帝谒陵后回京途中小歇之处。久而久之，此观便被叫作回龙观，现道观遗址已无处可寻。

四 巩华城内街巷名称

泰清宫大街：街东端北侧原有明代建筑泰清宫。

菩萨庙胡同：南起南菜园，北至泰清宫大街，胡同北端原有菩萨庙（三孝庵）。

梁家沟胡同：胡同西侧住户为梁姓人家，东侧有排水沟通向东水关。

赵家胡同：南至泰清宫大街，北至北门大街，因原胡同口有赵家园子而名之。

闫家胡同：闫姓人家在此种蔬菜以供顺天府北路同知衙门，而称闫家园子故名。

刘家胡同：胡同两侧俱为刘姓人家。

王家胡同：胡同南端西侧有王家大宅院，占据整条胡同。

葡萄园胡同：胡同西侧原有一片葡萄园。

朱家胡同：原住户多为朱姓人家。

东枣园胡同：西起玉皇庙胡同，东至东城根，长100米，宽4米，早年这里是一片枣树林，又系赵氏家族聚集地，故又称枣园赵。

三眼井胡同：南起东门大街，北至勇坑胡同，胡同口有一口三眼井而名之。

勇坑胡同：胡同北原为水塘，水塘北岸有勇姓人家。

蝴蝶大街：泰清宫庙会时此街以卖风筝、玩具而名之。

后坑胡同：后坑胡同西侧原为水塘，是建巩华城时取土留下的深坑。称为后坑。

龙王庙胡同：龙王庙胡同北端原有龙王庙。

安济沟：安济沟是城西北通往西水关的城内泄水沟。

柴禾市大街：东至沙河第二小学，西至威漠门，此街在沙河集市中以卖柴草为主故名之。

仓门口大街：仓门口大街位于明代奠靖仓仓门口前，故名为仓门口大街。

玉皇庙胡同：玉皇庙胡同北端原有玉皇庙。

东小街：北至柴禾市大街，隔街与安济沟相望。南至沙河城隍庙东墙外。原为城内排水沟，南通西水关。后排水沟淤泥堵塞被填埋而成街。

皇城根大街：位于沙河行宫西侧，为纵向街，行宫又称皇城，故名之。

南河槽大街：明清时安济沟河宽数丈，沙河居民往来可以行船沿安济沟直达北门的北坑一带。安济沟水通过南护城河与南沙河相沟相通，人们把靠近城南的安济沟河沿称为南河槽，靠近城北的安济沟河沿称为北河槽。后安济沟淤塞填埋，盖起民居，街名即为南河槽大街。

西坑、东坑、苇坑：围绕于沙河中学和沙河小学周围的水塘名为西坑、苇坑、东坑。明代筑沙河行宫地基时取土于此，取土后形成行宫的护宫河。西坑位于行宫之西，东坑位于行宫之东，苇坑位于行宫之北。

8. 历代沙河地区的京北大道

明代由于在十三陵地区建筑皇陵，为了护卫十三陵，昌平县城从远离十三陵的旧县村迁至永安城。昌平县城的位置发生了东移，使北京至南口的京北大道转移到今八达岭高速公路一线上，形成了一条与明代以前完全不同的新的京北大道，导致了沙河镇的发展（书后附图二）。

元代之前北京至南口的京北大道：辽金故都（幽州城）—青龙桥—温泉—皇后店—阳坊（西贯市）—军都城—辛店（昌平故城）—旧县—南口—居庸关。

元代北京至南口的京北大道：元大都—朱房村—唐家岭—榆河—军都城—辛店—旧县—龙虎台—南口—居庸关。

明清北京至南口的京北大道：德胜门—北土城—清河（或唐家岭）—回龙观—沙河—满井—西沙屯—白浮—凉水河—昌平城—旧县—南口—居庸关。

近代民间商队北京至南口的京北大道：从南口关沟进京，当时有东西两条路线。西路：南下经南口三间房至阳坊、皇后店，温泉、青龙桥等地进西直门。东路：出关沟到南口，至三间房村向东，然后经畜仓屯、上埝头、马池口、西沙屯、沙河、清河，直抵德胜门。

明清沙河地区的京北大道：安济桥（南大桥）—清真寺正门（东门）—安济桥路—工商南街—工商北街—朝宗桥路—原沙河北二村小学（菩萨庙）西墙外侧—朝宗桥（书后附图三）。

第二章　昌平、军都二县历史沿革

一、昌平县

昌平置县始于何地？ 文献记载，纷纭不一。主要有两说：一说是在今河北省阳原县境，另一说是在今昌平区东南。孰是孰非，终未定论。

历史文献包括《光绪顺天府志》《光绪昌平州志》述及昌平县建置沿革时，往往言之现在的昌平之名始于汉，特别是《光绪昌平州志》把军都县与昌平县并列一处共同计入北京昌平地域，州志认为在北京昌平地域自西汉以来就存在昌平、军都二县。这些给人造成一种昌平自西汉以来就延续至今的印象，似乎自西汉置县以来昌平就在北京市。2007年由北京出版社出版的《昌平县志》一书也沿续了《光绪昌平州志》这一混乱不清的昌平建置记载。《昌平县志》在第一编置县沿革中的论述有："西汉元封元年（前110）置昌平县、军都县，属上谷郡"， "东汉建武十三年（37）长昌县、军都县改属广阳郡"。县志中还有以下一段表述"北魏时，省昌平入军都，军都县治所移至昌平县城，属幽州燕郡。北魏皇始元年（396），军都县治所迁入军都新城（今东、西新城村以北）。南北朝东魏时，复置昌平县，省军都入昌平县，县治所在军都新城，增置万年（言）县，徧城郡及所领之广武县、沃野县治所在今县境内西南隅。属东燕州平昌郡（一说昌平郡）。北齐、北周建置、隶属未变。隋开皇三年（583），省万年（言）入昌平。隋大业九年（613）迁昌平县治所于土城。初属幽州，后属涿郡。唐武德元年（618）属幽州。县治所迁入白浮图城（今旧县村）。神龙（705—707）初，带州及所领之孤竹县侨置于清水店（今属海淀区太舟坞村）。天宝元年（742）属范阳郡。乾元元年（758）属幽州。开元二十五年（737）至建中二年（781），燕州及辽西县侨置在今兴寿乡桃峪口村一带。五代时，后唐同光二年（924）改称燕平，治所迁至曹村（今朝凤庵村）。后晋天福元年（936）复称昌平县，治所徙至白浮图城"。这段表述没有真实体现历史资料准确性，作为官方县志出现这样的错误实在是令人失望。

我乡先贤西贯市麻兆庆先生在光绪年应邀参加《光绪昌平州志》撰写工作，由于麻兆庆在昌平历史沿革方面与同仁有不同意见而又不被重视，愤而编著《昌平外志》一书，用众多史料论述西汉昌平县在居庸关外这一事实。我们认真研读历史文献发现居庸关内外各有昌平县故城。

《水经注·㶟水》："㶟水又东，迳（经）昌平县，温水注之，水出南坟下，三源俱导，合而南流，东北注㶟水。㶟水又东迳（经）昌平县故城北，王莽之长昌也。昔牵招为魏鲜卑校尉，屯此。"《水经注·湿余水》："又东迳（经）蓟城，又东迳（经）昌平县故城南，又谓之昌平水。"《魏氏土地记》曰："蓟城东北一百四十里有昌平城，城西有昌平河。"两个昌平县故城，一在居庸关外的河北省阳原县县境，另一在北京市昌平区境内。

如果两个昌平县故城同时存在于北京昌平地域，则无法解释《水经注·㶟水》中对昌平县故城的记述，也无法解释诸如《括地志》《太平寰宇记》《辽史·地理志》《元一统志》明《顺天府志》《大明一统志》等历代重要文献述及昌平县沿革时，均谓"本汉军都县"或"汉为军都县"这些事实。反之，如果两个昌平县同在今河北省阳原县境，则又无法解释《水经注·湿余水》中关于昌平县故城的记述。实际历史上的昌平并非是一地，《水经注》以及有关历史文献记载无误。

（一）西汉昌平县非北京昌平区，在居庸关外阳原地区。北京地区的昌平县乃西汉上谷郡昌平县（河北省阳原县）所移置。

《水经注》记载㶟水之南的昌平县故城即王莽更名长昌者，据此可以认定该故城显然是西汉所置的昌平县。《乾隆宣化府志》以《水经注》作者郦道元："去汉不远，其注解皆据其身所亲历者言之。其昌平也，又以魏人记魏地，故其说最确。"主张"后人欲求汉之昌平，自当今阳原、东安阳、桑乾、鸡鸣、居庸诸地之间以定为汉县之旧疆，不能按今日昌平地域而求古昌平之地。"《乾隆宣化府志》根据《水经注·湿余水》所记昌平县故城与其相近的诸地间的位置关系，论证汉昌平在居庸关外，是颇有说服力的。《水经注》的作者清朝人杨守敬认为："㶟水又东迳（经）昌平县故城北，此则汉之昌平，至魏当存，故田豫、牵招皆屯此"。而对湿余水中提到的昌平县故城，杨氏认为"即晋志昌平所移徙也，非汉志之故城，汉志之故城在居庸关外"。清末昌平人麻兆庆在《昌平外志》中特别强调汉昌平在今河北省蔚县北。力主北京昌平之地自战国时期燕国始一直为军都县，今昌平之名始于隋。昌平地处交通冲要，经济繁盛，由于战乱时期古人迁徙往来定居今昌平地域也经常发生。而且古人迁徙喜用旧地名称呼新地，今昌平之名就是古人从河北阳原县迁徙的外来之名。

由于《水经注·湿余水》记载今昌平区域内有昌平县故城，后人遂认为西汉昌平县亦在今昌平区域。自唐以来史家往往把居庸关外的昌平当做北京昌平。例如，唐人杜佑云："昌平，汉旧县，故城在今县东南"，唐李贤云："昌平，县名，属上谷郡，今幽州县，故城在县东也"，明人顾炎武《昌平山水记》亦延习其说。特别是清代地方志书仍延袭其说，《嘉庆重修一统志》云："昌平故城在今州东南，汉置，后魏初省"，光绪《昌平州志》更将此说具体化为"汉、晋至魏初昌平，当在沙河以东、上下东郭二村之西，村名东郭，盖因城而得名"。

《水经注》记载居庸关内外有两个昌平，引发了今昌平置县始于何时的讨论。在探讨这个问题之前，我们可以确定的事实是无论是西汉时期还是东汉时期，作为行政区划的昌平县只有一个，不可能有两个同名的昌平县在居庸关内外同时存在。从《水经注·漯水》记载中得知漯水又东迳（经）昌平县故城北，王莽之长昌也。

《汉书·地理志下》记载："上谷郡，秦置。莽曰朔调。属幽州。户三万六千八，口十一万七千七百六十二。县十五：沮阳，莽曰沮阴。泉上，莽曰塞泉。潘，莽曰树武。军都，温余水东至路，南入沽。居庸，有关。雊瞀。夷舆，莽曰朔调亭。宁，西部都尉治，莽曰博康。昌平，莽曰长昌。广宁，莽曰广康。涿鹿，莽曰抪陆。且居，阳乐水出东，南入沽。莽曰久居。茹，莽曰穀武。女祁，东部都尉治，莽曰祁。下落。莽曰下忠。"

洪定国撰的《西汉地理表》中也明确记载了上谷郡辖15县，治沮阳县：1　沮阳县；2　泉上县；3　潘县；4　军都县；5　居庸县；6　雊瞀县；7　夷舆县；8　宁县；9　昌平县；10　广宁县；11　涿鹿县；12　且居县；13　茹县；14　女祁县；15　下落县。由此我们知道了西汉时期的昌平县的确在居庸关外的阳原地区。

西汉昌平县在居庸关外阳原境内的另一个证据就是《后汉书》寇恂、耿况、卢芳三传中所涉及的事件和人物。特别是《后汉书·卢芳传》中"芳入朝，南及昌平，有诏止，令更朝明岁"的记载是最有说服力的。卢芳入朝乃从高柳赴洛阳，由高柳而南，南出飞狐口者最为近捷，此路亦最为合理。《水经注·㶟水》中所谓昌平县故城，恰在高柳之南、飞狐口之北。卢芳"入居高柳"（今阳高县城北李官屯村一带）"南及昌平"之方位描述实际上已经告知了我们上谷郡昌平县故城唯有位于此处阳原境内方能称之为"南及"，若位于《水经注·湿余水》提及的易荆水边的昌平故城则只能谓之"东及昌平"，故卢芳南及昌平者应为此昌平（阳原昌平），即西汉昌平县。今昌平东南之昌平县故城应是东汉所置。

（二）东汉昌平县在今北京昌平区，东汉初移昌平县于居庸关内。

《水经注·湿余水》中记载的北京昌平区域内昌平故城是何时设置的史书上并没有明确记载。这就需要我们从历代史书中记载的相关事件和人物中发掘出相关史料来解读这一问题。东汉光武帝建武十三年（公元44），幽州刺史部辖涿郡、上谷、渔阳、右北平等9郡。广阳郡并入上谷郡。建武十五年，上谷郡内徙。因为"时胡寇数犯边"，有"徙雁门、代郡、上谷三郡民，置常［山］关、居庸关以东"之举。阳原境内的昌平县民内徙居庸关内昌平地域当在此时。前边我们曾经说过，古人迁徙到新的地方喜欢用旧地名称呼新地方。十年之后即建武二十六年（公元50）云中、雁门、上谷、代郡等八郡民复归本土，遣谒者分将施刑补理城郭。发遣边民在中国者，布还诸县，皆赐以装钱，转输给食。此时在今昌平区域的西汉昌平县流民也回迁到位于河北省阳原地区的昌平。短短十年间居庸关内的军都县地域也留下了昌平这个名称。汉和帝永元八年，复置广阳郡。蓟、广阳二县还属之，昌平、军都二县别属之。自此居庸关外上谷郡的昌平县遂迁移到北京昌平地区与军都县同由上谷郡改属广阳郡了。检《续汉志》记载广阳郡下领五城，其中昌平、军都二县下司马彪自注皆云"故属上谷"。广阳郡复置后直至东汉末，一直辖管五县没有变化。在居庸关内的军都县区域内军都、昌平二县并存。

故而《后汉书·郡国五》中记载广阳郡（高帝置，为燕国，昭帝更名为郡。世祖省并上谷，永元八年复）五城，户四万四千五百五十，口二十八万六百。

〖蓟〗本燕国。刺史治。

〖广阳〗

〖昌平〗故属上谷。

〖军都〗故属上谷。

〖安次〗故属渤海。

洪定国的《东汉地理表》中也记载广阳郡辖5县，治蓟县：1蓟县，2广阳县，3昌平县，4军都县，5安次县。

特别指出的是广阳郡所辖5县都在居庸关内，说明东汉时期在北京昌平地域有军都县和昌平县二县，二县并存于今昌平地域。

晋承东汉地理制度，幽州辖5郡2国34县，治涿县，详如下。

5郡

1北平郡辖4县，治徐无县：1徐无县，2土垠县，3俊靡县，4无终县。

2上谷郡辖2县，治沮阳县：1沮阳县，2居庸县。

3广宁郡辖3县，治下洛县：1下洛县，2潘县，3涿鹿县。

4代郡辖4县，治代县：1代县，2广昌县，3平舒县，4当城县。

5辽西郡辖3县，治阳乐县：1阳乐县，2肥如县，3海阳县。

2国

1范阳国辖8县，治涿县：1涿县，2良乡县，3方城县，4长乡县，5遒县，6故安县，7范阳县，8容城县。

2燕国辖10县，治蓟县：1蓟县，2安次县，3昌平县，4军都县，5广阳县，6潞县，7安乐县，8泉州县，9雍奴县，10狐奴县。

《晋书·志四》亦载：燕国是汉置，孝昭改为广阳郡。统县十，户二万九千。蓟，安次侯相、昌平、军都（有关）、广阳、潞、安乐国相蜀主刘禅封此县公、泉州侯相、雍奴、狐奴十县。此晋燕国十县亦在居庸关内。

（三）北魏太和年间移昌平县于居庸关外西汉昌平县故地，东魏武定四年又移于居庸关内。

晋愍帝建兴二年（314），出现了五胡十六国混战局面。从公元314年十六国后赵皇帝石勒偷袭幽州始，在之后的80年间，后赵石勒、赵虎，前燕慕容儁，前秦符坚、符洛，后燕慕容垂，北魏拓跋珪相互窃据，燕蓟地区数易其帜。直到晋孝武帝太元二十一年（396），北魏统一北地，战乱稍息。

《魏书·地形二上》记载今北京昌平地区有北魏幽州燕郡军都县而无昌平县。说明在此时昌平县已被省入军都县与军都县合并。书云幽州（治蓟城）领郡三燕郡、范阳郡、渔阳郡，县十八。

其中燕郡（故燕，汉高帝为燕国，昭帝改为广阳郡，宣帝更为国，后汉光武并上谷，和帝永元六年复为广阳郡，晋改为国，领县五。蓟（二汉属广阳，晋属。有燕昭王陵、燕惠王陵、狼山神、戾陵陂）广阳（二汉属广阳，晋属。有广阳城）良乡（二汉属涿，晋属范阳，后属。治良乡城。有大房山神）军都（前汉属上谷，后汉属广阳，晋属。有观石山、军都关、昌平城）安城（前汉属渤海，后汉属广阳，晋属。有安次城、苌道城）

东燕州（太和中分桓州东部置燕州，孝昌中陷，天平中领流民置。寄治幽州军都城）领三郡六县，为侨州即侨置于军都县。

平昌郡（孝昌中陷，天平中置），平昌郡应是昌平郡，平昌是后世传抄笔误所致。领县二，万言（天平中置），昌平（天平中置，有龙泉）。万言县应是万年县，亦是后世笔误，万年县在今山西大同市附近。

上谷郡（天平中置）领县二。平舒（孝昌中陷，天平中置）、居庸（孝昌中陷，天平中置）。

偏城郡（武定元年置）。领县二。广武（武定元年置）、沃野（武定元年置）。

南北朝时期，北京地区先后为北魏、东魏、北齐、北周的属地。这一时期，政区设置虽为州、郡、县三级制，但从北魏末始，州郡设置逐渐混乱。到后来百室之邑，便立州名，三户之民，空张郡目。郡县或合并或分立，或迁徙侨置。北魏初期将东汉至西晋的昌平县合并到军都县中，属燕郡。北魏孝文帝太和年间（477—499）分桓州东部置燕州，并重新在居庸关外西汉的昌平县域（河北阳原地区）设置昌平郡和昌平县。其中燕州辖7郡，州治所在潘县城（今涿鹿保岱村），辖广宁郡（治所今涿鹿城），同时，将广宁郡境内的下洛县改为广宁县。广宁郡领涿鹿、广宁、潘县3县；昌平郡（治所今蔚县、阳原交界处的壶流河西岸，辖今蔚县、阳原部分地区）；东代郡（治所今代王城，辖蔚县、涞源大部分地区）；大宁郡（辖今怀安、万全一带）；上谷郡（治所今延庆城，辖今延庆、赤城大部分地区）；平原郡（治所今怀来蒋家营村，辖怀来大部分地区）；偏城郡（辖今延庆、昌平、怀来部分地区）等7郡。孝明帝正光六年（525），柔玄镇（今内蒙兴和县白音查干古城）人杜洛周六镇兵变，久围燕州城（今保岱）。燕州刺史崔秉率官员弃城奔定州，燕州则弃废不置。

东魏武定四年（546）为了安置燕州战乱的流民，又置东燕州。东燕州在居庸关内的军都县城（昌平区马池口镇土城村）侨置东燕州及昌平郡、昌平县的治所，徙军都县城于原县所之东北二十里今旧县村。此时军都县并没有被废，只是被迁移原军都县治东北二十里，仍然是属于燕郡的辖县。

由于《北周书》和《北齐书》中没有地理志，依据中华书局出版的《北周地理志》《北齐地理志》二书考证，北齐地理延续北魏，东燕州依然侨寄于军都县。昌平县仍然是东燕州辖县，北齐天保七年东燕州领2郡，昌平郡和上谷郡，废除了北魏的偏城郡。北齐后又于怀戎置北燕州，领长宁、永丰2郡。

北周时期移东燕州合并于怀戎的北燕州，又废北燕州之北字，称燕州，辖领3郡，长宁郡治怀戎，永丰郡治今河北涿鹿，昌平郡仍寄治军都城，领2县昌平县和万年县。

隋初，隋文帝"罢天下郡""并小为大"和"去闲存要"，实行州县二级制。不久隋炀帝又改州为郡，实行郡县二级制。炀帝大业三年（607）幽州改为涿郡。《隋书·地理志》记载：

涿郡辖九县，治蓟县。蓟（旧置燕郡，开皇初废，大业初置涿郡）、良乡、安次、涿（旧置范阳郡，开皇初郡废）、固安（旧曰故安，开皇六年改焉）、雍奴、昌平（旧置东燕州及平昌郡。后周州郡并废，后又置平昌郡。开皇初昌平郡废而存昌平县，又省万年县入昌平县。有关官。有长城）、怀戎（后齐置北燕州，领长宁、永丰二郡。后周去北字。开皇初郡废，大业初州废。有乔山，历阳山，大、小翩山。有㶟水、鸡水、涿水、阪泉水）、潞（旧置渔阳郡，开皇初废）。

此时位于北京昌平地域内的昌平县、军都县、万年县3个县被合并成昌平县，军都和万年2县被并入昌平县中。军都县也结束了自战国时期燕国建县的历史。从此昌平正式作为北京地区行政区划延续至今。

二、军都县

北京昌平区在西汉至隋时期为军都县和昌平县。关于"军都"名称起源于何时也是众说纷纭，历代史家各凭史籍议论不休。

从考古出土文物等实物来看，燕国的地方行政设置并不称"县"，而是称"都"。"都"相当于县一级行政单位。战国时期燕系官印中大量存在有"都"字的官印，就是明显的证据；出土的燕国器物上的陶文和青铜器铭文中地名后多有"都"字也是实证，如陶文"容城都口左""余无都瑞"、兵器铭文"泉州都口"等等。三者互证，说明战国时期燕国地方行政单位的名称应为"都"，而非"县"。

大多史家都认可《史记·绛侯周勃列传》所载"燕王卢绾反，勃以相国代樊哙将，击下蓟……屠浑都，破绾军上兰，复击破绾军沮阳，追至长城。定上谷十一县"这段文字中的"浑都"即军都。改"都"为"县"是秦汉时期推行郡县制时，将燕国旧地改都置县，大多保留了旧地名称，即军都+县而成为军都县。周勃屠"浑都"，是昌平地区最早有文字记载的历史事件；在古汉语，"军"和"浑"读音相同，"浑都"就是"军都"为不争之事实。

清道光年间，昌平州人王萱龄曾撰"军都考"，认为"军都"乃"薰鬻"两字之音转，"浑"、"薰"、"军"三字之古音相同，"鬻"与"都"两字之古音亦同，"故'军都'实为'薰鬻'"；"薰鬻本居于此州，即徙域，而军都之名不去也"。王萱龄此一考证阐明了："军都"即"薰鬻"，昌平曾为"薰鬻"故地。"浑都"即"军都"。从传说中的黄帝时代开始，军都一带就是汉与匈奴之间不断爆发征战的边疆地区。"黄帝……北逐荤粥"；"军都为古上谷地，黄帝逐薰鬻北遁，始入中国之幅员"。"军都"已经超越古籍的文义解释，无论是后来的军都县还是军都山或军都关都与"薰鬻"之名密不可分，军都之地名自古以来就存在。

军都县建置起始的时间在《汉书·地理志下》中有明确记载，军都县属于西汉上谷郡。自西汉以下至南北朝的北周历代史书也清晰记载了军都县在北京昌平地域的设置一直延续不断，直至隋大业年间被省并入的昌平县后，军都县作为行政区划才从历史视野中消失。

昌平已经被发现的几处遗址被视为汉代以来的古城有：马池口镇土城

村、南口附近的虎峪村，沙河镇之上东郭、下东郭村、兴寿镇的秦城（芹城），海淀区清河的朱房村古城、近来考古也发现昌平辛店村也存在古城，《民国顺义县志》记载后沙峪乡古城村也曾经是军都县城，后人考证此城最先为汉代安乐县旧址。

《光绪昌平州志》记载："今州东四十里有军都村，亦曰县址"。

《顺州公廨记》曰："两汉军都废城，在州西三十里，义店北"。

民国《顺义县志》对军都遗址有详细的记述："义店东距顺义三十里，西北去昌平四十里，村北四里许，有地四面高冈，中杂瓦砾，南方有村古城，咸呼是地为土城子"。又曰"军都城在县西三十里，古城村北，四面高陇，汉县城也"。又云："今州东之军都村，即顺义县志所谓军都城，在县西北三十余里。魏齐时所侨置，非故县也"。由此说明军都县城并非只有一处。

昌平县和军都县在北京昌平地区共同存在时间很长，从现在已知的历史资料中我们可以明确知道自唐至今昌平县城几次迁徙地址，但是西汉至隋唐以前军都县城和昌平县城的城址却不得而知，加之二县历史上多次迁徙，时而合并，时而分立，历史文献记载也寥寥无几。大多学者也是通过研读《水经注·湿余水》中的模糊记载才能窥探出一些有关军都县和昌平县的历史信息。

昌平区东南马池口镇土城村是一处公认的军都县故城，俗称"土城"，建于战国时期燕国，是军都县的治所，属上谷郡。军都县是昌平地方建县制以来最早的名称，城为长方形，南北一里半，东西一里。县名源于军都山，北魏时将位于河北省阳原地区的东燕州昌平郡昌平县治所迁移至军都城，军都县治所被迁到县东北二十里昌平旧县村。历代地方志特别是《光绪昌平州志》和《昌平外志》都声称军都县城搬迁至兴寿东西新城村，孰不知马池口土城村距离兴寿东西新城村（27公里）五十五里。且二十里与五十五里相差太多，古人断乎不会犯如此简单错误。再看马池口镇土城村与旧县村距离10公里，土城村西北二十里暨是旧县村，此也符合史料记载的军都新城的位置和距离，所以笔者认为旧县村是军都新城。古人无论是选城址还是村邑聚合居住必择傍水或交通便捷之地，且昌平西部为历代进出西北居庸关之要道，阳坊、贯市、土城村、辛店村、旧县村这些自汉就形成的村落都依次自南向北依托温榆河水系而坐落于北出居庸必经之路。兴寿镇东西新城村位于昌平东部，地处偏僻，村北距山不过十余里，人烟稀少，交通和战略上也没有回旋余地，在此作为军都县城可能性不大，因此笔者认为兴寿镇东西新城村不是东魏所迁的军都新城。

双塔古城（马池口镇土城村）应当是昌平历史上的白浮图城，"塔"者，即浮图也。五代后唐曾经将昌平县城迁至于此，后晋割燕云十六州入辽，辽继修筑此城。昌平旧县村乃是唐代大历十四年以后昌平县升为"望"县之后的昌平县城，唐幽州节度使朱泚在大历十四年（780）奏请将昌平县升级为"望"县。大历十四年前亦即东魏至隋时期的昌平县城是在东魏侨置东燕州昌平郡昌平县于军都县城的马池口镇土城村。唐初贞观十六年（642）成书的《地括志》记载"幽州昌平县本汉军都县"。昌平县城于唐大历时期由土城村迁移到昌平旧县村，据十三陵大红门出土的唐建中年间宋俨墓志记载，唐人宋俨于建中四年（783）葬于距幽州昌平县东北十里的武安乡。旧县村至大红门距离也在十里。唐建中三年（782）朱怀珪墓志也表明怀珪墓葬于昌平县西八里之虎谷（积粟山）东太平庄，旧县村距虎峪距离也符合八里之数，由此可知唐代后期昌平县城在旧县村。据明永乐《顺天府志》记载五代后唐时期从旧县村迁徙昌平县城于曹村（昌平朝凤庵村），后晋时期又从曹村迁至白浮图城（土城村），不久又迁置今所（旧县村）。据义冢幢记记载辽金时期的昌平县城亦在旧县村。《光绪昌平州志》记载：元皇庆二年冬十月迁徙县治（旧县村）于县西南五里新店（昌平马池口镇辛店村），《昌平外志》又记载：至正二年昌平县城又从新店迁回旧县村。

第三章 沙河源流辨析

沙河的含义是水中含沙量大。以南沙河、北沙河、东沙河三河的汇合点而统称沙河。三条沙河在昌平区沙河镇东的小沙河村汇合于沙河水库后向东南流至通州区入潞河。

北沙河源出昌平区西北延庆八达岭附近诸山泉水，汇聚合流经居庸关、南口，沿途有高崖口沟水，柏峪沟水、白羊城沟水、兴隆口沟水、沟猊沟水汇入。在海淀区双塔村东汇入双塔河水、在踩河村西汇入虎峪沟水，径流于昌平区沙河镇北朝宗桥东与东沙河汇合入沙河水库。河流走向自西北向东南。主河道全长60公里，总流域面积为600平方公里。

南沙河源头分南北两支。北支源于海淀区西北山区的龙泉寺一带，经沙涧河汇入南沙河。南支发源于海淀区寨口村，沿途汇有周家巷水、黑龙潭水，在海淀区苏家坨东，常乐村西汇入月儿湾水。南北两支汇于海淀区上庄乡西马坊村西，过大、小榆河村至老牛湾村到昌平区沙河镇南大桥东入沙河水库。全长21公里，宽约百米，流域面积220平方公里。河上建有上庄闸，蓄水240万立方米。

东沙河源出昌平区西北延庆八达岭柳沟营。沿途汇有德胜口沟水、锥石口沟水、上下口沟水、老君堂沟水，南流至十三陵水库。经十三陵水库南下至昌平区永安城南在凉水河村汇合凉水河水，白浮村汇入白浮泉水，经景文屯西、西沙屯东、满井村至沙河镇北朝宗桥东汇合于北沙河。全长15公里，河道宽百米，流域面积280平方公里。

温榆河：南沙河、北沙河、东沙河汇于沙河水库后向东南流，在昌平区北马坊南有孟祖沟水汇入，在曹碾村有蔺沟河水汇入。蔺沟河由两支组成，一支为香屯河，起源于昌平下庄经牛蹄岭沟出山，自兴寿经小香屯，大赴任庄改称蔺沟河。另一支称秦屯河，起源于桃峪口水库，经秦屯至大东流村西改称蔺沟河。温榆河在昌平区鲁疃村东北三里入顺义区。在朝阳区沙子营以东汇入清河，在通州区城北汇入坝河、通惠河以及中小河后与潮白河交汇，流至通州区城北关闸。以北关闸为界，北关闸以上河道称温榆河，以下河道称为潞河。潞河为京杭大运河北端的河道，又称北运河，北运河东南流经香河、武清二县，至天津丁字沽与卫河即南运河合流东入海河，由直沽入注于渤海。

沙河水库位于沙河镇东五里的小沙河村（又名三岔口）。建在温榆河北端，控制南沙河、北沙河、东沙河的水流，属大型拦河闸坝。1959年11月开工，1960年5月拦洪，共完成土石方4万立方米，蓄水总面积350万平方米，常年为280万平方米，库最深年为5米，一般水深3米。控制流域面积1100平方公里，由主坝、副坝、拦河闸和发电站组成枢纽工程。主坝最大坝高8.3米，坝顶长593米，十孔闸门，全开最大泄量为1000立方米/秒。

沙河名称在古代文献记载中十分混乱，有湿余水、漯余水、温余水等名称。考其源由是古代文献反复抄记把《水经注》卷十四的"漯余水"误抄为"湿"字和"温"字造成的。正确的名称应为"漯余水"。从字面上不难解释即漯水之余脉也。漯水上游即今桑干河，中游即今永定河。在《北京历史地图集》中秦汉两幅地图上标为温余。西晋至元称湿余水（漯余水）、高梁水、高梁河、榆河。南北朝北魏郦道元《水经注》记为湿余水。明代称温榆河，后又将上游易名为湿余水，中游改称沙河，把昌平蔺沟村以下至通州城北一段河流更名为榆河。清代，取消明代温榆河分段名称而统称为榆河。民国时期，又将温榆河分段命名，其上游称榆河、中游称沙河，昌平蔺沟村以下至通州区河流称温榆河。现在自昌平区沙河镇东沙河水库以下河段称为温榆河。沙河水库以上河段分称南沙河、北沙河、东沙河。

南北沙河何为古湿余水，何为古易荆水？诸志纷纷，各凭《水经注》建言立说，莫辨谁非。今将《水经》《水经注》《水经注疏》《光绪昌平州志》和《昌平外志》之说各录于下，俟读者自论。

《水经注卷十四·湿余水》

水经：湿余水出上谷居庸关东。

水经注：关在沮阳城东南六十里居庸界，故关名矣……其水导源关山，南流历故关下……其水历山南迳军都县界，又谓之军都关……其水南流出关，谓之下口，水流潜伏十许里也。

水经：东流过军都县南，又东流过蓟县北。

水经注：湿余水故渎东迳（经）军都县故城南，又东，重源潜发，积而为潭，谓之湿余潭。又东流，易荆水注之，其水导源西北千蓼泉，亦曰丁蓼水，东南流迳（经）郁山西，谓之易荆水……易荆水又东，左合虎眼泉水，出平川，东南流入易荆水。又东南与孤山之水合，水发川左，导源孤山，东南流入易荆水，谓之塔界水。又东迳（经）蓟城，又东迳（经）昌平县故城南，又谓之昌平水。《魏土地记》曰："蓟城东北百四十里有昌平城，城西有昌平河"。又东流注湿余水。湿余水又东南流，左合芹城水，水出北山，南迳（经）芹城，东南流注湿余水。湿余水又东南流迳（经）安乐故城西。

水经：又北屈东南至狐奴县西，入于沽河。

水经注：湿余水于县西南东入沽河。故《地理志》曰："湿余水自军都县东至潞南入沽是也"。

笔者按：

《水经》著者和成书年代历来说法不一，争议颇多。《隋书·经籍志》载"《水经》三卷郭璞注"。《旧唐书·经籍志》改《隋志》之郭"注"字为"撰"，郭成为作者。但《新唐书·艺文志》称为桑钦撰，宋以后人的著作大多称为桑钦。《四库全书总目提要》称："观其《涪水》条中，称广汉已为广魏，则决非汉时；《钟水》条中，称晋宁仍曰魏宁，则未及晋代。推文寻句，大概三国时"。《水经注疏》已论述郦道元没有将《水经》的县名"改汉字作魏"，所以可知是《水经》的作者自己"改汉字作魏"的，《水经》的作者是魏人，意在尊魏，故改汉作魏。此"魏人"既然不是曹魏时人，所以知《水经》的作者是北魏时人。前文已说《水经》的成书年代早于郦道元时代，所以可以判断《水经》的作者大约是早于郦道元时代的北魏人。

《水经注》书中记载的"故关"，军都县故城、昌平县故城、安乐县故城、蓟县均指《水经》写作时期的城址。元魏时期郦道元著述《水经注》时上述的关和城已迁新址或省入其他地区，因此《水经注》中称为故关、故城。

《魏土地记》成书于北魏时代，大致时间为公元488年之后，527年之前。郦道元的《水经注》多处引用《魏土地记》书中之文。该书已经失佚无考。

故关：为东汉时居庸关，元魏时称居庸关为军都关。其关址移至汉居庸关之南，谓之军都关。

军都县故城（白浮图城）：《光绪昌平州志》记载在海淀双塔村北双塔古城即今昌平区东南马池口镇土城村。俗称"土城"，建于战国时期燕国，是军都县的治所，属上谷郡。军都县是昌平地方建县制以来最早的名称，城为长方形，南北一里半，东西一里。县名源于军都山，东魏时将位于河北省阳原地区的东燕州昌平郡昌平县治所搬入军都城，军都县治所被迁到县东北二十里旧县村。

也有学者认为该城是辽代所筑，且双塔古城出土许多辽金时代残砖瓦片，是辽代的昌平县城。其实双塔古城就是昌平历史上的白浮图城，"塔"者，即浮图也。五代后唐曾将昌平县城短时期迁至于此，后晋割燕云十六州入辽，辽继续修筑此城。昌平旧县村乃是唐代大历十四年之后的昌平县城甚或是东魏时期的军都新城，据明永乐《顺天府志》记载五代后唐时期从旧县村迁徙昌平县城于曹村（昌平朝凤庵村），后晋时期又从曹村迁至白浮图城，不久又迁置今所（旧县村）。元皇庆二年迁徙县治（旧县村）于县西南五里新店（昌平马池口镇辛店村），至正二年昌平县城又从新店迁回旧县村。

《光绪昌平州志》言称昌平东西新城村是东魏军都县新城，唐代曾将燕州及所领辖的辽西县自幽州城迁徙于此。《新唐书·地理三》记载："隋于营州之境汝罗故城置辽西郡，以处粟末靺鞨降人。武德元年曰燕州，领县三：辽西、泸河、怀远。土贡：豹尾。是年，省泸河。六年自营州迁于幽州城中，以首领世袭刺史。贞观元年省怀远。开元二十五年徙治幽州北桃谷山。天宝元年曰归德郡。户二千四十五，口万一千六百三。建中二年为朱滔所灭，因废为县"。唐开元二十五年（737年），幽州城内的部分粟末靺鞨族人迁至幽州城北35里的桃谷山下，建立燕州新城。唐建中三年（782年）幽州节度使朱滔联合其他重镇节度使起兵反唐，灭燕州，城内建筑毁于火焚。燕州沦陷后，百姓民不聊生，为躲避战乱，渤海国的后裔们纷纷逃亡。这部分人从昌平燕州新城经怀柔的桥梓，北宅一线，沿怀沙河畔一路蜿蜒而上。当他们行至今渤海所一带时，便定居下来。因这部分人原籍属渤海国，他们便称自己为"渤海人"，称驻地为"渤海"。

昌平县故城：《光绪昌平州志》言称东汉昌平县城在今昌平区沙河镇东上，下东郭村。

安乐故城：在今顺义县后沙峪乡古城村北，温榆河东岸。民国《顺义县志》记载此地亦曾经作为过军都县城，北朝魏齐年间军都县曾经侨置于此地。

沮阳城：在今河北省怀来县官厅水库南大古城村。

狐奴县：在顺义县东北二十五里孤奴山西（今名呼奴山）。

芹城：在今昌平区秦城村。

芹城水：在昌平区东三十里。《水经注》：芹城水出北山，南经芹城，东南注湿余水。《志》云：芹城在州东三十里，有桥，桥下即芹城水。今为戍守处。其水西南流至蔺沟，入榆河。

郁山：杨守敬《水经注疏》言称郁山"在今昌平州西南"。麻兆庆在《昌平外志》中指明白浮龙山为孤山，"孤山者，山不与他山相连，谓之孤山，即今白浮龙泉山"。笔者认为郁者，草木茂盛者称郁。郁山就是草木茂盛的山。

蓟县：秦所置县，又称蓟城，战国时期燕国都城。蓟城历史上分为前期蓟城和后期蓟城。前期蓟城在北京石景山区古城。后期蓟城在北京城宣武区广安门一带。公元300年左右由于北京地区发生了大地震，致使永定河水发生泛滥改道，严重威胁到位于石景山区古城村附近的蓟城安全，蓟城向东南迁徙在广安门一带重建。《水经注》中提到的蓟县故城是指前期蓟城位于石景山区古城一带，蓟县或蓟城是指后期蓟城。

居庸关和军都关：

《汉书·地理志》中曰："居庸，有关"，意为"居庸县有关"，并未指明其关的详细地址。《续后汉书·郡国志》中居庸仍属上谷郡，军都已属广阳郡，此时两县分属两郡，都没有说其有关。《后汉书·寇恂传》中曰："王莽败，更始立，使使者徇郡国，曰'先降者复爵位'。恂从耿况迎使者于界上。"也并未涉及有居庸关之语，但《水经注》在论及此事时曰："耿况迎之于居庸关"，杨守敬在《水经注疏》此条下按语云"《后汉书·寇恂传》：更始使者徇诸国，恂从耿况迎于界上，亦不言居庸关，此（指《水经注》所言）盖本它家《后汉书》"。近年，考古工作者在内蒙古和林格尔东汉墓中发现了耿况迎使者于居庸界上的壁画。壁画上画有一关，关形似桥，车马队伍通行其上，关下书有"居庸关"三字。证实在东汉时居庸县界上确有居庸关，军都关与居庸关在南北朝以前为两关，至唐朝以后才视为一关，或称军都关、或称居庸关等。查诸史籍，军都关之称，目前所见正史中首言有军都关者为《晋书地理志》曰："军都有关"。郦氏在《水经注》中明言居庸关是一座故关，在居庸县界；山南为军都县界，有一关隘"又谓之军都关"。《魏书地形志》也云："军都，有关"。《资治通鉴》记载梁武帝普通六年（525）："八月，魏柔玄镇民杜洛周聚众反于上谷……洛周围魏燕州刺史博陆崔秉。九月，丙辰，魏以幽州刺史常景兼尚书为行台，与幽州都督元谭讨之。景，爽之孙也。自卢龙塞至军都关，皆置兵守险，谭屯居庸关"。从以上文献，可以印证在北魏时期，居庸关、军都关为两关。将居庸关和军都关混称为一关，始自于唐。以后各朝之著作仍多沿用此说，致使今人以为自古至今军都关即为居庸关。

居庸县：西汉初置居庸县（治在今延庆县城），属上谷郡。三国魏上谷郡治从沮阳县（河北怀来县大古城村）徙至居庸县。后魏皇始元年（396）居庸县迁至延庆城东北三十里旧县。孝文帝太和十一年（487）分恒州东部、幽州北部置燕州，居庸县属燕州上谷郡。东魏天平中（534～537）置东燕州，寄治军都城，居庸县属东燕州上谷郡。北齐末居庸县遭受突厥多次摧残，无复人迹。到北齐灭亡之公元577年，居庸县已不存在了。

一、《光绪昌平州志·山川记》刘万源南北沙河考：

湿余水即今南沙河。湿余潭今之北辛立屯一亩泉也。而水出居庸关者，与湿余无涉。易荆水今北沙河也。千蓼泉今亭子庄，小埝头诸泉也。或问，水经明明言湿余水出上谷居庸关东，东流过军都县南，而注（《水经注》）则云，其水南流出关，谓之下口，水流潜伏十许里也。又云：湿余水故渎，东迳（经）军都县故城南，又东重源潜发，积而为潭，谓之湿余潭。是湿余潭即居庸水复出处也。以地势观之，其下流当为沙河店之北派，而子反以为今之南沙河。又指一亩泉为古湿余潭，岂有说乎？曰：居庸水发源八达岭西，明一统志谓之涧河，而未尝言及湿余字。此后人著作，原不足以驳古人，但其源在关之西北，而非在关东，此水经未尝深考，而不能无差可见也。南流出关，潜伏固然矣，但不解何以知十许里外之潭为此潜伏之水也。此不免穿凿附会，又可见矣。此吾所以谓湿余潭与居庸水无涉也。而以今之一亩泉为湿余潭者，其说亦本之水经注，其言湿余水故渎，东迳军都县故城南，又东重源潜发，积而为潭者，明明言其潭在军都县故城南也，今考军都故城，即双塔西之古城村，新立屯在其南，吾所以指一亩泉为湿余潭也，且今南沙河上流，有大榆河、小榆河两村，水经两村之间，又必俟一亩泉交会以后，至始有榆河之名，吾所以以湿余为南沙河也。然则，南沙河不曰发源一亩泉，而曰发源鳌鱼沟，何也？曰：今昔水势不同也。鳌鱼沟水势较大，论今之水道，当以大者为纲，又岂可泥古而废今乎？或又问，自水经注言湿余水出居庸关，人咸以北沙河为湿余，南沙河为易荆。乾隆府厅州县图志，明明言易荆水今之南沙河也，今子既以湿余为南派，北派固易荆矣，其详可得而闻乎？曰：水经注不云乎，湿余潭又东流，易荆水注之，其水导源西北千蓼泉，亦曰丁蓼水，东南流迳郁山西，谓之易荆水。易荆水又东，左合虎眼泉，水出平川，东南流入易荆水。又东南与孤山之水合。水发川左，导源孤山，东南流入易荆水，谓之塔界水。又东迳昌平县故城南，谓之昌平水。又东流注湿余水。明明在湿余之西北，向东南流，注湿余也。假若湿余在北，易荆在南，安有西北向东南流之水，而尚能注于其北河者乎？是不待辨而明矣。况又有虎眼泉，孤山之水为证乎？虎眼泉在旧县西北，人所共知。孤山虽不敢确指为白浮山，然其山不与他山相连，谓之孤山，未尝不可也。以方向言之，既如彼，以证据考之，又如此。吾是以知其为北沙河也。且水经注原未尝明言湿余为北河，易荆为南河，后人泥湿余水在居庸关东之文，遂以其为北河也。既以湿余为北，势不得不以易荆为南。以湿余为北，犹可说也，以易荆为南，不可说也。易荆既不可为南湿余亦安得为北乎？盖水经注论天下之水，或考诸载藉（籍），或得之传闻，原不能无差。后人尊古人之书，而不敢辨，所以使南北易置也。

刘万源："湿余水即今南沙河，湿余潭今之北辛力屯一亩泉也。而水出居庸关者，与湿余无涉。易荆水今北沙河也"。

刘万源认为出居庸关之水，不是湿余水，与湿余无涉。此论段未免武断。昌平区西南、西北地区为太行山余脉，地质构造复杂，地面河流中断后再从地下暗河复出亦有可能。

二、《光绪昌平州志·山川记》傅云龙北沙河为湿余水考

昌平新志以北沙河为易荆，以南沙河为湿余，不得不以一亩泉为湿余潭，厥说似是实非。水经注：易荆水又东，左合虎眼泉。又东注湿余水。今之受虎眼泉合南沙河者，北沙河也。以北沙河为易荆之说职此。然水经注明明言湿余出上谷居庸关东，东流过军都县南。郦道元注（《水经注》）曰："南流出关，谓之下口，潜伏十许里，东迳（经）军都县故城南。又东，重源潜发，积而为潭，谓之湿余潭"。故以北沙河为湿余。旧无异议，伏流往往而有。志乃以穿凿诋之。道元涿人也。注南或疏，注北则审。涿距昌平近甚，又以得之传闻，南北易荆，讥之此无足辨。惟既谓水出居庸关者，与湿余无涉，而又云居庸关水入北沙河，且指一亩泉为湿余潭，而又云发源鳖鱼沟，左合一亩泉，自相矛盾。何所征信？如果湿余导源一亩泉，则一亩泉即榆河矣！何以元郭守敬开通惠河必言引榆河、一亩泉诸水？虎眼泉今昔异同，姑弗深论。而昔之虎眼泉，先合易荆，今之虎眼泉，径注北沙。变迁则然，执所受以疑所入何与？而或据洪亮吉乾隆府厅州县志以易荆为南沙河，或援王履泰《畿辅安澜志》，以南沙涧水即古易荆水，则又未免贻昌平志讥矣！此可两言决之，谓南沙河非易荆，则可，谓北沙河非湿余则不可。

三、《昌平外志·河渠考卷三》麻兆庆考

易荆水为双塔河，非南榆河

考南榆河源发西泊头村月儿湾，东北流三十余里，至会北沙河处（巩华城五里小沙河村），左无虎眼，孤山二水。惟双塔河自一亩泉源发，东流至踩河村，左合踩河水。水源发旧县城西古虎眼泉也（干涧上通虎谷），东南流至楼子庄，左合百泉水，又东南，至踩河村入双塔河。双塔河又东流，至巩华城西北、朝宗桥东，左合白浮泉水，水源发龙王山，古孤山水（干涧上通明陵九龙池各山水）也。南流，迳（经）西沙屯村东。水之所迳（经），因地得名，始得沙河名也。南流，原至丰善村入双塔河，今至朝宗桥东入双塔河者，改徙也。《水经注》之塔界水者，即此。下流，名曰沙河。

湿余水非居庸关水

湿余水即《汉书》之温余水。《水经》作湿余，《辽史》作温榆，《明史》作湿余，《旧志》作湿余，湿榆。《水经注图》曰"当作湿余。作温余、温榆皆误"。《水经》："湿余水出居庸关东。"细玩"东"字，言由关指东西言其下流，非由关东发源也。源发关外青龙桥西。东南流，二十余里入关。又东南流，出南口，至狼窝（昌延交界）潜伏。涧道迳（经）旧县西南红桥村西，军都故城东，至双塔村北入双塔河。湿余水之入易荆水也，在易荆水合虎眼泉、孤山水之东。居庸关水之入易荆水也，在易荆水未合虎眼泉，孤山水之西。故敢证居庸关水非湿余水。乾隆五十五年五月，奉上谕："本日军机大臣将金简寄到《温余河全图》及《说帖》呈览……着传谕金简，再行详核：是否导军都山发源之称……详晰绘图……勿致再有牵混"。

湿余水为南榆河

湿水之余，当与湿水派接，方与命名意合。湿水即桑干河下流，名永定河。今州西南五十里有寨口沟、分水岭者（宛平县地），岭以南水入湿水。岭以北水入湿余。行潦干涧至周家巷。东有小水发源，东迳（经）黑楼新庄南（入昌平界）、苏家坨南、三星庄北、右会黑龙潭水，俗名倒流河，以其北流故也。转北，迳（经）苏家坨东，常乐村西，左合月儿湾水。转东北流，迳小榆河村北、大榆河村南，明之榆河驿，即此村也。又东北，迳安济桥至巩华城东南，有名南大寝者，水碧渊深，渔舟禁网，古湿余潭也。又东流，至小沙河村北，左会沙河水。

古湿余潭为今南大寝，非一亩泉

《元史·河渠志》："双塔河，出昌平县孟村一亩泉"。考孟村，《旧志》云在州西南"十三（当作十七）里"。即亭子庄河南之大前街是也。一亩泉在其南（光绪癸未三月履勘，村名虽失，泉名未泯）。《明一统志》谓在新屯者，误笔也。而新屯东南有泉，非一亩名……《新志》以此为湿余潭，误甚。湿余潭者，在河之中，重源潜发，积而为潭，非平地泉也。南大寝者，在南榆河中，相传中有大鼋，能幻人形，水深数丈，证之郦《注》《水经注》其为湿余潭也信然。

以上三家学说，各籍其对《水经注》的不同解读，相争不休，至今未有定论。刘万源是《光绪昌平州志》编者之一。他的观点为"湿余水即今南沙河，易荆水今北沙河也"。傅云龙为浙江德清人，曾参与编写《光绪顺天府志》，其观点为："谓南沙河为易荆则可，谓北沙河非湿余则不可。"麻兆庆则认为"易荆水为双塔河，非南榆河（南沙河），湿余水非居庸水，湿余水为南沙河，古湿余潭为南大寝（南大寝在巩华城南门外东南河中，河中之深潭，沙河人谓之为鱼洞），非一亩泉（海淀区辛力屯东南泉水）。"出现上述各家争论，源于各家在易荆水发源地千蓼泉，古湿余潭和郁山的位置上的争论不休，以致有南北沙河何者为易荆，何者为湿余之争。

　　清乾隆五十五年五月，鉴于《水经注》所记的湿余水与温榆河存在不相附的错误，清乾隆帝曾因此派人实勘温榆河水系。"谕本日军机大臣，将金简寄到温榆河全图及说帖呈览，朕详加披阅。据帖内称，温榆河自居庸关外军都山发源，汇合八达岭及黑龙潭二处之水。经沙河直达蔺沟，流至三岔河，南入通州境等语。而其所绘图内，则温榆河系在通州界内。温榆河既发源军都山，则自沙河以北为温榆。而自既入沙河以后，即不可谓之温榆。如白河已入潮河，即为潮河之水。犹之伊洛瀍涧，既入于河，则总名为黄河，而不得复别之为伊洛瀍涧。此其显然可证者也。乃图内由军都山迤南，历经沙河、蔺沟、三岔河等处，直至通州新开河口。始签贴温榆河字样，殊不可解。着传谕金简再行详核，是否系军都山发源之称。及到通州地方，又有温榆之名。详晰绘图粘签呈览，勿致再有牵混。"

四、杨守敬《水经注疏·漯余水》

　　漯余水出上谷居庸关东。（朱漯作湿。赵改漯，下同，云：朱氏彝尊《日下旧闻》曰，按：《后汉书》，王霸为上谷太守，陈委输可从温水漕，以省陆转输之劳，事皆施行。章怀太子《注》引《水经注》本作温余水。《辽史》，顺州有温榆河，金更怀柔县为温阳，岂尽无据？又昌平多温泉，有流入双塔河者，温余之名，窃疑因此。《水经注》既无善本，今人习见坊刻，遂指温字为湿字之讹，正恐类昔人所云，以不悖为悖也。一清按：朱氏之言过矣。温是漯之讹，漯又是湿之讹，自古未闻以湿水为温水。湿余之名，连上篇出累头山之湿水以受称。汉昌平旧县自有温水，见《漯水注》中，岂可便以湿余水当之？今本《汉志》注转写成讹，后汉因之。辽、金制度，随地改易，此正与隋人误以屯氏河为毛氏河，因置毛州，贻笑千古。安可惑於后起之文，局彼方隅之见，尽废群籍，从我曲说哉！《方舆纪要》云，榆河一名湿余河，或名温榆河，即湿余之讹也。《金石文字记》云，《水经》湿余水，亦漯字之异文。《昌平山水记》云，芹城水出芹城北，南入于沙河。《水经注》，芹城水出北山，南迳芹城，东南注湿余水，以此知沙河之为古湿余水也。传写之讹，或为温水。《后汉书·王霸传》云云。又云，温榆河即昌平之榆河，下流为沙河，入顺义西南，谓之西河。金人名县曰温阳，以此。《辽史》作温榆河，本《水经》之湿余河，以字相似而讹也。观二顾先生之言，则知朱氏以湿为温，非惟不识古传记之文，且不知有漯水者矣，可谓不学之甚。全改作漯。戴亦以温、湿为漯之讹，又云，《王霸传》云，可从温水漕，温水乃漯水。唐韦挺运米至卢思台，方知渠闭，则久坏不修耳。霸所漕者温水，非温余水也。李贤《注》引温余释之，疏矣。守敬按：王念孙曰，漯省作漯，与济湿之湿相乱，因讹而为湿，又讹而为温。湿字俗书作湿，温字俗书作温，二形相似而讹）

　　关在沮阳城东南六十里居庸界，（守敬按：沮阳、居庸二县俱详《漯水》篇）故关名矣。（守敬按：居庸即《吕氏春秋》九塞之一。《汉志》，居庸县有关）《通典》居庸关在昌平县西北。今关在昌平州西北，去延庆州五十里，关门南北相距四十里，两山夹峙，巨涧中流，悬崖峭壁，称为绝险）更始使者入上谷，（朱脱更始二字，赵据孙潜校增，全、戴增同）耿况（朱脱讹作沈，《笺》曰：当作况。全、赵、戴改）迎之于居庸关，（朱《笺》曰：袁宏《后汉纪》云，更如初立，遣使者徇诸国，先降者复爵位。上谷太守耿况出迎使者，上印绶。（守敬按：《后汉书·寇恂传》，更始使者徇郡国，恂从耿况迎於界上。亦不言居庸关，此盖本他家《后汉书》）即是关也。其水导源关山，（会贞按：今沙河出昌平州西北居庸关）南流历故关下，溪之后岸，有石台三层，（朱台作室，赵、戴同。会贞按：《初学记》七引此室作台，是也。下称候台可见，今订）其户牖扇扉悉石也，盖古关之候台矣。（戴改古作故。会贞按：《初学记》引此正作古）南则绝谷，累石为关垣，（朱讹作址，赵同，戴改。守敬按：《大典》本、明抄本并作垣）崇墉峻壁，非轻功可举。山岫层深，侧道扁狭，（朱作峡，赵据《方舆纪要》改，全、戴改同。守敬按：《广博物志》引此作狭）林鄣邃险，（朱邃讹作据，《笺》曰：古本作遽。盖邃险之讹。吴本改为据，误。赵、戴改邃。守敬按：《大典》本、明抄本并作邃）路才容轨。（守敬按：程大昌《北边备对》，居庸关东西横互五十里，中间通行之地，才阔五步）晓禽暮兽，寒鸣相和，羁官游子，聆之者莫不伤思矣。其水历山南，迳军都县界，又谓之军都关。《续汉书》曰：尚书卢植隐上谷军都山，（会贞按：《魏志·卢毓传》注引《续汉书》同。范《书·卢植传》，删军都山，但云隐於上谷）是也。（朱无是字，赵同。全、戴增。会贞按：《魏书·常景传》，别敕幽州都督元谭，西至军都关。《地形志》，军都有军都关。《通鉴》胡《注》，《汉志》有军都、居庸两县，各有关。然郦氏言居庸关在居庸界，㶟馀水南迳军都县界，又谓之军都关。《新唐志》以为军都关即居庸关。顾氏《昌平山水记》从之。而《环宇记》亦云，军都山又名居庸山，在昌平县西北十里。盖古因山置关，南北相距数十里，在居庸界曰居庸关，在军都界曰军都关，分之则二，合之则一，故居庸关亦可曰军都关，居庸山亦可曰军都山也。军都山在今昌平州西北二十里）其水南流出关，谓之下口，（会贞按：《魏书·元景传》，都督元谭据居庸下口。《尔朱荣传》，荣以山东贼盛，清敕蠕蠕主阿那坏发兵东趣下口，以蹑其背，即此）水流潜伏十许里也。（朱也字上衍是字，赵同，戴删）

东流过军都县南，（朱东流上衍又字，赵同，戴删）又东流过蓟县北。

㶟馀水故渎东迳军都县故城南，（守敬按：前汉县属上谷郡，后汉属广阳郡，魏属燕国，晋因。《环宇记》，后魏移军都县於今昌平县东北二十里，更於今县郭城置东燕州及昌平郡昌平县。按《地形志》，天平中，领流民置，寄治幽州军都城，其昌平郡昌平县并天平中置，而燕郡有军都县，是天平中置。昌平始移军都，当郦氏时，军都仍治故城也。故城在今昌平州西十七里）又东，重源潜发，（守敬按：《方舆纪要》，其发处为月儿湾）积而为潭，谓之㶟馀潭。又东流，易荆水注之，其水导源西北千蓼泉，（朱北下衍迳字，全、赵、戴删。会贞按：易荆水今名南沙河，出昌平州西南五十里龙泉寺）亦曰丁蓼水。东南流迳郁山西，（守敬按：山在今昌平州西南）谓之易荆水。公孙瓒之败于鲍邱也，走保易荆，疑阻此水也。（朱《笺》曰：范晔《后汉书》，鞠义攻公孙瓒，破之於鲍邱。瓒遂保易京，开置屯田。《续汉志》云，瓒所居易京故城，在今幽州归义县南十八里。《魏志·瓒传》亦云，瓒军数败，乃走还易京固守。此云易荆正同，但字异耳。

赵云：按《后汉书·公孙瓒传》注云，前汉易县属涿郡。《续汉志》曰，属河间。瓒所保易京故城，在今幽州归义县南十八里。归义即易县，唐时更名，易京城在其南。若军都县，今昌平州二十里有军都山，太行之第八陉，汉立县于山南，居庸关在焉。其地古有水名易荆。安可以荆京音同，而遂以为伯？所保之地乎？道元已著易京城於《易水》篇，此重录之，盖爱博之过也。会贞按：《北齐书·斛律羑》附其父《金传》，言为幽州刺史，导高梁水北合易京，东会於潞。易京即《注》所指之水。盖易京、漯馀互受通称，漯馀、沽河合为潞河也。疑此本作易京，两荆字皆后人所改。不然，郦氏明载易京於《易水》篇，若荆与京异，郦氏何至误疑为瓒之所保）易荆水又东左合虎眼泉，水出平川，（会贞按：《魏书·常景传》，遣别将破杜洛周於虎眼泉。《方舆纪要》谓虎眼泉在昌平州西八里旧城下，似误。当在州之西南）东南流入易荆水，又东南与孤山之水合。水发川左，导源孤山，东南流入易荆水，谓之塔界水。（守敬按：水在今昌平州西）又东迳蓟城，（会贞按：蓟县详《漯水注》）

又东迳昌平县故城南，（朱昌平讹作平昌。赵改云：应作昌平，《汉书·地理志》，上谷郡有昌平县。后魏废入军都县。《魏书·地形志》，幽州燕郡军都县有昌平城。孝昌中陷於杜洛周，天平中置东燕州，领平昌郡，复立昌平县，隶焉。道元卒於孝昌二年，天平复置郡县之事，所不及知也。守敬按：此故城非《汉志》昌平之故城，《汉志》之故城，在居庸关外，见《漯水注》。此故城是《晋志》之昌平所移徙也。魏太和中，复置昌平於漯侧，此县遂并入军都。故《地形志》，军都有昌平城，即《魏土地记》所谓蓟城东北一百四十里有昌平城也。至天平中复置昌平於军都，亦因其地旧有昌平故城在途也。互详《漯水》篇）又谓之昌平水。《魏土地记》曰：蓟城东北一百四十里有昌平城，城西有昌平河。又东北注漯馀水。（戴改北作流）

漯余水又东南流，左合芹城水。（朱合讹作右，《笺》曰：谢云，宋本作芹城水注之。赵改右合，谓注之二字，耳伯所谬增。戴改同。守敬按：《大典》本、明抄本并与朱同，足徵原是左合芹城水，只改一字，便还旧观矣）水出北山，（守敬按：水出今昌平州东北四十里）南迳芹城，（守敬按：《环宇记》引《隋图经》云，昌平县有芹城。在今昌平州东三十里）又东南流（朱《笺》曰：又，古本作水。戴删。）注漯馀水。（守敬按：水自今昌平州东北，南流入沙河）漯馀水又东南流，迳安乐县故城西，（朱无县字，全、戴同，赵增。守敬按：前汉县属渔阳郡，后汉因，汉末省。《魏志·明帝纪》，景初二年，复置安乐县，仍属渔阳郡。晋属燕国，后魏省，在今顺义县北）更始使谒者韩鸿北徇，承制拜吴汉为安乐令，（守敬按：见《后汉书·吴汉传》）即此城也。

又北屈，东南至狐奴县，（会贞按：县见《沽水注》）西南，入于沽河。（朱无南字，全、赵、戴同。会贞按：此《注》漯馀水於狐奴县西南入沽，又《沽水经》南过狐奴县北，西南与漯馀水合。《注》云，沽水南迳狐奴城西，又南，漯馀水注之。则漯馀水入沽在狐奴西南，不在狐奴西，此《经》文西下脱南字，今增）

昔彭宠使狐奴令王梁，南助光武起兵，（会贞按：见《后汉书》宠本传）自是县矣。漯馀水於县西南，东入沽河。故《地理志》曰：漯馀水自军都县东，至潞，南入沽，（会贞按：《汉志》潞作路）是也。

杨守敬湿余水图见书后附图四。

笔者对湿余水的思考

笔者沙河镇人，数次沿南北沙河河道探查河源，两去昌平区土城村（军都县故城遗址），玉河等地对比实地考察。笔者认为以今之南北沙河河道去求证1600年前的南北沙河河道可谓缘木求鱼，盲人摸象。殊不知千百年来气候变迁会有水道改徙？黄河水道历史上就变迁多次，南北沙河水道变迁亦是如此。笔者试论如下：

（一）湿余水之初源出于居庸关东。

《水经》开篇明言道："湿余水出居庸关东"。《水经注》："关在沮阳城东南六里居庸界，故关名矣……其水导源关山，南流历故关下……其水历山南迳军都县界，又谓之军都关……其水南流出关，谓之下口，水流潜伏十许里也"。

后人为何视而不见？即以今之北沙河河道来看，辛店河源自昌平区西北延庆八达岭附近诸山泉水，汇聚合流经居庸关、南口，东南下流至马池口镇古城村（军都故城）南与发源于海淀新立屯村的双塔河、与发源于马池口镇亭子庄村诸泉的亭子庄河汇合一处自东向西流至沙河朝宗桥。笔者对刘万源："水出居庸关者，与湿余无涉"。麻兆庆："湿余水非居庸关水"，二人之说不能附同。

（二）湿余水故渎东迳军都县故城南

《水经注》中所记载的湿余水河道是"湿余水故渎东迳军都县故城南"的河道。"故"字意为原来的，从前的，旧的意思。"渎"字意为河渠，水道。"迳"的字意为取道，经过的意思。湿余水故渎意思是湿余水过去的，从前的水道。再细细品味东迳二字，自西向东谓之东，意为自西向东流经至军都县故城南。这句话的完整解释就是湿余水过去的，从前的水道自西向东流经至军都县故城南。湿余水的故渎即湿余水从前的水道。那么我们不禁怀疑，郦道元在著述湿余水河道时候湿余水已经不是《水经》时代的湿余水河道了。湿余水河道在《水经》之后郦道元时期难道已经改变了河道？

从现代地图和实地考察看，今双塔河在军都故城的南三里。发源于亭子庄泉的亭子庄河位于故城西侧，辛店河在故城的东侧。古湿余水自南口东南流至军都故城之南（昌平区土城村）的河道，也必在军都故城的西侧，只有这样才符合"湿余水故渎东迳军都县故城南，又东，重源潜发，积而为潭，谓之湿余潭。又东流，易荆水注之"的描述。

（三）双塔河是易荆水

双塔河自一亩泉发源，东南流至踩河村，左合踩河水。踩河水水源发自旧县城西古虎眼泉（干涧上通虎谷），东南流至楼子庄，左合百泉水，又东南，至丰善村入双塔河（今在踩河村入双塔河）。双塔河又东流，至巩华城西北，朝宗桥东，左合白浮泉水。白浮泉水水源发龙王山，即古孤山水（干涧上通明陵九龙池各山水）。南流，迳西沙屯村东。又南流，在昌平故城西丰善村入双塔河（今在朝宗桥东入双塔河）。双塔河流至沙河镇东小沙河村三岔口，汇入湿余水。古易荆水行走线路与今双塔河在北沙河段相符合，故此论证双塔河是易荆水。

（四）古地名称的困扰

湿余水中提到的郁山、孤山、千蓼泉等地理位置，我们现代人无法得知，这也是我们复原湿余水和易荆水古河道的难点，这些地理方位不清楚，考证也就无法进行下去。杨守敬在《水经注疏》中也是困惑于此，只含糊其词地说郁山在昌平州西南，并没有给出具体地理位置。《水经》中更加不能理解的是湿余水东流过军都县南以后，又东流过蓟县北，历代注疏水经的学者对这一问题更是一带而过，避之唯恐不及。若是以今天南北沙河现状来看，沙河绝无向南流到蓟城北的可能。我们不能用现代的观点去考证历史，千百年来气候变迁造成河道迁徙常而有之，再加上元朝在昌平开浚通惠河白浮堰等水利工程也破坏了河流的原始面貌，更增加了考证工作的难度。

五、高梁河

南沙河曾经是高梁河

据志书记载，高梁河曾汇入南沙河中，东注于潞河。《北齐书·斛律羡》："导高梁水北合易荆，东会于潞"。潘问奇《康熙昌平州志》记载："高梁河东迳州治沙涧"。麻兆庆《昌平外志》认为"高梁河即湿余水"。高梁河最初为人工水利工程。"高梁者，以其水北有梁山，故名高梁"。"首受湿水（永定河）于戾陵堰"。《水经注·漯水》言："漯水又东南，高梁之水注焉，水注蓟城西北平地，泉流东注，迳燕王陵北，又东迳蓟城北，又东南流"。《魏土地记》曰："蓟东十里有高梁之水者也，其水又东南入漯水"（即今永定河）。《水经注·漯水》又言："漯水又东南迳良乡县之北界，历梁山（石景山区）南，高梁水出焉"。高梁河，是在蓟城西数十里之外的梁山下的一条人工河。

高梁河产生源于曹魏时期的一项水利工程。《水经注·鲍丘水》言"鲍丘水入潞，通得潞河之称矣。高梁水注之，水首受漯水于戾陵堰，水北有梁山（今石景山区），山有燕刺王旦之陵，故以戾陵名堰。水自堰枝分，东迳梁山南，又东北迳《刘靖碑》北"。曹魏嘉平二年（250）征北将军建成乡侯刘靖"登梁山以观源流，相漯水以度形势"令部下丁鸿率千名军兵在漯水上建造戾陵堰。

进入戾陵堰的漯水分两支流，一支开凿车箱渠引水东流，永定河水顺车箱渠经石景山金顶街向东，八宝山北入紫竹院与发源于紫竹院平地泉水汇合流入积水潭。今紫竹院以东的长河河道就是古高梁河道。北魏时期，高梁河自今紫竹院公园东流入积水潭，经什刹海、北海、中海一线向东南流，注入漯水。车箱渠是从石景山与鬼子山之间向东开出的一条引水石渠。遗址在今石景山发电厂及石景山以东，八宝山以北地区都有遗迹可寻。另一支向东北开辟了一条水道，沿今门头沟区军庄至杨坨山麓向东流，再折向东北越过老庙分水岭（王家湾），沿寨口沟东北流，经周家巷村北至高立掌，进入今南沙河主河道，最终东至潞河。即《水经注》所言"水流乘车箱渠，自蓟西北迳昌平，东尽渔阳潞县，凡所润含，四五百里，所灌田万有余顷。"

戾陵堰建于石景山南麓的永定河上，是一座拦河水坝。当河水泛滥时，水可从坝顶漫流而下。当水流平缓时，可截水经水门导入车箱渠中。景元三年（262）樊晨对戾陵堰进行重修，更制水门，使车箱渠水量加大。到北齐河清三年（564）幽州刺史斛律羡又"导高梁水北合易荆，东会于潞"。

麻兆庆在《昌平外志》中认为高梁河水汇入湿余水。海淀区有寨口村，寨口村南是门头沟区军庄镇，与石景山距离不远。寨口村东北方向又有地名为高里掌的村名，高里掌又名高梁庄，寨口是塞口的讹音。麻兆庆认为，高梁河水是从军庄镇沿寨口村，经高里掌一线向北汇入南沙河中，即沿今南沙河南支发源地汇入南沙河中。这也是麻兆庆认为南沙河为湿余水的重要证据。

戾陵堰以梁山之上的燕刺王陵命名，戾刺音近通转。梁山在湿水东北岸，即今之石景山区，可能现在的鬼子山、金顶山等，都是梁山的不同峰名。梁山是包括这些峰的山脉名。石景山很小，燕刺王葬于临河的小山坡上，不太合理。最东之金顶山的偏东北一峰今名狼山（现写为琅山），显然是梁山声音的稍转。山南坡之金顶山村旧名礼王坟，礼可能是戾或刺的音讹。梁或狼也可能是戾陵的合音。此地今距永定河五六里，燕王陵在这里较合理（此观点选自《水利水电科学研究院科学研究论文集》第12集，姚汉源水利电力出版社，1982）。

自元代郭守敬建通惠河"上自白浮村引神山泉，西折南转，过双塔，榆河、一亩、玉泉诸水"经瓮山泊（今颐和园昆明湖）沿金大定二十七年（1159）开挖的从昆明湖到紫竹院的渠道（今高梁河）入积水潭，复东折而南出南水门，东至通州高丽庄（张家湾）入白河，共一百六十四里有奇"。通惠河利用了高梁河道，通惠河的名称就开始流传了，所以明代很少见到高梁河的名字。天顺二年（1458），漕运总兵官杨茂同参将袁佑考察昌平县元人引水处和宛平、通县等县，认为元人引"白浮泉水往西逆流，经过祖宗山陵，于地理不宜""白羊口山沟，雨水冲截，俱难导引"。放弃了治理元代通惠河双塔以上河段。

现代所指的高粱河，是指原通惠河昆明湖以下河段。昆明湖收西来的玉泉水后东流，经紫竹院到高梁桥，到元代和义门北侧的西水门进城，流进积水潭。积水潭有两个出口，一是由太平湖往东，接坝河。另一是从万宁桥（后门桥）到文明门，东接通惠河。

《日下旧闻考》：高粱河为玉河下游，玉泉山诸水注焉，高粱其旧名也。

《读史方舆纪要》：车箱渠在府西北。曹魏嘉平二年，刘靖督河北诸军事。登梁山，观水道源流，乃立遏于水，导高粱河，造戾陵遏，开车箱渠，依北岸立水门。景元二年，又遣谒者樊晨更制水门，水流乘车箱渠自蓟西北径昌平，东尽渔阳潞县。凡所含润四五百里，灌田万有余顷。晋元康五年，靖子弘复修治之。

《魏书·裴延儁传》：渔阳故戾陵诸堰，广袤三十里，废毁多时，莫能兴复。裴延儁乃表求营造，躬行履行，相度水形，未几而就。

《长安客话》：高粱河，一亩泉，《水经云》：高粱河出自并州，乃黄河别源。经本州（昌平州）东南高粱店流入都城海子。泉在州治西南新屯，广约一亩，东流于高粱河合。

《析津志》：高粱河源出昌平县山涧，东南流至高粱店经宛平县境，由和义门北水门入抄纸坊泓亭，逶迤自东灞流出。高粱入海子内，下万宁闸与通惠河合流，出大兴县潞河。

《方舆记要》：高粱河在府（顺天府）城西，自昌平州沙涧，东南流经高粱店，又东南流入都城积水潭。宋太宗伐辽，与辽将耶律沙等战于高粱河，是也。金人亦谓之皂河，上有高梁桥，蒙古兵入居庸，至皂河，欲渡高粱桥，为金将胡沙虎所败。《水经注》：高粱水至潞县注于潞河。今大通河，盖即高粱河下流也。

《元史河渠志》：双塔河，源出昌平县孟村一亩泉，经双塔店而东，至丰善村，入榆河。至元三年四月六日，巡河官言："双塔河时将泛溢，不早为备，恐至溃决，临期卒难措手。乃计会闭水口工物，开申都水监，创开双塔河，未及坚久。今已及水涨之时，倘或决坏，走泄水势，误运船不便。"省准制国用司给所需，都水监差夫修治焉。凡合闭水口五处，用工二千一百五十五。

《光绪顺天府志》：沙河：府北六十里，即榆河也。《志》云：源出居庸关，至昌平旧县南而伏，又南十余里复出，流入宛平县界。《水经注》谓之湿余河。《辽史》作温榆河。自府北合清河，东流入顺义县，下流会于白河。或曰沙河有二源，一出昌平州西南五十里龙泉寺，合西山诸泉东流，为南沙河。另一出昌平州西南之四家庄，径双塔村东流，为北沙河。二河分流至沙河店东南窦家庄，合为一，入通州界，注于白河。沙河店在二河之间，故名。

榆河：榆河在州南二十里。一名湿余河。《水经注》云：源出居庸关，南流出关，谓之下口。水伏流十余里，发为湿余潭。《志》云：湿余河源出军都山，至旧县西而伏，又南复出谓之榆河。其发处为月儿湾。或名温榆河，即湿余之讹也。今上流已涸，其下流为沙河，入宛平县北境，经顺义县，会于白河。元致和元年，燕帖木儿御辽东之师，次于三河，闻上都兵入居庸，乃还军次榆河，既而战于榆河之北，败之。追奔至红桥，据之以拒上都之兵。红桥，在州西南十二里，桥亡而名尚存。《元史》卷一百三十八《燕帖木儿传》：丁丑，抵榆河，闻帝出都城，将亲督战，燕铁木儿单骑请见，曰："陛下出，民心必惊，凡剪寇事一以责臣，愿陛下亟还宫以安黎庶"。文宗乃还。明日丁丑，阿速卫指挥使忽都不花、塔海帖木儿、同知太不花构变，事觉，械送京师，斩以徇。己卯，与王禅前军遇于榆河北，我师奋击，败之，追至红桥北。

官河：州（昌平州）西南二十里。源出一亩泉，分为二流。一曰官河，流入宛平县，合高梁河。另一曰双塔河，在州西南三十里，经双塔店入榆河。《志》云：一亩泉在州西南新屯，广一亩许，因名。又清河，源亦出一亩泉，流入宛平县界，其下流皆汇于沙河。

高梁河：在州西（昌平州）。《水经注》云并州黄河之别源也。经州西南三十里之沙涧泉，又东南径高梁店入都城。又有清泉水，在州北三十里。谚云：高梁无上源，清泉无下尾。盖以高梁凭藉众流，而清泉分流散漫故也。

虎眼泉：在州西（昌平州）八里旧城（昌平旧县）下。一作马眼泉。流经州东南丰善村，入榆河。《河漕考》：大通河出白浮村神山诸泉，过双塔、榆河，会一亩泉、虎眼泉，至府城西会玉泉。是也。

附：辽宋高粱河之战

太平兴国四年（979）五月，北汉刘继元已降，宋太宗还师至镇州即转兵北上，欲以新胜之师收复幽蓟。六月十三日，宋太宗赵光义自镇州出发，十九日次金台屯，募民百人为向导，二十日至东易州（时宋辽各置一易州，西属宋，东属辽）之西，过拒马河入辽境。辽易州刺史刘宇，涿州判官刘厚德相继献易州、涿州投降宋军。宋军推进很快。六月二十三日，赵光义大军至幽州城南，驻跸宝光寺。当时辽南京（宋称幽州，辽为南京析津府所在）守将为权知南京留守事韩德让以及权知南京马步军都指挥使耶律学古。另有辽北院大王耶律奚底与统军使萧讨古等军在城北屯扎。宋军先锋东西班指挥使傅潜、孔守正巡哨城北，在沙河遇到辽军，马上以先至的兵马与之交战，后军不久到达，而后诸军齐集，大败奚底、讨古及乙室王撒合军，斩获甚众，生擒五百余人。辽南院大王耶律斜轸屯兵得胜口（昌平天寿山西北），看宋军锐气正盛，不敢与之直接冲突，便趁着耶律奚底新败，在得胜口用青帜伪作收容溃军之状以诱敌。赵光义得到探马报告，便有轻敌之心，麾军继续攻击，宋军将士乘胜追击，斩首千余级。而斜轸抓住机会突然袭击宋军后方，宋军败退，与斜轸军对峙于清河（在今北京城北二十里海淀区清河）北。六月二十六日，赵光义由城南宝光寺至城北，亲督众将进兵，攻击清河（海淀区清河）辽军，大战一日，杀敌甚众，获马三百余匹，辽军稍却，仍然凭借险要坚守。辽景宗耶律贤于六月三十日闻知南京被围，耶律奚底、萧讨古、耶律斜轸等军虽未大败，却不能进援，只能声援，于是急遣南府宰相耶律沙率兵往救，耶律休哥自荐请缨，辽主便以休哥代替奚底，统帅五院军之精锐驰赴前线。七月初六，耶律沙大军至幽州，赵光义督诸路军攻击，两军战于高粱河（南沙河），耶律沙力战不支而败退。然而当时的宋军连续近二十日不停地猛攻幽州城，士卒早已疲殆，故而虽然战胜，从中午到傍晚只追了十余里。令赵光义始料未及的是，耶律休哥率军出其不意间道而来，人人手持火炬直冲，宋军不知其多寡，故不敢接战，欲据高粱河（南沙河）为抵御之计。耶律休哥先收容耶律沙败军，使之回去再战，与宋军相持，然后与耶律斜轸各自统帅精锐骑兵，从耶律沙的左右翼挺进，乘夜夹攻宋军，实行两翼包围钳击之势。战斗激烈非常，耶律休哥身先士卒，身被三创犹力战。城中耶律学古闻援军已至，也开门列阵，四面鸣鼓，城中居民大呼，响声震天动地。耶律休哥继续率部猛攻，这时宋军才发觉已被包围，又无法抵抗辽军的猛攻，只能纷纷后退。耶律沙从后面追击，而休哥与斜轸两军也对宋军实行超越追击。宋军大败，死者万余人，连夜南退，争道奔走，溃不成军，赵光义与诸将走散，诸将也找不到各自的部下军士。赵光义的近臣见形势危急，慌忙之中找了一辆驴车请赵光义乘坐，急速南逃。辽军追至涿州（今河北涿县）乃止。

六、通惠河（白浮堰）

元代昌平成为京北交通要道，大都西北的居庸关自元代开始有了大规模的驻军。为运输军粮之便，元至元元年（1264年）派兵疏凿了从通州沿温榆河至北沙河的河道，用以运输漕粮，即双塔河漕渠。双塔河漕渠开通后，元朝除设有专管负责漕运的人员外，还在朝阳区沙子营榆河岸边设置了粮仓和官厅。漕渠沿途还设有水闸，以调节水位，至今沙河镇以西，北沙河沿岸还留有东闸、西闸等村名，到至元三十年，因建通惠河，双塔漕运因水量减少难以运输而停止。

《元史·河渠志》记载，至元二十九年，郭守敬"上自白浮村引神山泉，西折南转，过双塔，榆河，一亩，玉泉诸水"，经瓮山泊（今颐和园昆明湖）沿金大定二十七年（1159年）开挖的从昆明湖到紫竹院的渠道（高梁河）入积水潭，复东折而南出南水门，东至通州高丽庄（张家湾）入白河，共一百六十四里有奇。每十里设一闸，以时蓄泄。

白浮泉水导引入京，主要是解决漕运及供水问题。在白浮泉至瓮山泊（今昆明湖）之间，修筑了一道长六十余里的白浮瓮山引水渠。并筑白浮堰，以拦截泉水，使之西流。沿途汇集了11道泉，计有白浮泉、王家山泉、虎眼泉、孟村一亩泉、马眼泉、侯家庄石河泉、贯石村南泉、榆河温泉、龙泉、冷水泉、玉泉等。引水渠绕过百望山，引入瓮山泊，扩大了瓮山泊的水源，并修建了湖堤，成为北京城最早的水库。同时还在现在的东便门和通州区之间开挖了一道运河（通惠河），使瓮山泊水经长河（人工开挖的河）流入紫竹院湖，并流经高梁河（源于紫竹院泉水）至和义门（今西直门）北水关入城，然后入积水潭、什刹海，出万宁桥（今后门桥）经皇宫护城河到达东便门通惠河，与京杭大运河贯通。由于从西直门外至通县之间河道水位高差20余米，所以在此之间建闸坝24座，从而使由南方来的大批粮船可以从通州区直驶大都城，停泊在积水潭码头。在积水潭东岸建有20多个粮仓。引泉济漕的结果，还为城市园林、河湖补充了水源，美化了城市。

郭守敬引白浮山泉至青龙桥和瓮山泊，自白浮至瓮山泊这段河道称白浮堰。元末明初时，由于战乱失修和山洪冲毁，通惠河上段即从白浮山至瓮山的河道便被废弃不用了，现今所称的通惠河是指从东便门外大通桥至通州区入北运河这段原通惠河故道。经现代考古探查，白浮堰河道宽10米。其走向是：引神山泉水，西经凉水河村南，过虎眼泉水的地方筑埝阻水（埝头村因埝得名）西流至横桥村北和关沟，龙潭二水汇合，南流至土城村南，同西来的一亩泉水、马眼泉水、丁蓼泉水汇合，南流过双塔河，双塔村东建水闸拦水（今东闸村，西闸村因闸得名），山洪暴发之时，提闸放水。白浮堰从双塔村北西南流经辛力屯村，章村东，南流到上庄村西，注入南沙河。在南沙河下流榆河村北，建闸拦水，再南流经黄后店、辛店、西北旺、青龙桥，注入瓮山泊。这就是元代通惠河上游，即白浮堰河道，今京密引水渠河道从白浮龙山到横桥村北，同白浮堰河道基本符合。

《元史·河渠志一》通惠河，其源出于白浮、瓮山诸泉水也。世祖至元二十八年，都水监郭守敬奉诏兴举水利，因建言："疏凿通州至大都河，改引浑水溉田，于旧闸河踪迹导清水，上自昌平县白浮村引神山泉，西折南转，过双塔、榆河、一亩、玉泉诸水，至西水门入都城，南汇为积水潭，东南出文明门，东至通州高丽庄入白河，总长一百六十四里一百四步。塞清水口一十二处，共长三百一十步。坝闸一十处，共二十座，节水以通漕运，诚为便益。"世祖从之。首事于至元二十九年之春，告成于三十年之秋，赐名曰通惠。

文宗天历三年三月，中书省臣言："世祖时，开挑通惠河，安置闸座，全藉上源白浮、一亩等泉之水以通漕运。今各枝及诸寺观权势，私决堤堰，浇灌稻田、水碾、园圃，致河浅妨漕事，乞禁之"。圣旨："白浮、瓮山直抵大都运粮河堤堰泉水，诸人毋挟势偷决，大司农司、都水监可严禁之。"

白浮瓮山，即通惠河上源之所出也。白浮泉水在昌平县界，西折而南，经瓮山泊，自西水门入都城焉。

成宗大德七年六月，瓮山等处看闸提领言："自闰五月二十九日始，昼夜雨不止，六月九日夜半，山水暴涨，漫流堤上，冲决水口。"于是都水监委官督军夫，自九月二十一日入役，至是月终辍工，实役军夫九百九十三人。十一年三月，都水监言："巡视白浮瓮山河堤，崩三十余里，宜编荆笆为水口，以泄水势。"计修笆口十一处，四月兴工，十月工毕。

仁宗皇庆元年正月，都水监言："白浮瓮山堤，多低薄崩陷处，宜修治"。来春二月入役，八月修完，总修长三十七里二百十五步，计七万三千七百七十三工。延祐元年四月，都水监言："自白浮瓮山下至广源闸堤堰，多淤淀浅塞，源泉微细，不能通流，拟疏涤"。由是会计工程，差军千人疏治。

泰定四年八月，都水监言："八月三日至六日，霖雨不止，山水泛溢，冲坏瓮山诸处坝口，浸没民田"。计料工物，移交工部关支修治。自八月二十六日兴工，九月十二日工毕，役军夫二千名，实役九万工，四十五日。

七、京密引水渠

京密引水渠是将密云水库所蓄之水引入北京城区的输水渠道。起自密云水库白河主坝以南的调节池，于怀柔县城北入怀柔水库，下游经颐和园的昆明湖，在海淀区罗道庄与永定河引水渠相汇合，构成北京市完整的输水系统。全长110公里。流经密云县、怀柔县、顺义县、昌平县、海淀区五个县区。先后于1960年、1966年分两期开挖，一期工程从调节池的宫庄子闸至昌平县西崔村；二期工程从西崔村下至罗道庄。引水能力怀柔水库以上为70立方米／秒，以下为40立方米／秒。1961年起每年向北京市区输送饮用水3.3亿立方米。渠上共有各类配套设施430余座。1985年被列为一级水源保护区。

第四章　巩华城的肇建

古老的沙河镇上至今流传着一首儿歌："皇帝要去十三陵，出门儿往北行。紧赶慢赶天色晚，住进巩华城。活的住行宫，明儿看老祖宗。死的这儿停灵，明儿个进坟茔。来来往往真忙活，累坏了巩华城"。

明朝定都北京后，先后在昌平新建两座城池，分别是昌平永安城和沙河巩华城。巩华城兴建原因，历来说法很多，流传最广的是"展谒皇陵中道休憩"一说。巩华城位于北京城与天寿山皇陵（明十三陵）之间，帝后宫眷们疲于南北往来的劳顿，设一地便于中途休息，安顿行程，遂建此城。此说法有一定的道理，历史证明了巩华城的修建确实为皇家祭祖活动提供了极大的便利。

沙河在明廷确定在昌平天寿山建造皇陵之前，就已经在沙河建造了行宫。做为皇帝出塞北巡停留驻跸之地。这个时期的沙河行宫建于南北沙河之间的开阔之地，周围没有城池护卫，因而屡被南北沙河洪水泛滥时所冲毁，明廷也多次进行了重建。最后一次重建是在明英宗天顺五年，据《明实录》记载："天顺五年二月甲戌，工部左侍郎霍瑄奉命督工修理沙河及天寿山行宫"。因沙河行宫屡修屡毁，明廷在明宪宗以后，直至明世宗嘉靖十六年以前长达70余年中放弃了对沙河行宫的修建。在这70余年中，皇家车驾往来沙河驻宿之时都是以搭建行帐和行殿做为休息之所。《明史·夏言传》记载这样一个故事"扈跸谒陵，还至沙河，言庖中火，延郭勋李时帐，帝付言疏六亦焚"。

明嘉靖十五年（1536）三月，嘉靖帝在登基后首次到天寿山皇陵进行谒陵祭祀。途经沙河时，见沙河一带，居民鲜少，田地荒落，沙河又是谒陵途中驻宿休息之地，却无行宫和官兵驻守，心中十分不快。三月十四日，嘉靖帝一行从沙河起程，当天到达天寿山行宫后，特意在当晚召见随行的大臣武定侯郭勋、辅臣李时、尚书夏言三人询问："适过沙河一带，居民鲜少，田地荒落，七陵在此，要人守护，卿等如何处之"？郭勋对皇帝说："应当免除护陵官兵到京城的操练，使他们专心防护皇陵"。夏言也对皇帝说："可以从其他地方迁来百姓到沙河垦荒居住"。郭勋、夏言两人的回答都未能令嘉靖帝满意，可是嘉靖帝自己也没有更好的办法解决这一难题。嘉靖帝谒陵后在回京的途中于三月十九日再次驻宿沙河。他对前来给他送行的昌平州官员和百姓的谈话中又一次提到了这件事情。他说"朕择良辰，奉皇太后恭诣七陵，道经沙河驻跸，何居民不续，农事不观？祖宗陵园重地，切朕忧怀"。并对昌平州给予了免除当年粮税三分之二，昌平州内凡是七十岁以上的老人由官府给布二匹，米一石，肉五斤的赏赐。

第二年三月十三日，也就是嘉靖十六年三月，嘉靖帝到京西金山视察金山行宫建造工程时，再次来到沙河驻宿。第二天，嘉靖帝率领随行大臣们察看了永乐年间建造的沙河行宫遗址十分感慨。随行的礼部尚书严嵩揣摩到嘉靖帝的心理，对皇帝说："沙河为圣驾展祀陵寝之路，南北道里适均，我文皇帝肇建山陵之日，即建行宫于兹。正统时为水所坏，今遗址尚存，诚宜修复，而不容缓者。且居庸、白羊近在西北，若鼎建行宫于中，环以城池，设官戍守。宁独车驾驻跸方便，而封守慎固，南护神京，北卫陵寝，东可以蔽密云之冲，西可以扼居庸之险，联络控制，居然增一北门重镇矣！乞特命勋辅大臣总督其事，诸所计划，各饬所司分理"。严嵩这一席话，破解了嘉靖帝过去一年埋藏于心中的难解之题。使嘉靖帝十分高兴，当即面谕随行大臣："复建无废前规，仍宜筑城设守，为久安之图"。命令择日兴工复建沙河行宫。

明廷为了沙河行宫的重建工程，做了大量准备工作。专门责督工部尚书甘为霖筹工备料，提督工程。采纳了工部建议由建造嘉靖帝永陵园寝的大臣兼理工程事务。并免除了康陵庄地及昌平州民地粮草徭役。经过近十个月的准备工作，明廷于嘉靖十七年（1538）五月初一日正式下诏重建沙河行宫。十月十七日又采纳了工部左侍郎吴大田的建议，在行宫外围修筑城池以资护卫。十一月明廷下令命兵部左侍郎樊继祖、内宫监太监高忠，会同顺天巡抚戴金、陆钶、巡按胡守中、王应、兵备副使潘镒等官员到沙河店查勘地形，确定：

沙河行宫周长为一百九十六丈。沙河城周长为一千一百五十五丈八尺，东、西、南、北各相距两里，城内面积约一平方公里，城呈正方形，行宫建于城内正中偏南，为防水患，地基加高至二丈以上。

沙河城墙高度为两丈五尺，城墙内夯黄土，外砌城砖，墙顶部铺砖。城墙共设垛口三千六百零二座。马面三十八座。城墙顶部每隔四十至六十米有一道用青砖砌成的水槽，用于排水。城墙四角各建角楼一座。

城内建筑有行宫1所，分守衙门1所，奠靖所1所，营房五百间，余皆闲旷之地，无一居民庐舍。

南、北两门为銮驾出入之处，各开三门，中门视左右两门稍大，南北两门城楼较东、西两门城楼亦更加雄伟，其中南、北门城楼与北京正阳门城楼建筑规格相同。南门与北门各设千斤闸3座。东门与西门各设千斤闸1座。在东、南、西、北四座城门外各建瓮城1座。瓮城呈半圆形，南门瓮城各辟3门，于瓮城东、西、南三面各开1门。北门瓮城亦辟3门，于瓮城东、西、北三面各开1门。东门、西门两瓮城面南各开1门。门洞，长约十五米，宽约四米五。

瓮城是建在城门外小城，又叫月城。用以增强城池的防御能力。《武经总要前集·守城》记载："其城外瓮城，或圆或方。视地形为之，高厚与城等，惟偏开一门，左右各随其便"。基于这样的道理，巩华城瓮城门与正城门的朝向呈90°角，这样设计很有科学道理，实战中即便敌军攻破了瓮城门，但其进攻路线必然不能一气呵成，只能绕个弯再攻大城门，从战术上延缓了敌军的进攻速度，而城顶的守军则能以极快的速度，组织调度，居高临下从四面组成交叉射击网，给敌人以致命打击，瓮中捉鳖，就是瓮城功能最生动的描述。门开在侧面的瓮城，战时可以在大城、瓮城上从两个方面抵御来攻之敌。瓮城门洞内设内、外门，平时检查来往过客，有可疑时报警即可关上两道门，瓮城内被关之敌即成瓮中捉鳖之势。巩华城的瓮城门洞也设城门两道，外层是石板闸门，内侧为外裹铁皮的木门，是古代筑城术与兵防武备结合的产物。瓮城内分别修建有关帝庙、皂君庙，火神庙、观音庙组成了意趣深远，内容丰富的景观。各门城楼均为重檐歇山顶、上铺灰筒瓦、黄琉璃瓦剪边。体现出皇家特色和城小位尊的特点。四座瓮城每个瓮城门上均建有箭楼和闸楼。闸楼内有用来升降吊桥和城门千斤闸的装置。

城楼，箭楼，闸楼：

1扶京门：瓮城有东、西、南三个瓮城门，东、西两个瓮城门上均建有硬山顶式闸楼，南瓮城门上建有歇山顶式箭楼，箭楼下正面开瓮城门。扶京门正门下辟三门，中门视左右两门稍大，城台上建有城楼。

2展思门：瓮城有东、西、北三个瓮城门，东、西两个瓮城门上建有硬山顶式闸楼。北瓮城门上建有歇山顶式箭楼。展思门正门也下辟三门，中门视左右两门稍大，城台上建有城楼。

特别说明北京历史上的明代城池，中轴线上的瓮城箭楼下辟有城门的除了北京城的正阳门瓮城箭楼外，只有巩华城南北城门了。这也证明了巩华城的建筑体制是皇城。瓮城门洞开在巩华城中轴线正中，只供帝后出入。

3威漠门：瓮城有南向瓮城门一座，上面建有硬山顶式闸楼，威漠门正门城台上建有城楼一座。

4镇辽门：瓮城有南向瓮城门一座，上面建有硬山顶式闸楼，镇辽门正门城台上建有城楼一座。

巩华城的角楼：有东、南、西、北四座角楼，建于角台之上。角台是突出于城墙四角、与墙身联为一体的墩台。每个角台上建楼橹一座，名角楼。角楼之朝向与大墙呈135°角，楼的高度、体量介于城楼与敌楼之间。战时，角楼内的守御者居高临下，视野广阔，可监控和痛击来自多种角度的进犯之敌。

巩华城城墙马面（墩台）：

巩华城墙马面共有38座。北城墙以展思门瓮城为中心，瓮城东西各4座。西城墙以威漠门瓮城为中心，南北各5座。南城墙以扶京门瓮城为中心东西各5座。东城墙镇辽门瓮城北有3座，瓮城南有7座。

马面是城墙中向外突出的附着墩台，因为它形体修长，如同马的脸面，故称。"马面"之设，既增强了墙体的牢固性，又在城池守卫战中得以消除战场的死角：一旦敌人兵临城下，相邻的马面上的守兵可组织成交叉射击网，让来犯者左右受敌而一败涂地。

笔者于20世纪80年代初走访城内老年人，询问巩华城墙是否有马面，都说没有。后来偶然一次翻看新浪空愁居博客中看到民国二年日军绘制的北京郊区地图，从中看到有沙河镇地图。地图中清晰地画出巩华城城廓，马面、瓮城、沙河行宫历历在目。

　　巩华城城墙内为自然土夯填。夯土取自于挖建护城河之土。明代遗留的夯土层中有直径6—7厘米的木栓，由地面以上起，每2米为一层，木栓平面分布的间距为2米至3米。夯土内的夯窝直径为15厘米，深2厘米至3厘米，夯层30厘米。墙体收分15%至20%。夯土墙外侧有条石作基，以特制的青砖（34cm×17cm×7.7cm）包砌挡土墙。挡土墙内侧每隔5米至6米筑有厚度为58厘米×80厘米的砖砌内垛，与夯土墙联接。夯土外层挡土墙厚度由底至顶共分三层厚度，下层厚度为八十七厘米，中层厚度为70厘米，上层厚度为50厘米。墙体总高度的三分之一，墙体收分为9%。墙身的断面形成一个梯形。外檐墙根，顺大墙走向筑散水台阶，俗称小城墙，台阶高1米，宽3米至5米，台面以半砖侧铺。外檐墙头，砖砌垛口墙，高2米，厚53厘米，每垛长1.4米，上施檐砖三层，中有高25厘米、宽18厘米的瞭望孔。垛堞间留有垛口，宽53厘米，好供射击。每段垛口墙下，辟一与垛口同样大的矩形"铳眼"，用以容纳炮身，跪姿发射相间，战时的守城兵马则足以遮挡矢石，因而，垛口墙又称挡马墙。内檐墙头为砖筑，是护卫守军安全的矮墙。城墙顶以青砖海墁，散水于女儿墙下的水口，通过砖砌水槽，排往城马道。

　　沙河城各城门匾额均为汉白玉制造，共有5块城门匾。东西两城门的门匾各1块，安放于正门上面朝瓮城方向。北门城门匾1块，置于北瓮城门之上面朝向城外。南门有门匾2块，1块在南门正门上安放的是"巩华城"三字的匾额，面朝瓮城方向。另1块安放于南瓮城门之上面朝向城外。各门匾额上的字体为馆阁体，礼部尚书严嵩手书。沙河城正门洞共有8座，其中南、北两城门洞各为3座，东、西两城门洞各为1座。瓮城门洞亦有8座，南北两座瓮城门洞各为3座，东、西两瓮城门洞各为1座，总计沙河城共有城门洞16座。4门中南曰：扶京；北曰：展思；东曰：镇辽；西曰：威漠。4座城门之名分别代表着"镇固京师""展陵怀思""镇闾东辽""威镇大漠"四种不同含义。各城门名称均出自嘉清皇帝所赐。

　　在明代，沙河城的南北两城门为皇家车驾出入之门，每年皇家春秋两大祭或送帝后梓宫到行宫停灵驻宿，皇帝进出南北正门的中门，随扈大臣按文东武西的仪规进出中门边的左右掖门。军卒官兵只准从东西两城门进出。沙河城内在明万历年间以前为禁地，不准居民百姓入城居住。

护城河位于沙河城墙外六丈五尺处（21米多），河宽二丈，深一丈（宽6米多，深3米）。南城护城河与南沙河相通，护城河两岸各植杨柳树木以护河堤。沙河城水门有两座。水门位于南城门东西两侧，各距西南角楼和东南角楼220米。水门亦称水关，位于城墙下方，呈拱券形，高约1.8米，宽约1.5米，用条石砌成，中立石笮，只能流水，不能通人，它是沙河城内污水和降水的排出口，城内之水从水关流入沙河南护城河，最后注入南沙河中。

沙河城南、北、西三面城门各取三面城墙中心而建。而东门却建在偏离东城墙中点向北三十丈处（约100米），其中原因在昌平历代地方志和明史中未曾说明。沙河镇东一村梁伯卿先生解释为："行宫主要用于停灵和供奉先皇灵位。京师、行宫、天寿山皇陵又呈现为向北略偏西的方位，沙河行宫好比落下的鸿雁（喻皇帝之死），沙河行宫面朝正南，古代把南视为至尊，行宫面朝向正南，代表帝王。在东、西方向上，古人以东为首，以西为次。沙河城东门为雁首。雁首欲朝西北，只有使东门向北移三十丈方符此兆"。笔者以为，中国古代城池东西南北城门不对称的比比皆是，并不神秘。有些城池的城门不对称原因可能与风水有关，还有些是受城门内外的地理条件限制所致而使城门不对称。笔者认为沙河东西城门不对称的原因可能是跟沙河行宫的建筑位置和风水有关。沙河行宫建于城内中轴线偏南，行宫四边环水，以水卫护行宫。若东西城门取中对称修建，连接东西城内的道路势必在中轴线遇水隔断而道路弯曲绕行。如果东西门内的道路弯曲势必在整个城池布局上不协调美观，故而使东西城门不对称，从而使东西城门内的大道各行其路。再从风水上讲，古代城池的东西南北城门如果对称而建，势必在中轴线上要取中而建钟鼓楼，达到留置风水之意。若没有钟鼓楼，风水就会从东西南北各城门直入直出，而留不住风水。而在巩华城东西城门中轴线上是护卫行宫的护宫河，不能建造高大的建筑物留置风水（巩华城南北门中轴线上有高大的行宫故而能留置南北方向而来的风水），为防止风水从东西两门直入直出，故而使东西城门相互错开。

沙河城整体工程由明工部营缮司郎中扬州南通人陈尧监工。沙河城的重要建筑物如城楼、角楼、桥梁、牌坊、行宫等是由明大内内官监高忠负责督造，所用建筑材料木材、石料动用了皇家储备物资。沙河城墙则是由京师附近的顺天、保定、真定、顺德、大名、广平、河间、永平等八府派出匠役、钱粮修建。每两府负责各修一面城垣，并要求各府派出府佐官员到场负责监造，并规定今后所修城墙如有损坏仍由该府即行修补。沙河城墙所使用的城砖均来自山东临清，通过大运河漕运至京城。《临清直隶州志》中详细记载了明代官窑所产城砖的规格样式。一种为长一尺五寸，宽七寸五分，厚三寸六分（即48cm×24cm×12cm）。另一种城砖为长一尺三寸，宽六寸五分，厚三寸三分（即42cm×21cm×11cm）。这两种规格的城砖在沙河城的建筑中都有使用。前一种体积较大的城砖用于城墙主体，后一种厚度稍薄的城砖主要用于沙河城门洞的拱券。所有城砖上都盖有铭文"嘉靖十八年春窑户某某制造"。由于城砖是由众多窑户所烧制，故城砖实际尺寸与《临清直隶州志》中记载略有不同。仅举沙河城北门正门所使用的城砖为例：有44cm×21cm×10cm、47cm×22cm×9.5cm、也有44.5cm×22cm×8.5cm、48cm×21cm×10cm等不同尺寸的城砖，很难寻找出有相同尺寸的城砖。

巩华城以及沙河行宫建筑所使用的石料大多开采于京西门头沟永定镇西部石厂村，石厂村所产的青石料质地细腻而坚固。利于雕刻，不易风化，明代之前，民间已大规模开采石料。明嘉靖年间，朝廷在村北开设工部采石场并界定四至。禁令民间开山取料。明代皇史宬、太庙、启祥宫、玄极宝殿、奉先殿、明十三陵诸陵寿宫、行宫、城垣所用青石主要源于石厂村，在石厂村的马鞍山有明代嘉靖年间所立石碑，碑文记载了开采的石料主要用途。碑文内容为：

大明嘉靖拾叁年柒月拾柒日起，建造皇史宬、太宗等庙、启祥等宫、玄扱宝殿、奉先等殿、天寿山诸陵、寿宫、行宫、清虚殿、金海大桥、慈庆宫、慈宁宫、城垣工所、殇伤王坟、泾王坟。钦差督理工程。内官监：太监一员：张阳。右监丞一员：洪宝。工部郎中二员：郜海、卢灿。司房官（刘庆等14人）大明嘉靖（以下字迹脱落）"。碑阴镌刻"内官监、司房、顺天府经历等官（刘璋等5人）。本山开塘、掌尺寸工部文司院副使等官（徐聪等21人）。锦衣卫旗校刘冲、董云。营卫官军士二千员名。工部雇工石匠头□□等一千名。雇募夫役头□□章等一千五百名。

在具体施工过程中首先集中力量修建沙河行宫及周边军队围房，中间几次由于资金不足而停工，历时一年半之久才得以全面竣工。沙河行宫及周边设施修建完毕，又集中力量修建巩华城的城门城楼，后又接着续建城墙（巩华城图见书后附图五）。

在修建沙河行宫和沙河城时，为便于运输材料和人员往来，明廷于嘉靖十七年五月下令加固整修沙河的安济、朝宗两桥。沙河行宫和沙河城自嘉靖十七年五月正式兴工，直到嘉靖十九年十二月才全面竣工，历时两年半之久。嘉靖十九年六月（1540）沙河城楼建成竣工，嘉靖帝亲自赐四城门名称，南门为"扶京门"、北门为"展思门"、西门为"威漠门"、东门为"镇辽门"。嘉靖二十二年（1543）二月，嘉靖帝在给沙河城守备官曹松的诏旨中将沙河城改称为巩华城，自此，巩华城才正式出现于明、清两朝的记载之中。

嘉靖十六年六月，广西等道监察御史桑乔等上奏说沙河行宫工程工部议用银七百余万两，工程中有官员存在虚列开支项目，指十为百的现象。嘉靖皇帝令工部仔细计算工程费用，结果发现工程只需二百余万两就可竣工，有五百万两是虚报。嘉靖皇帝十分震怒，户部尚书张云、礼部尚书严嵩、兵部尚书张瓒、工部尚书林庭㭿各自上书请罪，自陈乞罢职。嘉靖命令严嵩、张瓒二人照旧供职，户部尚书张云和工部尚书林庭㭿被罢官致仕。

巩华城刚刚建成才10年，就被卷入了明朝与蒙古和满清的战争漩涡之中。明王朝建立以来，北方边陲始终处于不安定环境之中，蒙古部落三番五次地入侵北京。蒙古部落入侵北京的原因是由于草原单一的畜牧业不能保证蒙古族人的基本生活要求。再加上生齿日繁，用度日增，手工业极不发达，日用品"必资内地以为用"。蒙古人"人不耕织，地无他产"，釜锅、衣帛等全赖边贸甚至掠夺供给，当时牧民无锅，"不得已，至以皮贮水，煮火以为食"。当时蒙古首领俺答也说，"生齿日多"，因"各边不许开市，衣用全无，毡裘不奈夏热，段布难得"。蒙古人连基本生活都维持不了，只有同明朝进行边境贸易才能解决问题。因此，自明孝宗时起，当时的蒙古首领达延汗就多次遣使求开边市进行贸易，至嘉靖十三年起，蒙古首领俺答几乎无年不请求明朝"封贡"，并保证"令边民垦田塞中，夷众牧马塞外，永不相犯"。俺答的要求却屡遭明廷拒绝，于是率兵大举犯边，企图迫使明廷让步，以达通贡互市之目的。这样一来便给明朝的统治造成了严重威胁，长期的对峙，使蒙明双方疲惫至极。

北京西北的大同、宣化以及东北部的古北口、喜峰口是蒙古铁骑入境北京的两大门户。为了阻挡蒙古部落的侵犯，明朝在这一线驻守着大量军队，修筑了十分坚固的长城。即便这样也有时不能阻挡住蒙古铁骑出现在北京城下。蒙古入侵对明廷最有威胁的事件发生在明嘉靖二十九年（1550），俺答率10万骑兵直逼大同，大同总兵官仇鸾紧闭城门，无论蒙古兵怎样叫嚣就是不出战，高挂免战牌。俺答于是引兵东去，从古北口入犯，首先攻破了怀柔，又围顺义，分兵抢掠昌平、三河，甚至把明陵区内的工部厂也给烧毁了。俺答这次率兵越过古北口后，沿途二百多里如入无人之境，竟没有遇到明军阻拦。蒙古军前锋700余骑已到达京城城外，其余各部在京郊大肆抢掠，而京城4—5万守城明军却闭门不敢出城迎战，消极防御，听任蒙古人在城外抢掠长达9天之久。俺答的人马在掳得大量财物、牲畜及人口之后，从古北口原路从容退回。历史上把俺答这次南下掳掠称作"庚戌之变"。庚戌之变使京郊百姓遭受了极大伤害。明朝在嘉靖时期已是腐败不堪，京师禁军仅4—5万人，而且半数在大臣家服役，军兵从武库领用兵器，管库的宦官还像从前那样勒索贿赂，不能按时分发。

处于京北重地的巩华城在"庚戌之变"中也同样得到军事洗礼。调拨兵马的令符使巩华城守备官手忙脚乱。蒙古大军攻破古北口直达密云、怀柔、顺义，后又转攻通州、昌平各州县。蒙古兵集聚于北京城下，并分兵抢劫黄村、沙河、大小榆河等地，京师为之戒严。明廷檄调宣化副总兵赴昌平，大同副总兵赴巩华城协同防守。敌人前锋直抵清河以北，巩华城南北沙河上的安济桥与朝宗桥驻满明军防守巩华城。由于明军防守严密，巩华城才没有被蒙古军侵扰，这也是建成仅10年的巩华城经受的第一次战火洗礼。

明万历四十六年（1618）四月，后金的建立者努尔哈赤以"七大恨"告天，誓师攻明。崇祯年间清军在皇太极指挥下4次大举攻明。清军不由山海关，而由间道越过长城，深入明之内地，大肆抢掠骚扰消耗明朝的实力。

崇祯二年（1629）十月二十七日，皇太极攻入喜峰口。次日，袁崇焕在宁远得到警报，马上命令山海关总兵入援遵化，锦州总兵祖大寿入关增援北京。十一月初四，赵率教和清兵大战死于三屯营，袁崇焕率兵至山海关。十一月初五，袁崇焕率军进入蓟镇。十一月初六，袁崇焕到达永平，得报遵化已于十一月初三被攻陷，巡抚王元雅被杀。袁崇焕在榛子镇接到崇祯圣旨，命他调度指挥各镇援兵。十一月初十，袁崇焕进入蓟州，以山海关宁远的明兵布防蓟州西部各地，并令昌平镇总兵尤世威回昌平，保定总督刘策回密云协防。尤世威到达昌平后，命部下将领率百名官军携带火器增援巩华城守军，并在巩华城南沙河的安济桥下，埋伏地雷防守巩华城。由于尤世威处事得当，防守严密，巩华城才没有被清军侵扰。清军又南下与明军继续交战。崇祯三年二月，皇太极率后金主力从北京撤回沈阳，留阿巴泰驻守明境内滦州（今河北滦县）、永平（今卢龙）、迁安、遵化四城为战略据点，虎眈北京。五月，明兵部尚书、大学士孙承宗督理军务，重新集结力量，由山西总兵马世龙、锦州总兵祖大寿、山东总兵杨绍基等统兵收复滦州等四城。这次清军入塞史称"己巳之变"。

崇祯九年（1636）五月三十日，清太宗派多罗武英郡王阿济格等统八旗兵10万攻明。六月二十七日，阿济格兵分三路入喜峰口（今河北迁西县境内）、独石口（今河北赤城县北）。明巡关御史王肇坤拒战，兵败而死，明军退保昌平。清兵再侵居庸、昌平北路。大同总兵王朴驰援，击斩1104人，俘获143人。七月初，京师戒严。崇祯帝急令内臣李国辅守紫荆关、许进忠守倒马关、张元亨守龙泉关、崔良用守固关。几天后，又命成国公朱纯臣巡视边关。五日，清兵于京北延庆入居庸关。十七日，清兵自天寿山后突现昌平城下，城内降兵2000人内应清兵，昌平城陷。总兵巢丕昌降，户部主事王桂、赵悦、判官王禹佐、胡惟弘，提督太监王希忠等皆被杀。清兵攻陷昌平后于七月二十一日围攻巩华城。巩华城守将姜瑄带领千名守城官兵关闭城门严阵以待，用火炮轰击攻城的清兵。清兵退却转而南下攻下良乡城，围攻顺义县。明顺义知县上官荩与游击治国器，都指挥苏时雨等拒城守。城陷，荩与国器、时雨等皆战死。清军乘势，又攻下宝坻（今属天津）、定兴、安肃（今河北徐水）、大城、雄县、安州等近畿州县。

崇祯十一年（1638）八月，清兵从河北迁安、墙子岭（今北京密云东北）两路毁墙入侵。明朝以宣大总督卢象升为督师，宦官高起潜为监军。十一月初五，卢象升以3万兵马防守昌平城和巩华城。但宦官监军高起潜却以骑兵少为借口，不肯出兵作战。卢象升要求与高起潜分兵，兵部尚书杨嗣昌便以宣化、大同的援兵归卢象升指挥，以关宁等路援军归高起潜统领。卢象升只剩下不足2万人马。卢象升在巩华城南门内举行誓师曰："刃必见血，人必带伤，马必喘汗，违者斩"。号召将士为国效命，奋勇作战。卢象升把部队集结于德胜门、安定门、东直门、西直门一线，并数次击退清军大队的冲锋。后在河北庆都包抄清军，击溃了敌人。连日征战，卢象升只剩疲惫之师五千余人。监军高起潜在军事上不予配合，卢象升几乎是孤军奋战。十二月十一日，在钜鹿贾庄，高起潜拥兵在鸡泽，相距不过五十里，卢象升派兵部主事杨廷麟去求援，高起潜故意按兵不动。这时清兵已把卢象升部队里外三层，重重包围。双方展开决战。卢象升命总兵虎大威领左军，杨国柱领右军，自己居中军，与清兵展开血战。双方相击400余炮，直打到弹尽粮绝。卢象升高呼："守土有责，不死沙场，死西市耶"，左冲右突，军士呼声动天。最后展开了肉搏战，又杀敌数十人，卢象升身中四箭三刀，呕血扑地，壮烈战死，仅39岁。这年冬，清兵连下43城。次年，清兵南下入山东，攻破济南，俘明德王朱由枢。然后由山东回师出塞，明军皆尾随不敢击。这次出塞，俘汉人46万余，获白金百余万两，满载而归。清兵在关内滞留5个月，纵横两千余里，历经57战，攻陷城池70余座。

崇祯十七年二月，李自成率军渡黄河，破汾州，下太原，取宁武，克大同，宣府总兵姜瓖闻风丧胆，开城迎降。农民军挥师东进，绕过八达岭外的岔道城，直取柳沟城。进入峡谷后，一路人马沿河谷向西翻山越岭攻打居庸关，李自成亲统大军向南攻打德胜口。居庸关总兵唐通、监军杜之秩见农民军突至关前，以为岔道城、八达岭、上关城已经失守、遂献关投降。德胜口守军因实力悬殊而奔弃溃散，农民军杀进十三陵区，烧毁了康陵、昭陵的明楼和定陵的享殿。穿越十三陵区兵临昌平城下。昌平巡抚都御史何谦在起义军未至昌平之前已于三月十四日借口守备居庸关之名逃离昌平城。三月十七日早晨，起义军至昌平城下，守城官兵对昌平总兵李守鑅说："吾兵只得去降"，李守鑅坚持不肯投降，官兵们又说"老爷虽不肯降，吾辈去矣"，李守鑅见大势已去，回到总兵府门房自缢而死。此时昌平城中老人和生员已经先到城西三里坡迎接起义军，昌平官兵环叩于起义军将领刘宗敏面前，口里说着"昌平守兵降"，刘宗敏回答："圣驾（李自成）在后"。不一会儿李自成带领起义军主力前来，昌平守军引起义军入城。农民军进城后将州署陵卫的钱粮充作军用，设站放钱，招兵买马。据《甲申传信录》载："三月十六日，贼由红门突攻昌平州"。"贼犯十三陵、焚享殿、伐松柏，自西山连营达沙河、无隙地，直犯皇城门"。李自成起义军在占领昌平州后立即南下攻打巩华城。巩华城官兵登城拒守，农民军集中大炮齐轰巩华城北城墙，城墙被轰塌10余米，随后农民军从豁口处蜂拥攻入城内。巩华城守城官兵只好投降，巩华城只坚守半日就被攻破。李自成当晚住进巩华城中的沙河行宫，在行宫中行牌告示京郊各州县："知会乡村人民，不必惊慌，如我兵到，俱公平交易，断不淫污抢掠，放头铳即要正印官迎接，二铳乡官迎接，三铳百姓迎接"。三月十八日，李自成得知刘宗敏军已经迫近京师，遂率军出巩华城南下，从彰仪门攻入北京城，推翻了明王朝277年统治。经过明末这场浩劫，巩华城内的分守署及官兵营房都已遭到破坏和抢劫，顾炎武在《昌平山水记》中说到此时只有行宫尚存，而分守公署奠靖所及营房500间今圮。

明王朝进入到风雨飘摇的17世纪，面对辽东日益强大的满清势力，李自成起义军的风起云涌，中国各种政治势力展开了激烈的角逐。这一时期的巩华城也处于这一历史漩涡的中心，巩华城所发生的每一件事也是当时这一历史时期的缩影。《光绪昌平州志》载崇祯十六年"大疫"。当年十月，巩华城群鬼夜号，月余乃止。"大疫"在当时北方诸省多次流行，从万历年间开始，山西开始出现瘟疫，崇祯六年，山西出现疫情，到崇祯十年山西全境出现大疫。崇祯十六年、十七年这两年为北方疫情的高峰期。河南、江苏在崇祯十三年至十七年间也多次出现大疫。北京附近，崇祯十三年，顺德府、河间府有大疫。崇祯十六年，通州、昌平州、保定府均有大疫，并且传入北京城内。明史云"京师大疫，自二月至九月"和山西的情况相似，在初次流行的第二年，也就是崇祯十七年北京大疫进入高峰期。高峰期正是三四月间，清代档案曾提到崇祯十六年北京城的大疫情况"昨年京师瘟疫大作，死者枕籍，十室九空，甚至丁户尽绝，无人收敛者"。京畿近郊的巩华城也逃脱不了这一灾难。大疫发生之后，官府束手无措，巩华城守备官命军卒，连忙拆除展思门外元朝皇庆年间（1312）建造的流沙寺残存殿堂，以驱群鬼夜号。

群鬼真的能夜号吗？我们知道世间是没有鬼神的，但这件事又是现实存在的，现代科学分析认为群鬼夜号是由"天响"这一自然现象造成的。天响是指大气中发出的各种声音，天响是大气静电场强化的表现形式之一，当它在一个地区屡屡重复或沿构造带发生或伴随其他异常时就可能出现天响现象，它是当地地壳运动强化释出物质引起低空物理化学变异的结果，也是大气静电积累的结果，这个天一般是指几十米至几百米的高空，若这种静电积累在近地面的低空，它们产生的电磁波引起其中或附近的物体产生共振就会造成该物体发声。最为常见的就是雷声、风声、雨声、陨石降落时炸裂声，除此之外还有人们罕于听见的炮声、音乐声等。对于这些常规的声响人们都很熟悉，其成因也都略知一二，而对那些罕于听见的声响许多人都会觉得奇怪，觉得不可思议。具体怎么响法还各有不同。绝大多数记载为天鼓鸣、无云而雷，其次为钟声、音乐声，少数记载为悲泣声、风水相轧声等。天响持续时间绝大多数没有明确记载，但从其语言判断时间多是比较短的。从有明确记载的来看短者以分钟计，长时一二个小时、十几个小时或一二日，最长者逾月。不过以日月计的时间一般不是单次声响的时间，而是在这段时间内连续重复发生某种声音而已。道光《开建县志》卷四载："乾隆十四年正月初三日子丑时天鸣移时不止"。民国《邹平县志·杂志·灾祥》载："乾隆五十九年除夕有声如雷，自申至亥止"。1991年6期《地球》载："1985年元月10日广西融水苗族自治县古鼎村，年过花甲的老人路兴才起床，忽听到村后龙潭响起隆隆的嘈杂声，八时许十几名青年到龙潭游玩，听到龙潭深处传来像古道场上的锣鼓唢呐木鱼那样的声音，声音越来越高而且富有节奏感，不到三小时就有七千余人来到龙潭听这奇乐。直到晚上十时鼓乐才停止。老人们说这奇乐在1952年秋出现过一次，事隔三十三年又重鸣。明代地理学家徐霞客曾游龙潭，其游记中有古鼎龙潭鼓乐声的记载"。《丛书集成·明书·司天志》载："万历三十三年泰州天鸣累日声如怒涛，镇江同时鸣"。康熙《霍邱县志》卷十载："正德四年六月空中有声自北来如数万甲兵，逾月方止"。光绪《昌平州志》卷五载："崇祯十六年十月巩华城群鬼夜号月余乃止"。

造成明末这个横行华北地区的大疫究竟是什么呢？现代科学从病人所发病症状况和当时记载的："东死鼠，西死鼠，人见死鼠如见虎"情况，判断是人类历史上最重要的烈性传染病"鼠疫"。现代科学证明鼠疫有两种：通过跳蚤传播的是腺鼠疫，通过呼吸道传播的是肺鼠疫。北京春秋季节气候干燥适合于通过呼吸道传播的病源生存，病毒、细菌即使离开寄生体后，也能在一定条件下生存一段时间，流感如此，鼠疫如此，非典型肺炎病毒也如此。在崇祯十七年三月，李自成大军兵临北京时，居庸关、昌平州、巩华城守城官兵只是象征性地抵抗一下，便献城投降，这同当时军民百姓已看清明王朝已是腐败不堪，行将灭亡有关之外，还由于鼠疫在生活环境较差的百姓和士兵间流行，军民身体虚弱无力抵抗有关。如果没有鼠疫存在，明王朝凭借坚固的城防和城外的三大营几十万人马，北京城也是能够守住数月的。也不会两三天之间便献城投降李自成起义军，明王朝的历史可能也要改写。

崇祯十七年三月的巩华城已是破败不堪，城墙西北一段被李自成起义军的炮火轰塌，城内民户十室九空，不是感染病疫而死便逃离它处，城中官兵营房和守备分守公署均已毁坏倒塌，城中唯有行宫尚存。

进入清朝的巩华城已不再是城小位尊，沙河行宫也褪去了它的皇家色彩。清廷不再把巩华城当成军事要塞，重兵防守，只设一存城守备带领140多名官兵在此驻守。康熙十九年，于成龙任直隶巡抚时，曾在巩华城内短暂居住办公，他"以驱除贪吏，拯救民生为务"，"戒州县私加火耗，馈上官节礼"，深得民心。于成龙的廉洁受到了康熙皇帝的褒扬。康熙二十年二月初五，康熙在紫禁城的懋勤殿召见了于成龙，询问其出身经历，对他说："尔为当今清官第一，殊属难得"。并夸奖说："尔前所参青县知县赵履谦甚当"。肯定他对贪官的斗争，召见后还赐饭于成龙。七天后，二月十二日，康熙在懋勤殿召见学士库勒纳、一等侍卫纳亲，再次谈到于成龙时说："直隶巡抚于成龙自起家外吏，即有廉名著闻。历升巡抚，益励清操，自始至终，迄无改辙。凡在亲戚交游相请托者，概行峻拒，决不允从。顷来，沙河所属人员并戚友间有馈遗，一介不取。如此情节，朕闻知殊为喜悦。知其历官廉洁，家计凉薄，兹特发内帑白金一千两，朕亲乘鞍马一匹，命尔等赍赐"。受康熙之命，库勒纳、纳亲立刻赶到巩华城于成龙的寓所，传谕赐赏。二月十八日，康熙因移送仁孝皇后、孝昭皇后梓宫来到巩华城，又谕大学士明珠、库勒纳和一等侍卫纳亲曰："朕前以巡抚于成龙操守清介，曾亲制嘉奖之诗，今装就手卷尔等可亲赍去颁赐"。康熙所写的诗序："直隶巡抚于成龙，秉性淳朴，廉介凤闻，朕心喜赖，俾典节钺，保厘畿辅。惟能激浊扬清，始终如一，清洁之操，白首弥厉，真国家之可重，人所不能也。兹来陛见，爰赐以诗，用示敦励之义，且以风有位焉"。

入清以后的巩华城由于年久失修面临坍塌的危险。城墙马道砌砖塌陷，垛口只剩下不足原来的十分之七。被李自成农民军炮火轰塌的西北城墙豁口已从原来的六七丈扩大到十余丈。昌平州地方官吏多次上报顺天府和直隶总督要求拨款修城。乾隆九年十一月，直隶总督高斌奏报："勘估昌平州、居庸关、居庸上关、八达岭南口、沙河巩华城、三河、蓟州、玉田、丰润、卢龙、抚宁、十二处城工，应行修理"。得旨依议修理。乾隆十三年，直隶总督那苏图上报乾隆皇帝称："直隶省属有一百四十三处州县卫城垣，连带沿边关口、及紧要城堡。共计有一百六十四处应当修理。已修四十六处。现在陈宏谋承修定州城，因匠值农忙，量给假期。约于明年夏间告竣。陈德华承修安州城。也于明年四月内可完工。徐杞（宗人府府丞）承修之沙河巩华城、潘思榘承修之涿州城、高山承修之丰润城，俱未兴工"。经过这两次奏报，清廷终于拨款重修巩华城，这次重修工程重点是修补被农民军炮火轰塌的西北墙，更换瓮城券门内下沉的砖石。工程历时一年。

康熙二十七年，由于顺天府北路厅设于巩华城，才使巩华城的地位有所提高。到了清朝末年，巩华城更是破败累累，满目凄凉，日本人内藤湖南在1899年来到中国北京游历，在去往南口、十三陵游历时，途经沙河镇。他在《燕山楚水》一书中记载"至德胜门始离城……，一路道幅虽广，皆沙尘，马蹄过后，蒙蒙滚滚，加之日辉犹然，几欲窒息。沙河之上有二座石桥，系明时所制，虽状大，然渐颓隳，桥上砖石高低不平，驴背殊艰。满兵驻在此驿，由把总统率，城壁处处可见颓圮也"。

时间到了1900年，也就是清光绪二十六年，巩华城再次遭到了一场空前劫难。这一年，由山东发展而来的义和团进入京畿地区，在昌平州设坛收徒，教习拳艺，至当年五月，因团民甚多，昌平州义和团建坎字团，坛口设在昌平城内紫极阁（今昌平区医院处），刘永清（刘大）为首领。坎字团团民身着白布裤褂，黑布洒鞋，头包红布，前额布上画一八卦"坎"卦图。胸前红兜肚，正中画一太极图，腰中系红带。出行巡街之时右手捧着出鞘的钢刀，部分人手持红缨花枪。大师兄（首领）左手捧一柄七星宝剑，右手持红旗，旗上亦画八卦"坎"卦图或太极图。上写"扶清灭洋"字样。昌平州的义和团每日操练两次，上午为徒手，下午持械。初练之时在院中先向东南方合目默祷，少顷则怒目握拳在院中如武术动作回旋跳跃不止，时值暑月，无不满头大汗，直至气喘力竭方肯停止操练。下午持械训练时则使用单刀、双刀、花枪，最后练排刀，排枪，在操练中，先用单刀连砍团员赤裸肚皮数下，再刀枪刺之，不见破伤。只选气功精练队员为之，据说这样专诚操练百日，便可刀枪不入。义和团不仅操练武艺，还经常设乩坛，请神仙下凡乩语以鼓舞人心或造谣惑众。在戴逸编著的《中国近代史通鉴（第四卷—下册）》中有这样一段沙河关帝庙关帝下坛记载：

关帝乩语文：云京北沙河关帝乩语

一愁长安不安宁，二愁山东一扫平，三愁湖广人马乱，四愁燕人死大半，五愁义和拳太软，六愁洋人闹直隶，七愁江南喊连天，八愁四川起狼烟，九愁有衣无人穿，十愁有饭无人餐，过戌与亥是阳间。

"庚子之年天地昏暗，人心汹汹。四月初三午时余至西四牌楼羊市南壁上贴此乩语。余读一遍立即神魂飞越。呜呼，中国目前有数次浩浩之劫，社稷存亡生灵涂炭，刀兵水火履霜坚冰，至其兆以决于此。孙敬急记。"

1900年六月下旬沙河城也来了上百人的义和团民，他们是昌平城义和团总坛派下来到沙河成立分坛口的。这些义和团别看人数不多，却给沙河带来了极大的伤害。他们来到沙河以后马上召集乡绅派粮派钱，捉拿"二鬼子"，挨家挨户地搜查洋货。他们占据沙河圣文寺作为沙河义和团的坛口，天天焚烧黄裱纸演练法术，动员沙河居民加入义和团。沙河居民因近在京郊，风气渐开，没有多少人相信义和团那一套把戏，故而也没人加入义和团。驻守在沙河的清军完全听命于义和团，沙河的防务由义和团接替，在沙河城门站岗放哨，查拿洋奸。当时整个北京到处是头包红布、腰中系红带的义和团，义和团之间也会因为争夺地盘而发生冲突甚至互相砍杀。互相骂对方是"假团"。一些混入义和团的无业莠民，以保国保家为名，乘机牟利，专事打家劫舍拦路抢劫之勾当。据清叶昌炽《缘督庐日记抄》中记载，1900年七月间沙河地区东郭村的几个地痞也联络上数十名义和团在村中常驻练拳，鱼肉百姓，激起民愤。村民无奈只能凑钱邀请昌平州城的义和团来将其打跑。1900年6月19日，清廷在第四次御前会议上决定向八国宣战。昌平的义和团也挑选精壮团员赴京参与攻打东交民巷的战斗，与此同时，昌平的义和团在州城通往京城的要道上，沙河、清河、高丽营、南口等地设立关卡，盘查过往行人。七月中旬至八月，清廷命义和团退出京城，进京的昌平义和团退回昌平州境内，集结于昌平巩华城、高丽营等处练拳习武，静观时局变化。八月十四日，八国联军攻入北京城后，不断派出军队出城清剿在京郊的义和团，或屠其城，或屠其村，所过之处，州县衙署无不烧毁，居民无不被抢掠一空。九月十一日，八国联军出动1700余人，攻打良乡县城，城破后义和团和城内居民死伤达4000余人。1900年9月18日，日军出城前往大兴县庞各庄一带清剿，杀团民24人。

在《西巡回銮始末·宣化近事记》中记载，"九月中旬，德、英、意、奥诸国联军，马步炮队共计二千五百余人，炮车计二十四辆，辎重粮车约七十余辆归德国伯爵约克提督统领，先至沙河，将衙署焚毁，继至昌平州，又将霸昌道、昌平州署焚毁。凡是华兵立即枪毙"。对昌平州和巩华城的义和团清剿行动主要以德、俄两国军队为主。同《西巡回銮始末·宣化近事记》记载互相佐证的《德国远征军侵华始末》（李富森著）一书中也提到："11月12日，远征张家口的德、意、奥三国联军在德国约克上校指挥下，由北京出发。其中有德国第一团第一营（600人），德国的一个来福枪连（200人），德国的一队枪骑兵（120人）及四门大炮。这支侵略兵由沙河镇，经昌平州、南口、居庸关，于13日抵延庆州，15日到怀来县。所到之处凡有拳匪村庄，俱经焚毁，凡见华兵，立即枪毙。勒索宣化、张家口等地八万两白银，大批牲畜及昂贵毛皮"。

在这次浩劫中，巩华城遭到了空前破坏，巩华城内同知衙门和司狱署被烧毁。据沙河故老相传北路同知衙门被火焚烧两天之久才烟灰散尽，成为一片废墟，解放后村民此建房多挖出条石残砖。八国联军进攻巩华城时，时任顺天府北路同知的某官员把姨太太放入衙署内的干井中避难，自己同夫人一同逃走。过了几天后他派人回到衙署，认为人已经死了，派人去打捞。打开井盖一看，那姨太太凭借着少量的饮食还很健康地活着。联军自德胜门一路向北直杀到巩华城下，到达巩华城已是午后时间，此刻巩华城城门早已关闭10多天。还没等联军大炮摆好，沙河义和团的大师兄就带着手下人扯下红头巾兜肚从沙河北城墙缒城而下，逃往昌平。城内有些居民见义和团已逃跑，也慌忙收拾东西跟着逃出城外躲避联军。守城的清军也是寥寥无几，脱下号裑混入居民之中。联军大炮首先炮击南门轰塌城楼。南门瓮城墙上也弹痕累累。联军进入城内，用马匹拖着炮车，把西门、东门、北门的城楼也全部轰塌。又放火烧毁北路同知署、司狱署、守备衙门。沙河行宫也成了联军临时司令部。联军在街上贴出告示，告诉沙河百姓联军的军事行动只针对清廷官府和义和团，不会伤害百姓。这次的清剿活动联军对城内百姓还是很守纪律，没有烧杀百姓房屋，也没有随便闯进百姓家里。特别是俄军士兵还拿黑面包换百姓的蔬菜。联军在巩华城内驻扎了三天才撤离。

巩华城的北路厅同知衙门被火焚毁后再也无力重修，被迫搬到城北司狱署衙门办公，司狱署只得搬迁到威漠门瓮城关帝庙中直至清亡。在这次清剿义和团的行动中，八国联军将沙河四门城楼，以及角楼和东南城墙上的魁星楼用炮火轰塌，直至清朝灭亡再也没有恢复重建。扶京门瓮城正门上弹痕依在，瓮城正门东侧约六十米处距离地面高有1.5米处的城墙上仍存有那时遗留下的炮弹坑，沙河村中小儿大多爬上玩过。巩华城四门的千斤闸也遭到破坏，城内居民大多逃往昌平西北山区的黑山寨、沟崖等地避难。昌平州被八国联军勒索过境银3000余两，联军将霸昌道衙门、昌平州署焚毁，据《重修昌平州署记》记载："庚子之变，联军肆扰，昌平州署付之一炬，仅大门，二门……独存"。新任知州上任，只好"拜印于榛莽瓦砖砾中"。由于州内府库早被联军抢掠一空，历时三年才将昌平州署修竣。八国联军还开进到位于小汤山的汤泉行宫，将行宫内珍玩宝物席卷而去。据史料记载，当时昌平城和巩华城被八国联军搜剿达两三次。除这一次八国联军烧抢昌平州和巩华城外，还有一次是在博恒理《梅子明传》中记载的美国公理会梅子明牧师在九月十八日写给朋友的信中说"福西士上尉带了二百名骑兵到北京东郊沙河和别的地方进行扫荡，我担任向导和翻译，我们烧了两个义和团总部，摧毁了一些军事设施"。八国联军疯狂地破坏昌平州和巩华城后，却以受害者的姿态在《直隶各府州县教案赔款案册》中要求："昌平州：天主教案赔银四万两"，使昌平州又一次跌入苦难深渊之中。

经过清末的这一次大破坏，巩华城已失去了往日那城楼高耸，粉黛宫墙的景致，更加破败不堪。进入民国后，巩华城和沙河行宫成为没有主人的财产。为交通方便城墙被扒开数个豁口、行宫被拆卖，城内主要街道上铺的条石被起走，留下条条深沟，每当雨季来临雨水把街道填成道道长河。1937年日军占领巩华城后，在城内外驻扎盘剥京北人民，城外的沙河火车站和北二村菩萨庙以及扶京门瓮城内都驻扎有日军。日军在沙河的城墙上建有岗楼，解放后南门和西门的岗楼仍然存有遗迹可见。日军在南门和西门城门以及南北沙河大桥都设有哨卡，盘查出入，凡是出入城的老百姓走到这里都要给日军鞠躬，否则就会遭到刁难和毒打。从清末到1948年近40年的时光，巩华城就已千疮百孔，城墙上的垛口已经所剩无己，城上的砖石早已被村民拆卸。到1960年前后，由于大跃进使社队存粮被公共食堂吃净一空，城内外四个生产大队便决定拆除沙河城墙，拆下城砖和城基条石卖钱换取粮食，拆下的城砖整块卖一角，半块卖伍分。在拆城分工中，东一村主要负责拆除东城墙，西二村负责北城墙，北二村负责拆除西城墙，南城墙由南一村拆除。东一村村民在拆除东南角城墙时，又发生过因拆除方法不当导致城墙一面突然塌落而砸死两名村民的事故。四座瓮城因被昌平县其他单位占用才侥幸没有被拆除，得以保存下来。值得一提的是村民们拆完北门瓮城以西城墙后，见瓮城墙还没有拆，就想把瓮城墙砖拆走。在此看守昌平供销社土产公司仓库的职工孙某多次阻拦无效，就把值班时防身的火枪拿出，扬言谁敢动瓮城城墙就开枪，村民们见此不敢上前，这才保住北门未被拆除。到了1977年时，昌平供销合作社在此建果品公司仓库，因缺少砖石建材，便组织职工把北门瓮城西城墙拆毁。巩华城地面的城墙拆平后，村民们又开始挖城墙地基，挖开后才知道巩华城地基有一丈多深，地基最下层是50厘米厚的灰层，灰由白灰、糯米浆和白矾构成，十分坚固。灰层上是一层花岗岩石，上面砌有城砖，城砖出地平后又砌有一层汉白玉石条。城墙十分坚固，据当年参加拆城的村民说，北城墙砖拆的容易，一刨就松动，东城墙最难拆，灰层掺的糯米多，难以刨动。巩华城的城砖被拆完后，地表上只剩下城墙的夯土层了，这残存的夯土也在20世纪70、80年代陆续被村民挖掘，用以填充护城河，填河盖房。只剩下南城瓮城东段夯土因取土运输困难而侥幸保留下来。

在巩华城北城墙被拆毁前，北门瓮城以西的城墙外是一道黄土高岗，土岗紧贴城墙，平均高度达两丈，最高处几乎和城墙相差三尺左右。这片黄土岗在解放前是乱坟岗，是官府处决人犯的地方，沙河地区的乞丐和无地埋葬的贫民死后也大多葬于此。这道黄土岗由何而来？这要从北京的气候特征来说起：北京地处华北大平原的西北部地区，具有典型的暖温带大陆季风气候特征：夏季高温多雨，秋季晴朗凉爽，冬季寒冷干燥，春季干旱多风。每当冰雪消融，大地回春之际，地层气温回升很快，华北地区常常出现20米/秒以上的6级左右的大风。当强劲的西北气流途经干旱的沙漠以及植被裸露的黄土高原时，遂将大量沙尘黄土卷入空中，形成雨土天气。这时的北京地区就会风沙弥漫，飞沙走石，间或黄雾四塞，埃尘蔽天，日月无光。滴滴黄土犹如雨点，从天而降。到了冬季，西北地区刮起的大风又把蒙古地区和黄土高原的土壤带到北京，巩华城的西北部是开阔地，无任何遮挡。这样一来，经历四五百年，黄土被高大的城墙挡在墙外，日积月累积聚在一起就形成了一道高大黄土岗。1937年七月卢沟桥事变时，日军从这道土岗爬上巩华城北城墙偷袭驻守在北门的国民党二十九军，驻防在展思门的二十九军一个班的7名士兵寡不敌众全部阵亡。这道土岗在巩华城北城墙拆毁后，由昌平农机公司动用推土机铲平，历经半月之久。（民国初年沙河地图见书后附图六）。

历史文献对沙河的记载

明张四知《巩华城记》：

张四知，山东费县城南关儒林巷人，明朝天启二年中进士，先后任翰林院庶吉士升检讨，国子监祭酒礼部右侍郎、吏部尚书、武英殿大学士加太子太保衔，曾任崇祯年间内阁首辅。

距神京四十里，有城岿然而拱宸居，臂翼皇陵。山势盘右，河流萦左。城之内，则画栋连云，飞甍蔽日，丹艧璀璨，依希建章之宫。金碧辉煌，缥缈鸤鹊之观。问其名，则命以巩华。究其经始何日，缔造何因，则天子有事山陵，于此为驻跸之所焉。噫嘻，不亦国家之要区重地哉！圣王以孝治天下，而木本水源之思，皇衷尤自兢兢。既有假庙之典，以嘿致其孝享。复修谒陵之礼，以曲展其孝思。当其时，和鸾初驭，几筵犹隔，郁郁葱葱，山陵在望。莅斯城也，怅然有灵爽陟降之感焉。千官扈从，万灵呵护，斋宫静御，耳目无哗。居斯城也，凛乎有明威肃清之意焉。不宁惟是，顾瞻宫阙，眺览山河，念祖宗奠鼎之洪谟，维子孙凝图之远计。登斯城也，又屹乎有居重御轻、设险固国之想焉。夫以纾孝思以妥先灵，大典也；拱法驾之俨临，耸华夏之瞻仰，大观也；以列雉堞，以宿武备，扼边关之形胜，壮京师之藩篱，大势也，而皆于斯城乎是藉。则斯城之建也，岂与夫殚土木、穷壮丽以恣巡游之娱者，可同日语哉？创始于某年月日，增修某年月日，不具书，书其悫大典、肃大观而控大势者。是为记。

明·顾炎武《昌平山水记》

又十二里有玄福宫，弘治十七年建，俗呼为回龙观。又十八里为沙河店。店南有水，出昌平州西南五十里龙泉寺，合西山诸泉东流为南沙河，有桥曰安济。店北有水，出昌平州西南四家庄，迳双塔合。又东南至通州界入白河。汉书，军都有湿余水，东至潞，南入沽，即此水也。店在二水之间，今尚有居民百余家，先是车驾北征及上陵，多驻沙河。有文皇帝行宫遗址。正统时为水所坏。嘉靖十六年三月丁未，上驻跸沙河，礼部尚书严嵩言此为车驾谒陵之路，南北道里适均，且居庸、白羊近在西北，边防尤切，宜修复行宫，筑城环之，设宫戍守，从之。十七年五月，始于沙河店之东建行宫。十九年正月，城之，名曰巩华，南北径二里，东西径二里。门四：南曰扶京，制如午门，北曰展思，东曰镇辽，西曰威漠。行宫在城之中，先以都督若勋臣守之。二十八年，改副总兵，后改守备。有分守公署奠靖所及营房五百间，今圮，惟行宫在。

明·蒋一葵《长安客话》

沙河东注，与潞河合。每雨集水泛，商船往往从潞河直抵安济桥下贸易，士人便之。

巩华城：过清河十五里有回龙观，又十里许曰巩华城，景泰元年，内建行宫一座，凡驾幸山陵，于此驻跸。其规制与大内等云。

巩华城有分守公署一所，奠靖所一所。营房五百间并嘉靖十九年增建。馀皆开旷之地，无一居民庐舍。因未奉题请，军民不敢擅入起造也。陶崇政诗：楼台几处平原起，云是君王驻跸城，黄草坡边青石堡，乱云堆里野僧耕。

明刘若愚《酌中志》

京北沙河巩华城，有门四，南曰扶京，北曰镇辽，西曰威漠，东曰展思。内有驻銮宫。曰龙跸门，龙跸殿。曰广载宫。东曰凝禧之殿，曰华鸾宫、集祥宫。西曰景惠之殿，曰翠凤宫，会祉宫。东曰丽春门，步和门。西曰延秋门，宣泽门。北曰宁远门。

明：谈迁《北游录》思陵记

十二里清河，三十里沙河。俱石梁如虹，列肆殷屯。沙河行宫，仅谒陵一，昔万历中城之，曰"巩华"。千雉翼翼。恐长杨五柞。甘泉翠微。虽游踪，未进城也。以足骰策蹇。

纪邮上：

又□□里安济桥。跨沙河。里许巩华城，沙河行宫在焉。先朝谒陵所驻踪也。规制如大内有分守公署戍舍。城西居人数百家。长杨五柞，甘泉翠微。自昔离宫多矣，未始城也。今丹楼如霞，重关如瓮，徒棲乌早暮耳。暑暍且足茧，虽时远山心目为开，而疲极，遂策蹇。

[日] 内藤湖南《燕山楚水》

至德胜门始离城，一路道幅虽广，皆沙尘，马蹄过后，蒙蒙滚滚，加之日辉犹热，几欲窒息。沙河之上有二座石桥，系明时所制，虽状大，然渐颓隳，桥上砖石高低不平，驴背殊艰。满兵驻在此驿，由把总统率，城壁处处可见颓杞也。

《读史方舆纪要》

京城之北，有故城曰巩华，其地二水生龙，及通皇脉，南北通衢首善之地也。

巩华城在州东南二十里。其地本名沙河店。永乐中，建行宫于此。正统时，为水所圮。嘉靖十六年，车驾驻沙河。严嵩议以春秋谒陵，此为南北适中之处，且居庸、白羊近在西北，边防尤切，宜修复行宫，筑城环之。十七年，始于沙河店之东建行宫。十九年，城之，周四里，有四门，置军戍守。亦曰巩华台。

第五章　沙河行宫

明代为帝后谒陵而建的行宫有两座，沙河行宫和陵内行宫。沙河行宫在明代也称驻跸宫，沙河民间称皇城。

明成祖迁都北京后，很快选定了昌平黄土山（天寿山）做为陵寝。为了北巡出塞及后代子孙谒祭皇陵方便，同时在陵区和沙河店南北沙河之间建造了行宫。正统年间沙河行宫为水所毁。明天顺五年对沙河行宫进行了重建。不久沙河行宫再次被洪水冲毁，明廷彻底放弃了重修。直至嘉靖十七年由嘉靖帝下令在沙河店兴建巩华城，沙河行宫才得以重新修建。

明嘉靖十七年以前的沙河行宫

遗址据沙河耆老相传在沙河工商街以西，八达岭高速公路东辅路以东，南至巩华城大街沙河药店东侧的胡同内，北至朝宗桥西街南侧的北二村西后街，南北长约500米，东西宽百米的长方形地段，地势高出周边5—10米，是一处南北走向的黄土高岗。岗上植物茂密，多松柏树木，人烟罕迹。沙河当地人称为"黑树林"，高岗之上平坦宽畅。此处为明成祖迁都北京后所建沙河行宫的基址。行宫被水冲毁之后明廷祭祀皇陵往来沙河亦在此处搭建行殿和行帐。直至嘉靖十七年由嘉靖帝下令在沙河店兴建沙河城，沙河行宫才得以易地重新修建。解放后这片地段主要被昌平百货公司等单位占据建成仓库，余下的其他地段被沙河的北二村居民盖成民房。

明嘉靖十七年重建的沙河行宫

重建后的沙河行宫位于老行宫东南方向，在巩华城内正中偏南，为防洪水冲毁，挖取行宫周围黄土垫高行宫地基，使行宫地基高于地面约6.5米。行宫基址以夯土筑成，底层外砌花岗岩条石，上铺城砖。

行宫周长为620米，东西长160米，南北宽150米，近似呈正方形，占地面积为2.4公顷，行宫围墙饰红，黄色琉璃瓦封顶。行宫三面环水，水卫行宫。

　　行宫大门朝南，共辟三座红券门，中门为帝后出入之门，左右两门为左右掖门，为随扈文武大臣出入之用。宫墙东南角有一角门，为看守太监出入之门。行宫大门外是三路石台阶，台阶建于缓坡之上，直通行宫前石桥。

　　行宫大门台阶下有三座单孔石桥，桥下常年流水，城内污水及降水都经此桥下，东流到梁家园胡同向南从城墙东水关流入护城河.每到春末夏秋季节，桥下的水势较大，为保行宫周围环境使水东流不致溢漫而出,自宫门前的石桥往东修建了一条百丈长的地下水道。水道呈长方形先在掘好的沟底铺上花岗石，然后在两侧竖起一块块方形岩石，最后用同样石料封顶，用麻刀灰勾抹平整，上面掩好土。宫门石桥前为御路，御路两旁各有下马牌一座，下马牌南有七楼三开间四柱牌楼一座。御路用大理石铺砌，御路两侧以外用城砖铺漫，行宫御路与扶京门相连。现在的巩华城行宫原址处为沙河中学校园，学校操场周围仍有行宫建筑石料若干，依然躺在原地。1990年左右中学建教学楼，行宫建筑格局已经无法辨识了。

　　沙河行宫内建筑共分三路，两进院落：

　　行宫内分前后两进院落，进入前院内有三座宫门，中宫门比东西两门稍大，前院东西两侧有太监值房。后院内有三路建筑，中宫门是行宫中路也就是行宫正门龙跸门，依次为龙跸殿、广载宫。龙跸殿为行宫正殿，制如十三陵内的祾恩殿，为重檐歇山顶面阔七间，进深五间，下为花岗岩须弥座式台基，有大理石围栏雕饰。殿内有暖阁三间，中暖阁前有大理石材质梓宫棺床，棺床前有祭案三张。殿内东侧陈列祭祀乐器，西侧陈列仪仗，殿前左右各有琉璃燎炉一座，用以焚烧祭祀时用过的祭文和绢帛。龙跸殿后有广载宫，广载宫后面为行宫北门宁远门。

　　西宫门内是行宫西路，主要建筑有景惠之殿、翠凤宫、会祉宫。行宫西门为2座，南为延秋门、北为宣泽门。

　　东宫门内是行宫东路，主要建筑有凝禧之殿、华鸾宫、集祥宫。行宫东门有2座，南为丽春门、北为步和门。行宫的东西两路建筑为帝后寝宫，中路建筑为帝后梓宫停放祭祀场所。行宫周围建有许多官舍，做为随扈大臣的安歇之所。行宫内挖有水井3口，分别位于行宫的东、西、中三路院中。中路的水井在行宫正门内，笔者上中学时所见。在行宫外，东、西、北三面建有守卫官兵营房数百间，距离行宫东、西、北三面围墙不远处有挖取黄土后形成的3座水塘，3座水塘环为一体，水塘岸边植柳、塘内种荷花，衬托出行宫外"宫殿连云起，城楼入汉低"的美丽景致。

明代沙河行宫设掌印太监，管理金书、掌司、监工等官。职为看护行宫。清代内务府设笔帖式1员看管行宫中路龙跸殿。有明一代，巩华城北门展思门和沙河行宫的北门宁远门是设而不开的。无论是皇帝祭陵中途休息还是梓宫出入行宫都是走行宫正门。皇帝祭陵或梓宫到达巩华城都是从南门扶京门进入，从西门威漠门出城，进京北大道沿工商街而行。明代巩华城北门外没有道路，过了北护城河就是空旷的北沙河河沿，是奠靖所官兵的屯田。没有祭陵任务时南门扶京门就紧闭大门，平日官兵百姓只许从东西二门出入。

明代皇帝谒祭皇陵，要由六部九卿、都察院、通政司、六科十三道等衙署要员随扈。构成了大内皇宫、巩华城行宫、明陵三位一体的封建皇家格局。皇帝或皇后亡殡后入葬明陵途中，其庞大的送葬队伍和沉重的棺椁，需在沙河行宫停留一宿，第二天才能到达十三陵。据《明实录》记载，明廷在送葬明神宗和孝端皇后时在巩华城发生了这样一件有趣的事情：

"天启皇帝穿着孝服送神宗帝后棺椁至午门外，护丧大臣有孙如游、黄克缵、李腾芳、王永先等二十四名官员。二十四日大臣方从哲说："昨因棺椁太重，举动极难，出大明门就快到中午时分了，虽然从京营中拨了八千名士兵，但士兵们不习惯做这种差使。一路上绳索常有损坏，不断更换，所以走得很慢。天黑才到达德胜门。怕延误葬期，与随同护丧大臣商议后，又传召四城增添六百名军夫，才走得快了些"。护丧大臣、御史张修德说："二十四日夜，棺椁到巩华城南门时，抬棺椁的木杠突然断裂，致使神宗皇帝梓宫右边一角坠地。梓宫到达行宫龙跸殿内，内官（太监）行尚食礼时，连呼献爵（敬祭品）竟无人应前"。二十四日夜住沙河，二十五日才到定陵。由此可知，皇帝大发丧，百姓遭大殃，因为浩荡的运灵队伍吃喝都要由沿途百姓供应。

神宗皇帝梓宫右角坠地竟意外地给后来的考古工作留下了一个难解之谜。在1957年打开明定陵地下玄宫，当考古人员揭下神宗皇帝梓宫棺盖时，竟发现神宗皇帝的葬式为仰面朝天，右手扶着自己的面颊的怪异姿式。尸骨头西脚东仰卧；面朝上。头微向右偏，右臂向上弯曲，手放在头右侧。左臂下垂略向内弯，手放在腹部，右腿稍弯曲，左腿伸直，两脚向外撇开。关于明代帝后葬式，史料并无记载，但万历帝（神宗皇帝）葬式显然不是原葬式，因为人死入葬，不可能故意被摆成一腿弯曲一腿伸直状，明十三陵特区办事处王秀玲女士在她的一篇论文中，根据同葬的神宗皇帝孝端和孝靖两位皇后的葬式，大胆推出神宗皇帝的原葬式应为侧卧式，即身体侧卧，双腿微曲如睡眠状的葬式。尸体如果平放，一般晃动也不会有太大移位变化，只有侧卧式，碰撞时才易发生变动。神宗皇帝梓宫在巩华城右角坠地致使神宗皇帝入葬姿式发生了变化。王秀玲女士的推测是否正确只有待今后发掘其他明陵墓时才可证实。

按照明初上陵祭祀的行程，中途驻跸海淀区的唐家岭行宫、沙河行宫，三日到达天寿山行宫。从明代中期以后，祭陵只在沙河行宫驻跸一夜，出京次日到天寿山行宫。帝后梓宫归葬山陵，中途在清河（唐家岭行宫）、沙河（沙河行宫）、凉水河停留，四日到达陵地。查阅《明实录》，帝后梓宫在凉水河停留有五次明确记载：

一、《宪宗实录》

天顺八年五月丙辰（初四），英宗朱祁镇的梓宫次（停留）凉水河。

二、《孝宗实录》

成化二十三年十二月庚辰（十五日），宪宗朱见深的梓宫次凉水河。

三、《武宗实录》

弘治十八年十月十八日，孝宗祐樘的梓宫次凉水河。

四、《神宗实录》

万历四十三年六月壬辰（十一日）穆宗皇后李氏梓宫次凉水河。

五、《熹宗实录》

泰昌元年十月甲辰（初一日），神宗皇帝孝端皇后王氏梓宫次凉水河。

凉水河做为帝后梓宫停歇的固定场所，必然有为停灵所置的专用场地，这就是位于凉水河村西的大庙。这所大庙占地10亩，坐北朝南，昔日庙门为3道，中门高大宽敞，供帝后梓宫出入，东西二门供护送大臣出入，庙分前后两部分，前面7亩地是停奉帝后梓宫的芦殿，东西两边的厢房是随行官员的安歇之处。后面3亩地建有天祇殿和娘娘殿，祈望神仙保佑帝后早日平安升上天界。天祇殿坐北朝南，殿宇三间，殿内供奉玉皇大帝。玉皇大帝两边有四大天王、八大怪的塑像，八大怪是四大天王身边的随侍，天祇殿两侧的东西配殿墙壁上皆有彩色壁画。天祇殿北面为娘娘殿亦为坐北朝南，正殿三间，供奉的主神为西王母，殿前东西各有两间厢房，是道士的居住、修练的场所。解放后，大庙成为场院，天祇殿于1957年拆除，娘娘殿于1988年同仁堂药店扩建时拆除，庙院东墙外就是通往州城的京北大道，帝后的梓宫停留一夜后，次日清晨向北穿越南关村，进昌平州南门出西门，向北抵达十三陵。

凉水河村位于昌平城南三里，有东西两河组成。东河发源于村东北一里处疙瘩山下的东大泉，遗址就在中关村科技园区昌平园办公楼东边院内的土丘。西河发源于村西北的西大泉，遗址在昌平区光荣院内，两条小河呈人字形汇交于村南，向东南于白浮村北流入东沙河。

附：明十三陵内行宫

旧行宫，位于十三陵内棂星门北一里半山坡上，坡西稍南有旧行宫（十三陵镇政府附近）。建于明宣德元年至五年（1426-1430），嘉靖十七年（1538）新行宫建成后被废。清朝初年还存有残破的一周院墙，现残迹已无。行宫附近的南山坡别称芦殿坡。祭陵时，参加祭祀的执事等众多工作人员也无处休息，便用芦席搭建茅屋，取名芦苇殿，南山坡也由此改名芦殿坡。

新行宫，明史称感思殿，位于永陵村南。嘉靖十六年（1537）正月兴工，十七年二月工竣。建筑位置南向偏西。有宫门及殿两重，围房500间。正殿名为感思殿，宫门为感思。遗址坐落于高约1米的土台基上，现已成为农田。长宽各为约250米。

时陟殿，位于大红门内东侧，为帝后谒陵更衣短暂休息之所。殿有两重，正殿名为时陟殿，宫门为时陟门。周围有围房60余间，遍植槐树500多棵。

现遗址为果园。时陟殿，俗称"拂尘殿""弹尘殿"。《燕都游览志》载其规制，"围墙，正殿二层，群室六十余楹。皇帝谒陵至此更衣。左右槐树，正寝二殿群围房各五百余株。"刘若愚《酌中志》记载：天寿山红门里曰时陟门、时陟殿，曰松露殿，曰肃敬殿，曰修仪馆、饰容馆。《明史》记载陵区内时陟殿，为车驾更衣之所。永陵稍东有感思殿，为驻跸之所。

祭祀是皇帝当年政务中的重要活动，提前半年就要做好准备工作。明代皇帝谒陵，皇太后、皇后、妃嫔，再加上众多官员，仪式庄重纷繁。皇帝自京城出发，第一天到达巩华城行宫。皇帝驾到，随从官员行过礼后，当地官员如蓟辽总督、昌平总兵及地方官吏都来朝见。第二天早晨，皇上再从巩华城出发到十三陵，至大红门下辇，然后由左门进入。皇太后乘轿皇帝在前扶轿引路，皇后妃嫔随后。至感思殿，用过饭，皇帝升座，随行官员行叩头礼。皇帝当天驻跸感思殿。

陵寝众多，皇帝一人无法个个祭奠，只能亲自祭祀十三陵的首陵—长陵和父亲的陵寝，其余则派官员分别到各陵祭祀先皇帝后。此外，还要专门派官员祭祀天寿山神。如果是春祭清明时，还有"上土仪"，为宝山上土。

祭祀完毕，皇帝一般回感思殿休息。皇帝谒陵的规模很大。参加谒陵仪式的军队要动用"六军万乘"。上万人的军队都要参加保卫工作。《宛署杂记》载，仅女轿夫就有1600人。这么多人在外面风餐露宿，再加上住在这里吃水很不方便，要用水车运水。皇帝一行祭陵最多三四天，也可能当天赶回巩华城行宫。

祭陵结束，要赏赐随行的官员、迎驾护驾的官兵，以及守护边关的兵民。皇帝祭陵虽说极力简行，即使这样，花费也是不小，费用多出自昌平州和大兴、宛平二县。所以要对京郊百姓减免税租，以示抚恤。皇帝回到巩华城驻跸沙河行宫，赐宴陪祭的官员百姓，慰劳他们连日来的奔波劳碌。一切完毕，皇帝一行回京。文武百官及军民百姓都到德胜门迎驾。

皇帝谒陵，随行的众多官员，都要在头天晚上赶到昌平，以便起早儿祭陵。行宫不能住，茅屋不肯住，公署衙门容纳不下，只能到相关部门借宿。比如兵部官员住在卫所，户部官员住在仓司，给事中住在刘蕡祠，翰林学士住在文庙。察院是御史住宿的地方。

据《光绪昌平州志》记载：嘉靖十四年秋，明世宗谒陵途至沙河时候，顺天巡抚，七差御史，蓟州、霸州、天津兵备道官以及昌平知州等官率师生、耆老人等跪迎沙河大道之东，天寿山守备率八卫指挥千百户等官跪迎大道之西。皇帝进入行宫之后，众人到行宫大门之内，中门之外再朝拜皇帝行五拜三叩头礼，礼毕即退，众官等皇帝祭陵回驻沙河时再次施礼迎驾。每次迎驾时候皇帝都会对迎接官员赐以酒宴。

附：（一）明代帝后丧葬仪式：

皇帝死，丧礼称"大丧礼"，非常隆重。首先是宣读皇帝的遗诏，然后安排布置一切事宜。所有在京五府六部等衙门官员，闻丧次日，各易素服，乌纱帽黑角带，赴内府听宣遗诏毕，于本衙门斋宿，服孝服二十七日而除。命妇于第四日具孝服，由西华门入哭临，不许戴金银首饰。诸王、世子、郡王、王妃、郡王妃、郡主、内使、宫人等，俱服斩衰三年，自闻丧第四日成服为始，二十七月而除，凡临朝视事，俱素服乌纱帽黑角带，退朝服衰服。在外文武官员，自闻丧日为始，素服乌纱帽黑角带，行四拜礼，跪听宣读，举哀，再行四拜礼毕，各置斩衰服于本衙门宿歇，不饮酒食肉。军民男女皆素服十三日。凡音乐祭祀，官员军民人等停百日，男女嫁娶，官员停百日，军民停一月，京城自闻丧日为始，寺观各声钟三万杵，禁屠宰四十九日。所有冥器行移工部及内府司设监等衙门成造照依生前所用凶簿器物名件。

二十七日后，嗣皇帝素冠麻衣麻经临朝，退朝仍衰服。停灵期间，上尊谥还有一套仪式。最后是发引，发引是丧仪中最重要的部分，就是将棺椁送往墓地下葬。在发引前三天，要行奏告礼，百官斋戒三日，并遣官以葬期告天地、宗庙、社稷，新即位的皇帝要衰服告几筵，皇太子、亲王以下都衰服随班行礼，百官也要按时朝临，至发引日为止，京师内外禁音乐屠宰。发引前一天，要遣官祭金水桥、午门、端门、承天门、大明门、德胜门等，京都要祭神祇，沿途所经之处要祭神祠及所过桥梁。这天，要在午门外设"大升舆"（抬灵工具），并且按照事先画好的图式，陈列全套葬仪于午门外并大明门外。

发引日，设启奠礼，陈设醴馔。内导引官导皇帝衰服诣拜位，皇太子、亲王以下，各就拜位，进行赞拜，礼毕。内官引导皇帝谒几筵，皇太子亲王以下于丹陛上，皆稍东西向立，执事人升撤帷幕等物，拂拭梓宫毕，内侍撤启奠，内执事官进灵车于几筵殿下，并设谥册宝舆等于丹陛上。设祖奠仪毕，皇帝于梓宫前跪奏，请灵驾进发，内侍手捧谥册、宝、神帛，由殿中门出，各置舆内，次捧铭旌。梓宫降殿，内侍官于梓宫前跪奏，请梓宫升灵车，并以彩帷饰梓宫，列仪仗于前，谥册宝舆、神祇舆、神亭、铭旌等以次而行，内导引官导皇帝由殿左门出，后妃、皇太子、亲王及宫眷后随，至午门内，设遣奠礼，表示送行。内侍于梓宫前跪奏，请皇帝、后妃等还宫。至午门外，梓宫改换大升舆，礼官跪奏，请灵驾进发，司礼监、礼部、锦衣卫整视葬仪，以次前行，皇太子、亲王以下哭送。灵驾出至端门外，太子要捧神帛（白绢写的祭文）到太庙行辞祖礼。然后梓宫由承天门，大明门出，皇太子、亲王俱由左门出，步送至德胜门，尔后骑送至陵。在途中并至陵，俱朝夕祭奠哭临，诸王、皇亲、驸马、公、侯、伯及文武百官、军民耆老四品以上命妇以序沿途致祭。祭毕，文武官不系山陵执事者悉还。大升舆行进沿途每程预设校尉抬送，选委内官同锦衣卫官专一提督，务在起止有节，行走安徐。沿途宿顿之处，预先搭盖席殿，以供临时休息。当棺椁送到陵园后，在享殿外，再由大升舆移于灵车上，然后放在享殿内，谥册宝舆仍陈于前，行"安神"礼以后，即等预定时刻下葬，入葬时刻一到，行"迁奠"礼，内侍导皇太子、亲王以下谒梓宫前跪。内侍跪奏，请灵驾赴玄宫。待棺椁安放皇堂后，内侍捧谥册、宝置于前，陈列冥器等毕，行"赠"礼，待玄宫掩埋毕，还要行"享"礼。至此繁琐的丧礼才算基本结束。

（二）明代皇帝祭祀山陵的仪式：

躬祭，即皇帝亲赴陵园祭祀行礼。明朝时皇帝躬祭陵园，文武大臣、仆役、水车、随驾钱粮大车、护卫官兵等跟随。

山陵躬祭仪：发京先期，太常寺备告庙及祀陵祭品如常仪。翰林院撰祭告文，锦衣卫设丹陛仪卫扈行。兵部奏请简命文武大臣居守京师，请敕行事及奏请直守皇城四门，京城九门分调提督武臣把守各山口关隘。选点扈驾军马奏差科道官点验，户部关给扈从官军行粮，工部差官修理桥梁道路。光禄预备御膳酒饭供具，教坊司备大乐。五府及九卿衙门正官司属官各一员，太常寺鸿胪寺堂属官，光禄寺太仆寺卿，翰林院学士并日讲官，国子监祭酒，顺天府府尹，六科官六员，十三道官十三员，俱从。凡在途供事以便衣朝参。上率后妃告于庙至早免朝，驾发由长安左门，后妃辇轿由东安门出。扈从官前行。居守官同文武百官，俱吉服趋德胜门外候送驾过退。驾至行宫（沙河行宫）进膳毕，升座从官朝见行叩头礼，如常仪。次日早从官朝参奏事毕，鸿胪寺官引昌平州官吏师生及公差有事官员见，行五拜三叩头礼。朝罢从官先行至天寿山行宫候驾，驾发后妃后从至天寿山红门。上降辇由左门入驾至行宫（今名感恩殿）。进膳毕，上出陛座从官行叩头礼毕退。次日早从官朝参奏事如常仪。致祭是日免朝，上具青袍恭诣长陵致祭如常仪（隆庆二年仍诣永陵行礼，万历八年仍诣永陵昭陵各行礼）。遣官六员青服各诣陵行礼。从官俱青布服恭诣长陵陪祀祭毕，先趋赴行宫（天寿山行宫）候驾。每日早朝参奏事如常仪。回銮是日早免朝，从官先行至沙河行宫候驾，驾至从官行叩头礼如常仪。次日早从官朝参奏事毕，鸿胪寺官引昌平州官吏师生辞行礼如常仪。朝罢从官先还，驾由德胜门入，文武百官及军民耆老人等俱于门外候迎，居守文武大臣伏谒驾前致词行叩头礼。教坊司大乐鼓吹振作，驾入告庙谒皇太后礼毕（隆庆二年发京前一日及还京日并谒告奉先殿世宗几筵弘孝神霄二殿）。还宫越二日，上御奉天门文武官各具吉服致词行礼。

　　每次皇帝谒陵，队伍庞大人员众多。谒陵不过六七天，准备工作要提前半年。耗费大量钱财，增添北京郊区百姓的经济负担。据《宛署杂记》记载万历十六年万历皇帝祭陵仅宛平县就准备：膳房甜水车一百辆，女轿一百乘，每乘预备轿杆一根，以备损换；搬运男夫一百二十六名，青绢帏幕五十副，蓝绢里帏五十副，雨轿帏五十副，轿棍三百根，绊轿底红麻绳三十三斤，绊轿蓝绵花绳；轿帏飘带用红绿绒羊皮金，灯笼二百个，油烛四百五十枝，系灯笼花带二百条；女轿夫一千六百名，除大兴外，本县该女夫八百名，内原金九十七户，自雇四百五十名，本县帮贴三百五十名，委官雇觅押送感恩殿伺候听用。随驾钱粮大骡车七十二辆，内一十三辆装载家火，余车二十三辆搭席棚，装载细软、钱粮；用席一百三十八领，笤帚二十八把，罩篱二十八把，酒钟二百五十个，瓢二十四个，马尾萝一十三个，食盒十五抬，托盘六十面，木碗四百个板凳二百条，木卓二百张，缸二百口，麻绳二百条，木桶四十三只，吊桶二十六只，水斗七个，蜡烛二千枝，锡酒壶二十八把，锡汤壶二十一把，锡茶壶七把，瓦盆二十五个，砂锅二十八个，打炉灶二十六座，灯笼六百个，路旁搭茶棚十二座，；烟子十八斤，茶叶六十包，绿豆八斗；麻绳五十斤，缸二十四口，锅二十四口，清河备雨席一千五百领等。

（三）明代遣祭仪式

　　遣祭就是皇帝不参加祭祀，派遣官员代行。朝廷遣官祭陵时，对于奉命谒陵行礼及陪祀的官员有许多礼制方面的要求。首先对陪祀官员的官职有一定要求，主祭官员由朝廷派遣，一般由公侯伯驸马充任，而陪祭官员则由各文武衙门分别派遣。按《大明会典·礼部·陵坟等祀·陵寝》记载，嘉靖年间题准，"凡分官陪祭……除掌印正官及宿卫、守卫差外，俱要以次长官；如无次长官，许佐贰官；如无佐贰官者，方许首领官前去"。

　　其次，对祭陵官员的服饰也有一定要求。明代陵寝祭祀，皇陵、祖陵均要求祭陵官员具祭服（其制为梁冠、上衣下裳）行礼。但天寿山诸陵的祭祀，则要求祭陵官员像祭明孝陵那样具浅淡常服行礼。

①遣祭的节序

明朝时各陵的遣官祭祀一般是按一定节序进行的，祭祀的等级也有大小之别。在嘉靖时期陵庙祭祀制度改革之前，天寿山诸陵的遣官祭祀遵建文初所定孝陵祭祀制度，每年有如下数举：

清明、中元（七月十五日）、冬至三节，太牢致祭，遣官行礼（一般为公、侯、伯、驸马等勋戚大臣），各文武衙门堂上官1员、属官1员分诣陪祭，谓之"三大祭"。

忌辰、正旦（正月初一）、圣诞（已故帝王的生日）、孟冬（十月初一）四节，酒果行香，遣官行礼，各衙门官不陪祭，谓之"四小祭"。

嘉靖年间，明世宗对陵庙祭祀礼制改革，世宗命天寿山的上陵祭祀时间，春以清明、秋以霜降遣官行礼，各衙门官陪祭；中元、冬至二节仍遣官行礼，衙门官不陪祭。从此，天寿山陵园的大祭每年有4次之多。

②遣祭的仪程与祀典

祭前10日，由太常寺题本请旨遣官行礼。

祭前5日，太常寺委派协律郎提调乐舞生于奉天殿（嘉靖时改为皇极殿）演习祭祀礼仪。由于明朝时陵寝祭祀并不奏乐，所以，乐舞生在陵寝祭祀活动中，事实上充当执事、赞礼等角色。所遣乐舞生的数量，据《太常续考》记载，崇祯年间天寿山十二陵共为128名。

祭前3日，太常寺委牲所千户1员，领旗军9名，将陵祭所用香、祝、牲、帛等物送至昌平州。昌平州官吏以鼓乐迎于州南门外，行一拜三叩头礼。然后奉安于州署西香帛亭内。（香帛亭建造之前，陵祭所用香帛等物或寄放馆舍，或暂安于长陵卫卫厅之中）

祭前二日，将香、祝、牲、帛等祭祀用物送至各陵。昌平州官吏在州西门外恭送，行礼如迎时。然后，由各陵供祀厨役（崇祯年间十二陵厨役人数达137名）将应制祭品制做出来。宰杀三牲的地方是宰牲亭，加工祭品的地方在神厨，临时储放祭品的地方在神库。宰杀三牲时须按照一定的方式进行。祭前一日，依制陈设好各陵的祭案。祭案分为正案、从案两种。正案为帝后祭案，按陵园所葬帝后每人各设1案。到了陵祭日的子时（夜11–次日1点），开始举行陵祭仪式。各陵遣官（主祭官）在赞礼官的引导下，由各陵祾恩殿右门入。典仪唱：执事官各司其事，遣官随即在赞礼官的引导下至香案前。赞礼官跪，上香，遣官随之三上香。上香完毕，赞礼官及遣官复原位，行四拜礼，众官随之四拜。拜毕，行初献、亚献、终献三礼。

（四）明代诸王之国辞祖礼

明代诸王从京城前往封地就国前要到十三陵进行祭祖辞行。嘉靖三十九年，嘉靖帝儿子景王朱载圳到湖广德安府封地之前到十三陵祭陵辞祖的礼仪是十分隆重的。

景王之国仪注辞陵仪：本部预行工部修理道路桥梁搭盖行宫、兵部拨选军马、户部关给行粮、太常寺分派各陵执事官员陈设酒果、光禄寺备膳，俱先期行，长史司启王知会。发京第一日早，仪卫司设仪仗于王府门外、兵部差官拨列军马于德胜门外、各衙门有执事官及本府内外官随行。是日王具皮弁服，长史官请王升辂由德胜门出至沙河。昌平州官吏师生耆老人等道迎不拜。王至行宫进膳毕出升座，随从官见如常仪。第二日早从官见毕，典仪引昌平州官吏师生耆老人等进见，行四拜礼毕，执事官先行。王自沙河启行至天寿山红门，王降辂由右门入，至行宫进膳毕出升座，从官见如常仪。第三日，早王具青袍恭诣长陵至门外东，长史请王降辂，导引官导王由右门入。典仪唱"执事官各司其事"，赞引官导王至拜位赞"就位"。执事官捧香盒至香案前跪赞"诣前内"，赞导至香案前赞"上香"、赞"跪"，王跪三上香讫，赞"复位"行四拜礼。典仪唱"献爵"，赞引导王至御案前，执事官捧爵跪于王，进赞"跪"，王跪三献爵讫赞"俯、伏、兴、平身"，赞"复位"行四拜礼。礼毕出，诣献陵景陵仪皆同前。回至沙河行宫休息。第四日早恭诣诸陵礼皆同前。回至沙河行宫第五日早，从官见如前，典仪引昌平州官吏师生耆老人等辞行礼如前。从官、长史等启王升辂仍由德胜门入还府。

清朝时期的沙河行宫

沙河行宫建成后仅仅伴随明王朝104年，就随着历史的脚步进入了清王朝。由于清王朝是一个大一统的国家，清朝的北部边境向东北地区大规模地推进，昌平一带的长城关隘已不是军事防御体系中的一环，同时由于明王朝的灭亡，十三陵也失去了皇家色彩，沙河行宫的政治地位陡然下降。但沙河行宫作为皇帝出巡京郊驻跸停留休息的功能仍然发挥着作用。顺治十六年十一月辛未，顺治皇帝驻跸沙河。壬申，驻跸昌平州，是日，阅视明陵，巩华城驻跸。康熙十一年正月，康熙皇帝奉侍孝庄太皇太后到河北赤城温泉疗养，到巩华城步送太皇太后至宫门，亲视降乘辇入宫，上始回宫。是日，昌平州巩华城文武各官来朝。

清康熙十三年，由于吴三桂的三藩叛乱，使这一年成为多事之秋。这一年，赫舍里皇后在五月初三日上午产下一子后下午便逝于坤宁宫。转瞬间，喜事变成丧事，康熙帝悲痛欲绝，不顾前方峰火连天，宣布辍朝5日，为赫舍里皇后举办隆重丧礼以寄哀思。大行皇后梓宫在西华门外的殡宫停灵的25天中，康熙有20天亲自到皇后的梓宫前举哀、奠洒，哀痛无限。皇后即已逝去，就要进行安葬，但由于康熙帝的景陵还未修建起来，梓宫只能暂时寄放于它处。在赫舍里皇后死后第27天，康熙帝亲自将皇后的梓宫送到巩华城沙河行宫暂安，并在那里逗留至晚上戌时方回宫内。仅仅相隔一天，康熙帝又来到巩华城来祭奠皇后。据《清实录》记载，康熙帝在赫舍里皇后死后的三年中共去巩华城80多次，即使在征战"三藩"最激烈的时刻也不例外。以致朝鲜使臣曰："清皇不恤国事，每往哭沙河宫殡后所"。康熙帝第二位皇后孝昭皇后于康熙十七年二月二十六日逝于坤宁宫后，康熙帝也将其梓宫于三月二十五奉移至巩华城沙河行宫暂放，直到康熙二十年二月十九日，康熙陵寝景陵建成后，才将两位皇后的梓宫从沙河行宫奉移景陵玄宫内入葬。

附：

康熙十三年五月初三，是日，申时，大行皇后崩于坤宁宫。

二十五日，卯时，以大行皇后梓宫，择二十七日权厝于都城北巩华城内。

二十七日卯时，上诣大行皇后梓宫前举哀，辰时，上亲送至巩华城。是日诸王、贝勒、贝子、公等文武大小官员，于西安门外举哀随送，王妃、公主、格格及八旗二品以上命妇，俱集德胜门外举哀跪送，戌时上还宫。

二十九日早，上诣巩华城，于大行皇后梓宫前举哀。是日，诸王、贝勒、贝子、公等文武大小官员及王妃，公主、格格、八旗二品以上命妇，俱齐集举哀，除服。申时，上回宫。

六月二十七日早，上御乾清门，听部院各衙门官员面奏政事，辰时，御太和门，遣康亲王杰书，庄亲王博果铎赍册宝，诣巩华城，册谥大行皇后为仁孝皇后。

十二月二十九日，昧爽，以岁除，上躬诣太庙致祭毕，回宫，少顷上诣巩华城。

康熙十四年庚申，上至巩华城驻跸。辛酉，仁孝皇后忌辰。行期年致祭礼；

康熙十五年癸未，上至巩华城驻跸。甲申，仁孝皇后忌辰。行再期致祭礼；

康熙十六年丁丑，上至巩华城驻跸。戊寅，仁孝皇后忌辰。行三期致祭礼。

康熙十八年庚寅，上至巩华城。行孝昭皇后期年致祭礼。是日回宫。

康熙十九年乙酉，上至巩华城驻跸，孝昭皇后忌辰。行再期致祭礼。

康熙二十年己亥，孝昭皇后三周忌辰。遣皇子诸王以下、八旗四品以上官致祭。

康熙十七年二月二十六日，康熙的第二个皇后孝昭皇后去世。

二十七日辍朝五日，不理政事。是日，陈设大行皇后卤簿于乾清门外。已时，殓大行皇后于坤宁宫，举哀俱如前仪。

二十八日，早，陈设大行皇后卤簿于乾清门外。辰时，上亲送大行皇后梓宫安于武英殿，上亲临举哀。是日后，诸王、贝子、公等群臣，每早晚集殿门外举哀。自这以后康熙帝每天卯时，到皇后梓宫前举哀。至三月十五日那天才除服。

二十五日卯时，上以迁移大行皇后梓宫致祭。已时，上亲送至巩华城，与仁孝皇后同安于殿内东间，上驻跸城外幔城。

二十六日，二十七日，二十八日卯时，上诣大行皇后梓宫前举哀。申时，上回行宫。

二十九日，卯时，上以大行皇后崩逝匝月致祭。酉时，回宫。

闰三月二十一日，卯时，上御太和门，遣庄亲王博果铎，信郡王鄂扎，赍册宝诣巩华城，册谥大行皇后为孝昭皇后。

康熙的两个皇后梓宫都在巩华城，而且仁孝皇后还是皇太子的母亲，康熙来巩华次数很多，有时遇到国家大事如出征打仗，他办完了仪式，马上又去巩华城。如在康熙十三年八月初三日甲午"早大设卤簿，上御太和殿。命大学士图海，索额图捧勒印授进剿岳州安远靖寇大将军。多罗贝勒尚善，贝勒、贝子、公率随征官员行礼毕，赐茶。上目送启行。上诣巩华城。酉时，回宫"。

康熙二十年二月初七日辛卯，早，上御乾清门，听部院各衙门官员面奏政事毕，都察院及六科、十三道满汉官员为圣驾亲送两皇后梓宫，公同面请停止。左都御史折尔肯、徐元文等奏曰："皇后梓宫启行，与马亲踏，尘埃甚多，皇上车驾亲送，诚恐圣心伤感，圣体烦劳，似宜停止"。上旨："尔等所奏极是，但此系大事，礼仪所关，朕若在宫，反为郁结。近来朕躬甚觉平和。虽往，亦非日与梓宫同行，或前或后，相随而行耳。尔等所奏，知道了。朕仍欲前往"，折尔肯等出。

又兵部议，巩华城守备李华请守皇后陵寝，不允行事。上旨："李华久在巩华城，今又具呈请守陵寝以自效，殊为可嘉。着于额设守陵绿旗官员外，加以应升职衔，令其效用。嗣后应作何升转，并令再议"。

康熙二十年二月清明过后，两皇后灵移至东陵。

康熙二十年二月十四日，早，上御乾清门。辰时，上御乾清宫。已时，上如巩华城。

十五日早，上以孝昭皇后三周年，命皇太子率诸王以下，八旗四品官以上一半及王妃以至一品官命妇致祭。是日，上驻跸巩华城。

十六日早，上以清明节，命王以下，八旗四品官以上一半及王妃以至一品命妇，致祭仁孝皇后、孝昭皇后。是日，上驻跸巩华城。

十七日早，上因移送两皇后梓宫启行，命皇太子率诸王以下八旗三品官以上三分之一及王妃以至一品官命妇致祭。申时，上回京。

十八日辰时，上诣太皇太后宫问安。已时，上如巩华城。是日，上驻跸巩华城。

十九日，卯时，仁孝皇后，孝昭皇后梓宫启行。诸王以下，八旗三品官员以上三分之一，四品官员以下，有顶带官员以上一半，及王妃以下，八旗二品官命妇以上，汉官一品以下，七品以上齐集，于梓宫过时举哀跃然跪送。上自内恸哭出。至驻跸处，奉安梓宫于享殿内，上食。上亲临举哀，诸王、大臣等行礼举哀。

康熙两皇后梓宫暂安奉移记

仁孝皇后丧仪

康熙十三年五月二十七日仁孝皇后梓宫暂安奉移京城北昌平沙河巩华城

殡宫（明沙河行宫）。这一天紫禁城里设置了皇后全部仪驾，梓宫奉移前礼部堂官祭祀了梓宫要经过的城门和桥梁。康熙亲自临送，率领内大臣侍卫到皇后梓宫前祭酒。西安门内是王以下奉恩将军以上的送灵官员，在西安门外是民公、侯、伯以下的官员，其它品级的文武各官列队于大街两旁，汉官列于八旗官员之下各按顺序等候送梓宫经过时举哀。

大行皇后梓宫经过送灵官员身边时候，官员要跪地举哀，梓宫过去以后不需要送灵到巩华城的官员就可以回去了。护送官员出城外按八旗排列顺序乘马随护梓宫周围。公主和福晋以下女眷属，县君和奉恩将军恭人以上以及民公侯伯一品夫人以下等官员眷属在德胜门外关厢内等候梓宫，梓宫经过时候要跪地举哀。梓宫到达沙河巩华城内奉安，殡宫内设几筵，送灵的亲王等各官员行祭酒三爵礼并举哀后退出殡宫。五月二十九日，康熙皇帝又亲自到巩华城行大祭礼，巩华城摆设皇帝仪驾，列陈羊、酒、馔筵、楮帛如初祭之数。参加祭祀的是亲王以下奉恩将军以上，民公侯伯以下文武各官员，公主福晋以下，县君奉恩将军恭人以上，民公侯伯一品夫人以下以及男（男爵）夫人以上都按照顺序排列，读祭文和祭酒行礼举哀都同以前仪式一样。这一天是仁孝皇后去世满二十七天，亲王以下各官员，公主和福晋以下，大臣命妇等人都到燎炉处两边站立，姻戚大臣夫人行祭酒三爵礼时，众人都跪地行礼。次日又行绎祭礼，祭品陈设和祭礼仪式与前初祭，次日绎祭相同。六月初三日这一天又行满月致祭礼，皇后仪驾全部摆设，陈列金银纸锭五万个、楮钱五万张、馔筵二十一席、九只羊、九尊酒，亲王以下奉恩将军以上，民公侯伯以下男以上的官员汇集一起行祭祀礼。皇后百日内众官员每周，每月也要聚集举行祭酒行礼。

初七日皇宫又举行谥册礼。谥封大行皇后名为"仁孝皇后"。行谥册礼这一天，内务府官员在沙河巩华城殡宫陈设皇后仪驾，摆设册宝案和香案。殡宫内大行皇后几筵前，内府官员摆设祭品，点燃香烛。

鸿胪寺官员在太和门台阶上摆设册宝案，銮仪卫官员在太和门台阶下左右分别摆设册亭和宝亭。台阶下正中站立谥封正使康亲王杰书,副使庄亲王博果铎，执事官员都穿着素服站立在台阶下左侧。内阁大臣恭敬的把香册和宝匣陈列在案上，行一跪三叩礼后退立于太和门台阶下左侧。礼部官员敬奉丝绢，把册和宝匣放入册亭和宝亭内。礼部堂官奏请康熙皇帝素服御太和门宝座。礼部堂官引正副谥封使上太和门东台阶到册、宝案前，举行一跪三叩礼后，正使捧着册书，副使捧着册印走下太和门中台阶到册亭和宝亭前行一跪三叩礼。礼部堂官向康熙皇帝奏报谥封典礼完成，康熙还宫。校尉们抬着册亭和宝亭，册亭在前，宝亭在后，队伍前面有一把黄盖伞，御仗二对为前导，由皇宫中路出宫，正副谥封使在后跟随。内大臣、侍卫等在午门内金水桥两旁，亲王以下奉恩将军以上官员在西华门内，满汉四品以上官员在西华门外按顺序排列等候，册、宝亭经过时候都跪下行礼。册、宝亭出德胜门到达巩华城，由巩华城南门进入。正副谥封使和执事官员都在南门外下马。随祭内大臣和侍卫，满汉四品以上官员在巩华城殡宫外排列跪迎。册、宝亭由沙河行宫中门进入至宫内第二道门内，礼部官恭奉绢丝，册和宝分别摆放各案上，正副谥封使到亭前行一跪三叩礼，恭奉香册香宝由行宫中路到几筵殿内，把册和宝分别陈列于各案上，册案在左边，宝案在右边，官员们行一跪三叩礼，正副谥封使到香案前，赞引官在一旁赞"上香"时，正使上香。赞"宣册"时，宣册官奉册并宣读册书。赞"宣宝"时，宣宝官捧宝站立一旁。正使捧香册，副使捧香宝陈列在几筵前，摆放时候册在左，宝在右。最后各官员行一跪三叩礼由殡殿左门退出。鸿胪寺官员引导内大臣和侍卫，以及满汉四品以上官员到殡殿台阶下两侧排立，随承祭官员致祭上香，行奠帛读祝三献爵等礼仪，恭奉祝文和绢册宝送到燎炉焚烧。谥封礼结束后正副使回京复命，第二天，朝廷颁诏告知天下。

七月初三日康熙皇帝亲自到巩华城举行月祭礼，祭酒举哀（以后月祭皆亲自来）。七月十五日举行中元致祭礼。沙河殡宫内摆设皇后仪驾，陈列金银锭十万、楮钱七万、画段万端、楮帛二万端、馔筵二十一席、九只羊、九尊酒。亲王以下奉恩将军以上，民公侯伯以下和三品官员以上，公主福晋以下，镇国将军夫人以上，民公侯伯大臣命妇等都齐集一起，读祭文，行祭酒礼。

八月十二日康熙皇帝到巩华城，第二天举行皇后百日致祭礼。殡宫内摆设皇帝和皇后仪驾，陈列金银锭五万、楮钱四万五千、楮帛二万、馔筵二十五席、九只羊、九尊酒。亲王以下奉恩将军以上官员，民公侯伯以下男以上官员齐集行百日祭礼。自百日祭礼以后到第二年每天都要举行三次奠献礼，到第三年每天举行一次奠献礼。第三年以后只在朔望日举行献酒果礼。

八月十三日朝鲜国王派遣官员给大行皇后进香行致祭礼。殡宫内皇帝和皇后仪驾仍然全部摆设，王以下奉恩将军以上，民公侯伯以下满汉四品官员以上在旁陪祭，朝鲜使臣在殡殿右侧站立，陈设祭品并上香，鸣赞官"赞"使臣在皇后仪仗南边行三跪九叩礼，礼毕退立原班。派遣一名官员读祭文行祭酒三爵礼，亲王以下各官员全部跪下行礼，朝鲜使臣到拜祭位置跪下行三叩礼并举哀，然后再行二跪六叩礼，礼毕撤下馔筵焚烧祭文。

年末行岁暮致祭礼时，殡宫内摆设皇后全部仪驾，陈列金银锭五万、楮钱，楮帛各五万、馔筵三十一席、九只羊、酒十五尊。民公侯伯以下四品官员以上，公主福晋以下，大臣命妇以上齐集在殡殿读祭文行祭酒礼。

康熙十四年正月行题主礼。派遣大学士到沙河殡宫。礼部官员引导题主官员到黄案前，把神主奉安案上，点香烛行一跪三叩礼，满汉大学士各一人朝服洗手后到香案前行一跪三叩礼敬点神主，然后再行三叩礼，大学士一人到黄案前行一跪三叩礼，恭奉神主奉安到凤舆内，行一跪三叩礼。校尉抬着神主舆回到紫禁城，摆设皇后仪驾出巩华城南门到紫禁城东华门外，由御仗和黄伞盖前导到奉先殿诚肃门外。亲王以下文武各官员都在东华门外齐集跪迎神主。礼部和太常寺官员十人引导内阁大臣们随神主舆到诚肃门，在奉先殿奉安行礼。

清明节祭祀不焚烧楮帛，只摆设挂着楮钱和宝花的佛朵于几筵殿内左侧。大行皇后殡后第一年清明节因皇太子出痘，清明节祭礼只按照陵寝四时大祭礼仪式进行。皇帝遣官读祝版，行奠帛三献行礼。摆设皇后仪驾，觉罗民公侯伯以下，三品官员以上齐集素服陪祭。第二年清明节行致祭礼时，摆设皇后仪驾，陈列金银锭五万、楮钱，楮帛各五万、馔筵三十一席、九只羊、十五尊酒，亲王以下奉恩将军以上、民公侯伯以下满汉四品官员以上、公主福晋以下，大臣命妇以上齐集读祭文行祭酒礼。第三年致祭时候陈列金银锭三万、楮帛，楮钱各一万、馔筵十一席、羊三只、一尊酒。亲王以下奉恩将军以上，民公侯伯以下三品官以上，公主福晋以下大臣命妇以上，齐集读祭文行祭酒礼。清明日的致祭礼同再周礼一样不再读祭文。

七月十五日行中元致祭礼。亲王以下辅国将军以上，民公侯伯以下男以上官员，公主福晋以下子一品夫人以上齐聚读祭文行祭酒礼。

三周年后每月朔望，圣节忌辰日，十月朔日以及清明节、中元节、冬至日和岁暮四大祭及遇庆典照常致祭，祭礼按照陵寝致祭礼派遣官员朝服行礼。

孝昭皇后丧仪

康熙十七年二月二十六日孝昭皇后去世。

三月二十五日奉移大行皇后梓宫于沙河巩华城。移灵前期行启奠礼并派遣大臣到仁孝皇后神位前向仁孝皇后报告。孝昭皇后梓宫启行前往巩华城殡宫，与仁孝皇后一同安放在殡殿的左间暖阁内。康熙皇帝亲自送灵。王公，满汉文武大小官员都聚集在皇城西安门外举哀跪送。陪送的王公大臣等官员到巩华城奉安后举哀行礼。这天康熙皇帝住在巩华城。二十六日行大祭礼，康熙皇帝亲自参加祭礼，诸王以下文武官员一同举哀行礼。祭礼结束后，皇太子、诸皇子以及文武官员除服。第二天又行绎祭礼。二十八日行满月致祭礼。

闰三月初九日行谥册礼，康熙皇帝素服御太和门阅册宝。派遣官员到巩华城

册谥大行皇后名为"孝昭皇后"，谥册礼仪同仁孝皇后礼一样。四月初一日孟夏行时飨礼，太庙遣官行礼朝服作乐。五月初三日大祭礼，方泽遣官行礼朝服作乐。初七日行百日致祭礼，康熙皇帝亲临，陈设物品和礼仪与康熙十三年仁孝皇后百日致祭礼相同。皇后去世百日后至期年内每日要行奠献礼三次。去世的第二年每日要奠献一次。逝世三年后朔日望日要献酒果。七月十五日行中元致祭礼。岁暮祭礼因皇子出痘，祭礼按照陵寝祭礼派遣官员素服行礼，读祝以及奠献行礼。仍然陈设皇后仪驾，不焚楮帛不用举哀。康熙十八年正月因岁暮未行大祭礼，在正月补行大祭礼。

康熙二十年二月景陵地宫竣工，二月十七日举行仁孝皇后和孝昭皇后梓宫奉移前的启奠礼。摆设两位皇后仪驾，陈列金银锭各五万、楮钱各五万、楮帛各五万、馔筵各三十一席、羊各九只、酒各十五尊以及祭文各一道。派遣皇子致祭行礼并读祭文，行祭酒礼。亲王以下四品官以上，公主福晋以下大臣命妇以上跟随行礼，祭毕读祝官将祭文送到燎炉焚烧。二十九日奉移仁孝皇后和孝昭皇后梓宫到景陵。摆设仁孝皇后仪驾于左侧，孝昭皇后仪驾于右侧，两位皇后的册和宝分别陈设于凤舆内。梓宫大升舆用校尉和民夫抬（首班和末班用校尉抬，其余班次用近畿民夫抬）。每日分六十班，每班备四人，共用民夫七千九百二十人。直隶巡抚率司道府州县各官员会同在京三品堂官以下，科道主事以上，八旗遴选公侯伯以下，云骑尉以上及前锋参领和护军参领，上三旗一等侍卫，下五旗王府长史，散骑郎一等护卫等官员每

班各四人更番轮流管理送灵队伍，由工部夫头四人，再预备四人分为两班轮流打响尺，銮仪卫官员负责队伍行进速度。

康熙皇帝亲送皇后梓宫到景陵。内大臣侍卫等官员在沙河巩华城外等候，王以下奉恩将军以上在西窦家庄村西等候，觉罗民公侯伯以下满汉各官在西窦家庄村东等候，公主福晋以下奉恩将军恭人以上民公侯伯一品夫人以下男夫人以上在东窦家庄东等候。当梓宫经过时，亲王以下各官员，公主福晋以下大臣命妇等按排列顺序跪地行礼举哀。

康熙之所以把沙河行宫作为两位皇后梓宫暂安之所，是因为清初时的沙河行宫没有遭受战争破坏，保存完好。祭祀陈设的器具和懂得祭祀礼仪的明朝看守太监还在。仁孝皇后刚刚去世，康熙便命令内务府派人去沙河行宫整修殿宇，准备祭祀器皿，又在行宫龙跸殿内左间处开挖方池，池周围用大理石围砌成地宫样式，上面盖上石板。作为皇后梓宫暂安之所。据沙河毡匠后人回忆，在清朝时候行宫内只有东西两路院归毡作局使用，而行宫中路龙跸殿那个院子是密封上锁的，殿中还陈设有两位皇后的灵牌，皇后的法驾卤簿还陈设于殿中有人看管，内务府专设一名笔帖式带领十人负责看管此处，严禁外人出入。毡作局的人员都是从行宫东南角门进入行宫，禁止走行宫大门。1900年11月八国联军进入巩华城，内务府看守人员早已逃散，联军进入行宫内，把行宫内用于祭祀的金银器皿抢劫一空，捣毁殿中祭案和康熙留下的御用仪仗，最后还要放火焚烧行宫，多亏毡匠们苦苦哀求，送给联军五车军用毡垫，行宫才暂时躲过一劫。

康熙在位期间多次去赤城温泉，巩华城也是必经之地，每次路过都要在此驻跸。有意思的是康熙十一年三月二十八日，他从赤城返回北京时驻跸巩华城。《康熙实录》记载："四月九日早，上御乾清门，听部院各衙门官员面奏政事，寻即召经筵日讲官兼礼部侍郎熊赐履至弘德殿御座侧，详问湖广百姓疾苦及一路地方年岁，熊赐履奏对如前。又问给事中柯耸何处人？对曰："浙江人"。上曰："朕前往赤城路上一碑，碑上贴一纸条，'写害天下之民者给事中柯耸是也'，又无姓名，朕思若是真的，如何不写姓名"？已时，上诣太皇太后宫问安还，召经筵日讲官兼礼部侍郎付达礼至御辇侧，且行且问曰："自赤城回时，巩华城河桥石碑上贴一纸条，尔曾见否"？付达礼奏曰："臣未见"。上曰："纸条上写'害天下之民者给事中柯耸是也'，又无姓名，此等事，前经禁止，今若听信则无辜之人多被诬矣"。达礼奏曰："从来匿名飞帖，皆系无端捏成，诬害良善，故屡经禁止，皇上洞鉴此情，诚天下之福也"。

沙河行宫在康熙年间又被划归内务府武备院管理，武备院在这里设立毡作局，制作供皇室和军队使用的毡子。武备院有南鞍、北鞍，甲、毡四库，毡库掌弓箭、靴、鞋、毡片、鹘头作、靴皮作、毡作，沙河毡作、帽作、杂活作。沙河毡作局官设八品催领一员、笔贴式两员、委署催总两员、库守三员、拜唐阿领催一名、匠役二百二十二名，其匠役均在沙河居住，世代相传为业。武备院设的官毡局，习称毡作局或毡作坊。因官毡局制毡工序极为严密，虽是冬日，工匠亦须赤膊操作，毡成之时，人人热汗淋漓，这是由于整个工序要把选好的原毛用力挤压成毡（故名清水毡子），远比其他体力劳动累。成品由清廷武备院统筹供各项军需使用。

1912年清亡之后，毡作局解散，沙河行宫划归昌平县官产局。从民国二年的地图上还可以看出，当时行宫保持基本完好，宫门宫墙完整。此后，由于无人看守，行宫周围百姓开始小规模地拆墙拆石。1932年，沙河行宫已是满目疮痍，这一年，因沙河洪水泛滥，冲垮城内外大多民房，居住在工商街的商户向东北方向远望，地面上低矮房屋只露出屋顶，水面漂泊着杂物随水流向东南方向。昌平县知事与沙河镇西二村乡绅商议，将行宫彻底拆卖，用来赈灾。拆下的砖瓦木料用马车拉运了半年之久。此后沙河行宫成为一片乱石林立的大广场，地面布满碎黄琉璃瓦片和深埋着许多巨大的花岗岩石块，地面平坦坚硬，是黄土白灰糯米浆砸夯而成寸草不生。在广场中心遗留有一座高约2米，长约10米，宽约五米，由整齐的花岗岩石块堆砌而成的高台，这个高台就是位于行宫中路的龙跸殿须弥座式台基基座遗址。沙河行宫遗址由于宽敞平坦，在每年农历四月二十八日的泰清宫庙会期间，一度成为杂技艺人的表演场地。在1948年的泰清宫庙会上由于用来表演杂技的高大木竿突然间倾倒，砸死观看表演的北二村年仅十六岁女村民，此后沙河地方官府出面禁止在此进行卖艺表演。沙河中学于1956年在此平整土地，建设校舍至今。

《明史·艺文志》第七十三卷九十七记载有《沙河行宫图》一卷，今图已失佚，无所查找。

第六章　巩华城营卫衙署

明嘉靖二十一年（1542）七月，嘉靖帝下谕兵部、工部"昌平州近建沙河城，南卫京师，北护陵寝，实为畿辅保障。前议置将屯兵，缮治营舍，今城役就绪而诸各未举，其查议，酌处以闻"。兵部尚书张瓒、工部尚书甘为霖上书明廷建议"请仿南京外守备官之例，设巩华城守备官一员。守备官在勋臣侯伯中选用，令其专驻城守。守备官位次于游击将军，无品级，无定员，因事增置，统兵戍守。时南京亦设一人，以公、侯、伯充任；在巩华城内设立千户所，下设十名百户官，二名千户官"。两位尚书的建议得到明廷的批准。并由嘉靖帝亲自为守城的千户所命名为"奠靖千户所"。属巩华城守备下防护行宫。奠靖千户所官兵月粮支用按照长陵等七卫之例，在京城粮仓支取。奠靖千户所饷银俸禄，兵器装备与陵卫所待遇一样，都是皇帝亲自统率的亲军，不隶属任何都督府。

嘉靖二十二年（1543）沙河城守备官丰润伯曹松上书兵部："天下守备皆用都指挥使等官，而沙河特准南京例命勋臣，盖重其任。请定邻境诸司摄制体统。且请于步军一千之外增设马军，以备缓急"。兵部经请示嘉靖帝后，下令曹松专守巩华城，不准辖制其他地方军队。兵部议准，从昌平永安城调来马军100名战马100匹巡逻。曹松在巩华城守备任内，曾上书明廷兵部8件事请求批准：

一：在行宫门外两旁请建下马牌2座。

二：在巩华城外建教兵场，以便士兵操练。

三：请照各地卫所屯兵之例，在巩华城附近拨给奠靖千户所官兵每人30亩田地，作为屯田。

四：允许城外百姓入城居住。

五：允许奠靖千户所添设马军100名及增设千户官2名、百户官10名，添加营房150间。

六：请建城隍庙1座于巩华城内。

七：允许在护城河两岸栽种树木，以护河堤。

八：允许在巩华城4座瓮城内及6处庙堂内建塑神像。允许在巩华城内建神炮亭，并请内府拨给将军炮20门，以增加守城能力。

明廷兵工两部经过覆议后，只批准了增设下马牌2座、护城河岸边植树、拨给将军炮和添设马军100名的4项请求，其他4项请求未得到批准，到明万历元年，曹松所请的其他4件事情，才得到明廷批准施行。

嘉靖二十九年（1550）蒙古部落南下入侵，直薄北京城外，明陵内的康陵园，工部厂等处均遭到蒙古兵的破坏抢劫。事平后，明廷将陵卫官兵进行了整顿。抽出陵卫官兵4000人组成永安营，驻昌平城内，设副总兵官1员统领。另外又从陵卫官兵中抽出3000人组成巩华营驻巩华城内，设分守参将一员统领，两营官兵无事时在昌平城南门外教兵场内操练，有警报时则立即开赴各边隘口进行防守，专门守护陵寝。

一、明代巩华城军民官署建制

凡天下要害地方，皆设官统兵镇戍。其总镇一方者曰镇守总兵官；守一路者曰分守官；独守一堡一城者曰守备官；与主将同守一城者曰协守官。又有提督、提调、巡视、备御、领班、备倭等名。各因事异职焉。其总镇，或挂将军印或不挂印，皆曰总兵。次曰副总兵。又次曰参将。又次曰游击将军。旧於公侯伯都督指挥等官内推举充任。

巩华城嘉靖二十一年设守备官，以伯爵或都督守备分守，直接听命于明廷兵部，不受地方文武官员管辖。二十八年改为副总兵官统辖巩华城兵马，三十年改分守官，三十九年改游击官，每年春秋两季派军兵到居庸关路防守。

嘉靖三十九年（1560年）明廷鉴于昌平地区的军事地位，决定把原属蓟镇管辖的昌平地区单独抽出设立昌平镇，同时裁撤永安营副总兵官。永安营、巩华营改由昌平镇总兵官统辖。昌平镇总兵官所辖范围西自镇边城，东至渤海所。天寿山、巩华城、黄花镇、居庸关一带的参将、游击、守备等官员俱归昌平镇总兵官统辖。

昌平镇：镇守一员为镇守总兵

旧有副总兵。又有武臣提督。嘉靖三十八年裁副总兵。以提督改为镇守总兵，驻昌平城，听总督节制。其天寿山、巩华城、黄花镇、居庸关、一带参游守备。西自镇边城、东至渤海所、各关隘俱属统领。

分守三员：

居庸关参将，旧为分守备官。嘉靖四十三年改参将官。辖属：石峡峪、灰岭口、八达营等三处守备官。

黄花镇参将，旧设。嘉靖间令移驻渤海所防御。其渤海所守备照旧移驻黄花镇，与内守备同城居住。黄花镇边务仍听参将督理。辖属慕田谷提调和黄花镇守备。

横岭口参将，嘉靖三十二年添设。驻镇边城。嘉靖四十五年移驻横岭口。辖属：镇边城、白羊口、二处守备官。

游击将军二员总兵标下，嘉靖四十二年设。

右骑营，原为巩华城游击。万历四年改驻昌平统马兵。坐营官共三员。

左车营，万历十年以永安营游击改。驻昌平。

右车营，万历十年以白羊口游击改。仍驻本处。

昌平总兵，嘉靖四十三年，设永安营坐营，万历二年改总兵。

中军：传宣号令。

守备十员

巩华城，万历元年设昌平管河把总，统领昌平驻军温榆河漕运并辖奠靖千户所和奠靖仓事。四年改为守备，令不妨原务兼守城池。

天寿山守备，旧设。

涿州城守备，旧设。

怀柔守备，隆庆二年设。

黄花镇守备，旧设。

灰岭口守备，隆庆五年设。

白羊口守备，旧设。

镇边城守备，原设驻横岭口，嘉靖四十五年移驻镇边城。

石峡峪守备，隆庆二年添设。

八达岭守备，旧为把总，驻居庸关。嘉靖四十三年,改守备移驻八达岭。

提调官1员旧在长峪城，万历八年革。

慕田峪关，旧名渤海所，万历四年改设。

一、巩华城守备官，嘉靖二十一年设。

栾綮：山东登州人，任守备官署都督。到任不久，被参劾下职。嘉靖二十一年十二月，兵科给事中扬上林言："沙河守备栾綮素无善状，本兵拟署都督佥事，实以贿致。且綮甫莅任，即奏请关防符验旗牌，兼欲节制各陵寝卫所官员，谬妄尤甚"。诏革綮任，回卫闲住，而以丰润伯曹松守备巩华城。

曹松，江南仪真人，任守备官。

许国，山东登州人，任守备官署都督。

二、巩华城副总兵嘉靖二十八年设，二十九年建巩华营领兵三千。

胡潭，保定定州人，任副总兵都指挥。

刘通，顺天府蓟州人，任副总兵都指挥。嘉靖二十九年四月，命西官厅后哨所征参将刘通充总兵，提督黄花、居庸诸处，守备巩华城。

三：巩华城分守官

李意：营州中屯卫人，中屯卫指挥任巩华城分守官。

王尚忠：宣府右卫指挥任巩华城分守官。

黄钦：清州卫人，济阳卫指挥任巩华城分守官。

李勇：定州卫人，定州卫指挥任巩华城分守官。

谷栾：大宁中卫指挥任巩华城分守官。

夏宗禹：定州人，定州卫指挥任巩华城分守官，自此以后改称巩华城游击。

刘登科：任期不详。

四：巩华城游击，嘉靖三十九年设游击1员、中军1员、哨把总5员。额兵1789名。万历四年设昌平镇总兵官，以巩华城游击调管昌平右骑营，改驻昌平，统马兵。巩华城防守改为守备官。

张洙：开平卫人，宣府开平指挥任分守官，嘉靖四十二年任游击将军。

董孟朋：宣府人，宣府前卫指挥，嘉靖四十五年任游击将军。

高仲安：陕西榆林人，隆庆元年（1567）山西岢岚守备高仲安补巩华城游击将军。隆庆三年七月，巩华城游击将军高仲安、五军营参将潘凤冀因夤缘请托，明穆宗下令将二人革任回卫，降职一级。

李时：镇朔卫人，隆庆五年（1571）与总督蓟辽保定等处军务兵部侍郎刘应节奏修长城。

阎万石：怀安卫人，隆庆六年以宣府新开口堡守备指挥佥事阎万石为署都指挥佥事充巩华城游击将军。

陈天福：延安人。

王国贤：万历十四年，昌镇营汛兼巩华城守备。

刘国祚：天启五年，镇朔卫指挥佥事刘国祚为巩华城守备。

姜瑄：崇祯七年任巩华城守备。

附：

明神宗时期兵部任命巩华城游击敕书

敕巩华城游击陈天福：

"今特命尔充游击将军在巩华城驻扎。操练军马，修理城垣。防御贼寇，拱护皇陵。遇警前赴居庸关会同该区将领查照分定地方稽守，凡一应合行事宜俱听抚镇分守等官节制。尔尤须持廉奉法恤军振武以副委用。如或贪黩偾事，贻患地方，国典俱存，决不轻贷。尔其慎之，故谕"。

奠靖千户所：巩华城奠靖千户所受昌平兵备道统辖，是防守巩华城的基本部队，下设10名百户官，2名千户官。初设司吏1名，下辖标下把总1员。兵额：马步兵共1077名，马额共68匹。隆庆年兵额不足，常额在600名左右。兵饷：昌平营、黄花路、居庸路、镇边路、巩华营每年共需饷银24万，漕粮共23万有奇。

嘉靖二十九年，巩华城改设分守官，以陵卫官兵3000人组成巩华营，遇开操日，俱赴永安城（昌平城）南门东侧演武场操练。巩华营军旅器械，兵器装备：盔甲1862副，兵器3702件，火器129456件。军器有盔、甲、长枪、圆木挨牌、长木牌、斩马刀、撒袋、弓箭、攒竹长枪、腰刀等。火器有神枪、大将军铁炮、铜炮、火铳、神炮、铜佛朗机、铁佛朗机、马上佛朗机、碗口炮、小神炮等。器械有铁蒺藜、九龙盘枪、铁鞭枪、子母炮、火箭等。

佛朗机是正德末年由其国舶至广东。白沙巡检何儒得其制，以铜为之，长五六尺，大者重千余斤，小者百五十斤，巨腹长颈，腹有修孔。以子铳

5枚，贮药置腹中，发及百余丈。神器（火器）的使用始于明成祖。《明史兵志四》记载：明成祖平交趾，得神机枪炮法，特置神机营肄习。神器制作以铜铁为之大小不等，大者用车，小者用架用托。大利于守，小利于战。

神器，在明初时还很珍贵，不是随便使用的。宣德五年敕宣府总兵官谭广"神铳国家所重，在边墩堡量给以壮军威，勿轻给。"不仅珍贵，而且制造保密。正统六年，边将黄真、杨洪立神铳局于宣府独石。帝以火器外造，恐传习漏泄，敕止之。到明朝中后期使用比较广泛，特别是长城隘口，多用火器防守。目前在居庸关南北关城陈列古炮10门，均为明代长城沿线防御用的武器，有大将军炮、竹节铁炮等。巩华城四门均有火炮，巩华城明代驻军所用火炮在解放初期仍然存在，解放后沙河城四座瓮城中的西、南、北三座瓮城被县属单位占用，先后被改为仓库，特别是西门一直作为粮库使用，西门上的铁炮从城上取下，半埋在瓮城门外两侧，作为栓马车的桩子使用。后来被人取出当废品卖掉。据见过沙河城铁炮的老者讲述，沙河铁炮尺寸有两种，一种是长度约有1.2米，另一种长度约有2.5米。

巩华城汛地

明代在巩华城外沿京北大道沿线设有巡逻哨所，称为巩华城汛地。巩华城以南沿途设有头拨、二拨、三拨、四拨、树村、北望村（东西北旺村）、南安河、燕丹村、八家营屯、曹家新庄、苏家坨、俱有兵防汛，每个汛地驻兵10余名，并设有烽火台和响炮。其中四拨是众汛地中最大的一个汛地，沙河讯地在巩华城北朝宗桥东南也筑有烽火台1座，驻有巡哨明军。明亡以后，拨子没有了巡逻护军，驻军规模较大的拨子逐渐形成了村落，至今依然存在，沿八达岭高速公路昌平段一线的二拨子村、四拨子村等。

明代巩华城官兵日常操练场所在永安城（昌平城）南门外演武场，场地10顷，四周围环以短垣墙。内设将台1座，台上有演武厅，门外有监射厅，印房左右各3间。清朝时期巩华城官兵日常操练场所改在巩华城东门外北京半导体器件研究所东墙外。

分守公署：城内环绕行宫建有官兵营房500间，分守公署1座。明代分守公署建于行宫后门的沙河小学处。公署内种有槐树数十株，分守公署在明末被焚毁，清乾隆时期在此建圣文寺。

神机库：明代巩华城内建有储藏火器弹药的神机库，神机库初在巩华城西门内，清朝移于巩华城扶京门城楼上。

巩华城草场：明代在巩华城东门外。清朝移于柴禾市大街路北西二村旧大队部处。

奠靖所仓：明万历元年建，大门3间，内有持筹厅3间，官厅3间。东西南北仓厫房各数十间。设掌印千户官1员、吏目1员、大使1员。用于储存漕运至巩华城南门外的漕粮，供给明陵及居庸关一带明军官兵。奠靖仓建在巩华城北门内的仓门口大街，遗址在玉皇庙西街原沙河供销合作社东一村门市部即现在的沙河供销合作社家属区。奠靖仓地基高约3尺，地基取奠靖仓西面和东北面的黄土夯筑而成。现遗址西部的居民房地基仍低于地平面约50厘米。位于遗址东北面的勇坑也是建仓取土留下的坑。奠靖仓坐北朝南，四面以仓房围成正方形院落，院落西北角建有瞭望楼1座。奠靖仓仓墙厚度是1.3米，仓内以廒为储存单位，每三间仓房为一廒，廒门挂匾额，标明某位某号，面宽23米，进深为17米，高约7.5米，廒架基本使用独棵原木，直径在30—60厘米。廒砖来于山东临清特制砖，一块砖重量约为25千克，瓦为山西特制，一块瓦重量均为12千克，廒仓地面铺搭椿树木板做为防潮防虫设施。奠靖仓储存粮食的功能一直沿袭到1948年解放前。清朝时是昌平义仓，民国时是昌平粮仓，一直作为"官地"延续下来。直到1958年左右划拨给昌平商业局。

十三陵回料厂：设在沙河奠靖仓，储陵工旧料。

二、清代巩华城军民官署建制

清顺治元年，清廷定直隶官兵经制。设直隶巡抚。标兵分左右两营，游击以下8人。设拱极城等17处参将，山永等营游击，巩华城等处守备都司，分领各营兵。后裁直隶巡抚，设直隶总督。直隶总督统辖督标4营，节制1提督7总兵，兼辖保定城守、热河喀喇沁、吉林、奉天捕盗、永定河，运河等营。直隶古北口提督统辖提标4营，节制7镇，兼辖河屯1协，三屯等营，包括昌平营、巩华营、居庸路、怀柔路等处。巩华营受昌平营存城参将管辖，昌平营兼辖居庸路、巩华营、怀柔路、汤泉营四路军马。

清顺治元年巩华城设守备官1员，顺治六年裁守备改设操守，顺治十年复设守备1员，把总1员。康熙三十六年，移黄花路都司带千总，把总各1员移驻巩华城，巩华城守备移驻黄花路。嘉庆十六年，以巩华城额外外委驻守白羊城。咸丰八年十一月新设直隶天津海口前右营游击1员，以葛沽营游击改驻。前左营都司1员，以巩华城都司改驻。同治年间复又改为守备官。

设存城守备1员、中军把总1员、经制外委1员、分防前屯汛把总1员、北旺汛经制外委一员。

每岁俸饷、马草粮米等折银4665两9钱9分3厘9毫9丝6忽。

兵额：巩华城马步守兵原额为1077名，历经裁减至康熙朝末年为165名，光绪朝为144名。

马额：巩华营原额为马68匹，历经裁减至康熙朝末年为43匹，光绪朝为30匹。

军器：三眼枪328杆、长枪34杆、快枪284杆、鸟枪20门、大炮12位、明光炮大小55位、神威炮4位、决胜炮37位、勇珠炮67位、炸炮罐200个、火罐2000个、铁子30371斛筒、铅子226斛、火药8360斛。

光绪朝巩华城有子母炮1位，炮手守兵6名，鸟枪88杆，鸟枪步兵15名，守兵73名。

存城守备官为正五品，次于都司，分领营兵，掌营务粮饷。官兵日常操练在巩华城东门外东北教场。

防守汛地：头拨、二拨、三拨、四拨、树村、北望村、南安河村、燕丹村、八家营屯、曹家新庄、苏家坨。以上汛地各有兵丁防护，炮各3座。

驻防疆界：巩华城守备驻巩华城内。管辖地方：东至沙子营止四十里，接顺义营界。西至三岔涧止六十里，接拱极营界。南至清河止三十里接京营界。北至朝宗桥止一里，接昌平营界，东西距一百里，南北距三十里。

巩华城守备：康熙二十年巩华城守备李华请守皇后陵寝，获得康熙同意并嘉奖。

清巩华营都司：

张誉(1663－1743)：字叉张，泰兴人。康熙申子科武举人，乙丑科联捷武进士。历任陕西潼关营中军守备直隶巩华营都司，陕西潼关营参将，钦加副将衔诰授怀远将军。

马麟：雍正年间任巩华营都司。雍正评价其"好汉子，糊涂些"。

杜恺：雍正四年任，以纵兵扰民被革职。

色克图：镶白旗满洲卓布逊佐领下人，鸟枪护军出师金川，打仗受伤补放骁骑校，授巩华城都司，嘉庆元年正月初九日到任。

雍正五年七月二十二日，兵部奉旨巩华城都司员缺，山东抚标右营守备员缺俱交与怡亲王于汉侍卫内拣选引见。

七十：乾隆二十七年任巩华城都司。

奇斌保：道光四年因嗜酒被参革都司。

清朝巩华城守备署衙门

设于城内西南角城隍庙西侧，守备衙门坐北朝南，大门面阔三间，大门东西两侧各有牌坊一座，门南侧有影壁墙一座。衙门内西南侧有关帝庙一座。守备署遗址在沙河医院东半部沙河医院家属楼区，于清末1900年遭八国联军烧毁（见附图七）。

顺天府北路捕盗营

康熙二十七年设，驻巩华城，属顺天府北路同知管辖。设千总1员、把总1员、外委1员、额外外委3员。马兵60名、步战兵20名、守兵二十名。

每岁俸饷：粮草、米等折银3400余两。

军器：抬枪4杆、鸟枪137杆，每月共用火药395斤4两8钱5分、铅丸117斤13两五分、火绳2507丈7尺，每月共销价银41两5分5厘。

康熙二十六年，顺天府在北京城周边设东、南、西、北四路同知厅，专辖捕盗治安事务。康熙二十五年二月，授于成龙直隶巡抚。入对，上问："治畿辅利弊应并革者宜何先"？成龙对："弥盗为先"。又疏言："燕山六卫所辖辽阔，与州县不相统属，盗发上责汛并捕治，而卫官置不问，请以卫地属所近州县同编保甲，并於通州、卢沟桥、黄村、沙河各设捕盗同知，守备以下分汛、墩、台及旗下庄屯，悉归稽查。"并下部议行。

西路厅：领涿州及大兴、宛平、良乡、房山4县。

东路厅：领通州、蓟州及三河、武清、宝坻、宁河、香河5县。

南路厅：领霸州及保定、文安、大城、固安、永清、东安6县。

北路厅：领昌平州及顺义、怀柔、密云、平谷4县。

附：顺天府领县：

大兴县：冲繁疲难，倚郭（府东偏），刑狱隶西路厅。南路厅驻黄村；

县丞驻礼贤庄。

宛平县：冲繁疲难，倚郭（府西偏），刑狱隶西路厅。西路厅驻芦沟桥；县丞驻门头沟。

良乡县：冲繁难，刑狱隶西路厅。县丞驻赵村。

固安县：繁难，刑狱隶南路厅。

永清县：简，刑狱隶南路厅。

东安县：简，刑狱隶南路厅。

香河县：简，刑狱隶东路厅。

通州：冲繁疲难，刑狱隶东路厅。东路厅驻州；州判驻漷县。

三河县：冲繁难，刑狱隶东路厅。明属通州，雍正三年（1725）直属府。

武清县：冲繁疲，刑狱隶东路厅。明属通州，雍正三年（1725）改属天津直隶州，四年（1726）改属府。

宝坻县：繁疲难，刑狱隶东路厅。明属通州，雍正三年（1725）直属府。

宁河县：繁难，刑狱隶东路厅。明梁城千户所（在宝坻县），雍正九年（1731）改置县。天津河捕通判驻卢台镇。

昌平州：冲繁难，刑狱隶北路厅。北路厅驻巩华城。

顺义县：冲难，刑狱隶北路厅。明属昌平州，雍正三年（1725）直属府。

密云县：冲繁难，刑狱隶北路厅。明属昌平州，雍正三年（1725）直属府。

怀柔县：冲繁，刑狱隶北路厅。明属昌平州，雍正三年（1725）直属府。

涿州：冲繁难，刑狱隶西路厅。

房山县：繁难，刑狱隶西路厅。明属涿州，雍正三年（1725）直属府。

霸州：冲繁，刑狱隶南路厅。

文安县：繁难，刑狱隶南路厅。明属霸州，雍正三年（1725）直属府。

大城县：繁难，刑狱隶南路厅。明属霸州，雍正三年（1725）直属府。

保定县：简，刑狱隶南路厅。明属霸州，雍正三年（1725）直属府。

蓟州：冲繁，刑狱隶东路厅。

平谷县：简，刑狱隶北路厅。明属蓟州，雍正三年（1725）直属府。

漷县：明属通州，顺治十六年（1659）省入通州。

顺天府北路捕盗同知

沙河地方百姓称之为"二府"（大府指京师顺天府尹），驻巩华城，管辖昌平州、顺义、怀柔、密云、平谷四县一州。乾隆十九年（1754）议准四路同知兼管各州县钱粮，并且明确"四路同知既经管理该州县钱粮事务，则与知府、直隶州体制无异"。乾隆二十四年又定各州县刑名案件亦归四路同知审转，同知的捕盗职责上又加有刑钱职责，以后四路同知的职掌又增水利、营汛等事务。这样，四路厅的体制健全，具备了外省府一级政权的规格。并定四路厅关防印信为"刑钱捕盗同知"西路厅同知并兼稽查永定河水利，其关防加"水利"二字。官阶为正五品。各四路厅下设典吏2人，司狱1名，协助同知办事。

顺天府北路同知官印（1904）印文为"顺天府北路刑钱捕盗同知之关防"。十四字长方朱文宽边印。边款为："顺天府北路刑钱捕盗同知之关防。礼部造，光绪三十年四月□日。光字一千八百二十四号"。铜质印，杙钮。印文汉文与满文并列。印面积长5.9cm×宽8.7cm。

巩华城北路厅同知署：

沙河地方简称"二府衙门"，位于沙河行宫西南，沙河城隍庙之东，南庄子街东口。今皇城根大街街南口路东侧的阳光幼儿园北墙位置既为原北路同知署南墙遗址，同知署东墙外数十步即是行宫南侧的牌楼遗址。北路同知署在清道光和同治年间三次修葺，为时任道光十二年至道光二十九年北路同知黄之润、刘遵海二人和同治十一年至光绪四年任北路同知郑沂所修。同知署在1900年被八国联军中的俄军焚毁后迁址于城内司狱衙门办公。直至清亡再也无力修复。故址被当地村民开垦成菜园直到20世纪80年代初期建为民房。

巩华城北路厅同知署，沙河城隍庙，巩华城守备署同处一条平行线上。位于巩华城西南侧（见附图八）。

巩华城北路厅司狱署

负责接转昌平州、顺义、怀柔、密云、平谷四县一州地方刑名案件到京城的顺天府衙门。在光绪二年由时任司狱满洲正白旗戴继恩所修葺。狱署设于巩华城东门大街路北葡萄园胡同南口路西，沙河镇东一村居民委员会院即是其遗址。设司狱1名，司狱为从九品官阶。有司狱署及监房、狱神庙等。司狱署在1900年八国联军入侵北京时被八国联军抢砸。后略加重修，北路同知衙门搬迁至此办公。司狱监狱迁到巩华城西门瓮城内，直到清亡。司狱署后被拆毁，只剩下残砖碎瓦。解放后被清理成为东一村场院，后在此建房为幼儿园，再后成为东一村居民委员会（见附图十）。

巩华城北路厅同知每年俸银80两，养廉银1000两。门子2名，每名岁支工食银6两，皂隶12名，每名岁支工食银6两。北路同知驻沙河巩华城管辖昌平1州、顺义、密云、平谷、怀柔4县，并镇边路各项民卫等地2874顷零52亩，人丁823565丁，共滋生人丁4525丁，钦奉恩诏永不加赋，此为乾隆三十六年以前所订。

内务府武备院沙河毡作

康熙年间，设于沙河行宫内，制作供皇家及军队使用的毡子。武备院有南鞍、北鞍、甲、毡四库。毡库掌弓箭、靴鞋、毡片、鹊头作、毡作、沙河毡作、帽作、杂活作。沙河毡作原设八品催总（后改名司匠）1员、笔帖式2员、库守、领催各3名、内务府三旗汉军毡匠100名、管理三旗银两庄头处投充汉人毡匠200名。此后员役时有增裁，迨光绪年间额设八品司匠、副司匠各1人、笔帖式2人、库守3人、领催2人、内三旗汉军毡匠112人、投充汉人毡匠118人。其匠役均在沙河居住，世世为业。

按照内务府职官俱由正黄、镶黄、正白等上三旗人员补授的原则，内务府各司、院、处役用的匠役，主要亦规定应从上三旗人丁内拣补，只有某些更具有专业技术性质，而在上三旗内又缺乏现成人才的，才从其他途径征募。

从上三旗佐领内挑选的匠役，多为一些充当传统性而又侧重于军事或准军事手工业的额缺。在光绪《大清会典事例》卷1176，《内务府·升除》便载有不少规定，例如："司礮缺，于上三旗亲军、内务府护军及散司礮领催厩丁、牧丁内遴选"，"弓匠缺，于该旗满洲旗下人内拣选充补"，"鸣镝匠缺，于内务府三旗马甲闲散壮丁内拣选充补"；"沙河毡匠缺，于该毡匠子弟内拔补，其余各项匠役缺，均行该旗于闲散壮丁内选补"。其所以有如此严格的规定，一是为了确保内务府职司皇室家务的性质。二亦是为了给上三旗闲散壮丁、养育兵人等吃钱粮，应差役的机会，这在当时旗人生计困蹶中是被视为难得的。三则是沿袭着中国古代手工业技术由家族世代相传承的传统，匠役家庭的子弟会更易于继承操作经验，更易于上手工作。故此，从这一类拣选方式充当内务府匠役的人数最多。这一类服役性旗匠的待遇，康熙二十五年（1686）即有规定，"有特等精巧者，给食银二两，次等精巧者一两五钱"，显然带有奖勤罚懒，鼓励钻研技术的目的。乾隆五年（1740）又规定，对挑选各作的学徒们，"一年者为学手，二年为半工，三年为整工。如有三年后不能造作，即革除。有特等精巧者，奏明加增钱粮"。服役性旗匠亦具有升迁的阶梯。康熙二十一年（1682）规定，武备院的弓匠固山达、箭作、铁作、毡作催总（乾隆二十四年均改称为司匠），均叙官为八品，账房头目定为七品；其后，因增设了盔头作、皮作、熟皮作，此数作的催总亦定为八品。这些催总（司匠）的职缺又是怎样补充而来的呢？大多是从一般匠役中挑选、逐步升补而来的。康熙时期的弓匠固山达，乾隆时期改名为司弓，账房头目改名为司幄，司弓和司幄都属于司匠的一种。从这两个官职的升补顺序，就可以看到其他各作匠役大体相同的升迁阶梯。可见匠役是有着可以逐步升迁途径的，但这条途径却是十分狭窄的。因为一个作坊之内拥有的匠役往往有数十人甚至数百人，而编制中的司匠（司弓、司幄等同），一般只有1人或最多3人，要凭本事上升为司匠，并非容易的事，而且，司匠一职已经成为匠役晋升的极限。

在清末，由于工匠户籍制度改革，沙河官毡局内一些手艺好而又有管理经验的工匠开始离开毡作局，自己开办毡作房。沙河镇形成了崔、赵、刘、姜四大毡房，其中著名的有沙河镇的永茂毡局，永茂毡局制作的毡子选料精细，制作讲究，坚固耐用而著名，各地商家订货络绎不绝，称为清水毡子。

附：沙河清水毡子的简单制作工艺

沙河毡子制作方法采用湿毡法，就是整个制作过程中需要以水作为媒介。制作毡子的工具很简单，只需木弹杖、木棒和一张木（竹）帘。弹杖用来弹匀羊毛，木帘用来铺平羊毛，木棒用来擀毡片。而主要的工序全是脚踩手揉。工序看似简单，但制作起来十分繁琐吃力，制作一床1.5米宽的毡子，需要两个人忙上三天的时间。羊毛剪下来清洗干净后，用水先将羊毛入锅蒸煮，然后用弹杖弹毛，把羊毛弹细致均匀成絮状，将羊毛絮均匀地铺在木帘子上，用石碾压实毛絮，均匀洒水后将羊毛和帘子紧紧卷起。用脚蹬踩帘卷使毡毯平整，把羊毛加压成毛坯，把毛坯展开将四边均匀折回，并在毛边上加毛、压实、洒水、再把毡坯铺在门板上，2人或3人坐凳上用脚使劲蹬踩毡坯使其展开、卷紧，反复洒水洗涮。将成形的毛毡展开铺在帘子上，四边再洒水搓毛卷边定型。因其生产过程以木棒用力滚压毡坯，所以称制毡为"擀毡"。这种方法制作出来的毡子具有独特的防治风湿功能、冬暖夏凉和耐用功能，很受当时东北及蒙古地区的商户欢迎，货物往往供不应求，解放前沙河地区不少人家都开设毡房进行制毡。

沙河义仓：遗址在巩华城内奠靖仓，清乾隆十年建。清《义仓图》记载昌平州共有6处义仓。高丽营，沙河，阳坊，桃林，龙虎台，口头村。义仓是地方官府在辖区储备一定的粮食，用于救灾济贫。

清巩华城顺天府北路厅同知部分职官：

康熙、雍正年间北路同知职官史料无载。

马彭年：祖籍江苏溧阳人，雍正丙午科举人，顺天北路同知。

乾隆二年，王者辅：字觐颜，号惺斋，天长北乡人。乾隆二年由固安县令升至北路同知，次年升宣化知府，在宣化任内主持修纂《宣化府志》，在任日期不详。历任于顺天北路同知，宣化府知府以及广东惠州府知府等官职。他为官清廉，体察民情，百姓倍爱之。不善于奉侍上官，刚正不阿，后被谪戍吉林，家被查抄，客死吉林。遗留下藏书有75柜之多。

乾隆十九年，额尔敏任北路同知。

乾隆二十四年，北路同知朱山因扑救蝗灾不力，被免职。

乾隆二十六年，王模，山东诸城人，监生。任直隶顺德府和宣化府通判。署南乐县，肥乡县知县，沧州和延庆州知州。升顺天府北路同知，署永平顺德府知府，有家传事绩载县志列传。

乾隆三十六年，谢洪恩，安徽歙人，贡生。

乾隆四十六年，张在，山西榆次人，举人，由候补同知调署北路同知。

乾隆年四十六年，于时兆，字子应，浙江金坛人任顺天府北路同知。

李化楠，字廷节，号石亭，四川罗江人，乾隆壬戌进士。所著《石亭诗集》、《醒园录》曾任北路同知，在任日期不详。

嘉庆十年，潘仁，浙江杭州仁和县人，十一年八月丁忧去职。

嘉庆十八年，北路同知江德沛因渎职被免。

道光十二年，黄之澜二月迁自宝坻知县，十五年修署，二十一年七月去职。

道光二十一年，严耿，七月由顺天粮马通判署，十二月去职。

刘遵海，河南祥符人，壬午进士，迁自遵化知州，十二月任，二十九年五月去职，任内葺署。

道光二十九年，刘休直，由霸州知州调昌平知州，五月兼署，七月去职。

范梁，八月迁自大兴知县，咸丰四年七月丁忧去职。

咸丰四年，梁鸿恩，闰七月由怀柔知县署北路同知，宛平知县兼署北路同知、寻迁南路同知。

吴中顺，闰七月由蓟州知州署，五年三月去职。

咸丰五年，吕圻，历怀柔、密云、昌平地方官，西路同知，三月任，五年十一月去职。

同治六年，陶彦寿，十二月署，十一年三月去职。

同治八年，邓锡恩，十一月由通州知州署、十年五月卒。

同治十年，彭瑞麟，正月由昌平知州兼护，二月去职。

陶彦寿，二月署，十一年二月去职。

同治十一年，彭瑞麟，二月复由昌平知州兼护，三月离职。

郑沂，三月迁自大兴知县，十二年葺署，光绪四年五月去职。

殷谦　字吉六，一字受益。同治七年（1868年）戊辰科进士，三甲三十六名授顺天北路同知，在任日期不详。

光绪四年，张邦庆，山东阳谷人、廪贡生，五月由候补同知署，七月去职。

郑沂，七月回任、七年四月去职。

光绪七年，张邦庆，四月再署。

光绪八年，陈象瀛，山东荣成人，监生，迁自粮马通判。

光绪十七年，蔡寿臻：号鹤君。桐乡人。光绪年间官霸州知州，顺天府北路同知，顺天府治中。保荐循良，传旨嘉奖京察一等。善诗文，勤著述。著有《艮居文存》、《艮居诗括》、《艮居词选》、《虚受斋日录》等。

光绪十八年，赖永恭任，四川华阳举人。

光绪二十二年，沈宗暮任，浙江钱塘进士。

光绪二十八年，吴国桢任，江苏吴县监生。

光绪三十一年，郭以保任，浙江萧山监生。

光绪三十三年~宣统三年，郑沛溶任，浙江萧山监生。

顺天府北路厅司狱部分职官

乾隆、嘉庆、道光年间北路司狱职官史料无载。

乾隆三十七年，贾悦，山西汾阳人。

咸丰五年，朱咸章，云南通海人，三月任，六月去职。

　　　　宫家凤，安徽怀远人，六月任，同治元年正月去职。

同治元年，潘泳惠，浙江德清人，四月署，十月署南路司狱。

　　　　钱椿，浙江山阴人，正月署，二月去职。

　　　　蒋文海，奉天承德人，二月任，六月去职。

　　　　孙诸，浙江会稽人，吏员，六月任，四年六月去职。

同治四年，任邦俊，江西南昌人，四月署，七年五月去职。

同治七年，刘铖，湖北江夏人，五月署，九月去职。

　　　　袁寿芝，山东历城人，九月任，十月去职。

　　　　刘铖，十月复署，八年十一月去职。

同治八年，徐上云，四川成都人，十一月任，十一年八月去职。

同治十一年，翁步洲，浙江萧山人，八月署，十二年二月去职。

同治十二年，徐上云，二月回任，十二月去职。

　　　　　洪恩福，十二月任，十三年四月去职。

同治十三年，王汝衡，浙江山阴人，四月任，光绪元年二月去职。

光绪元年，戴继恩，满洲正白旗，二月任，四年三月去职，任内茸署。

光绪四年，郑沂，三月由同知兼摄。

　　　　翁步洲，四月署，五年四月去职。

光绪五年，姚诗道，安徽桐城人，四月任，九月去，十二月回任六年
六月去职。

　　　　冯可珍，浙江慈谿人，九月署，十二月去职。

光绪六年，张起鹏，浙江山阴人，六月署，十月去职。

　　　　王恩爵，安徽桐城人，十月任，七年五月去职。

光绪七年，张凤翥，安徽桐城人，五月任，十月去职。

　　　　潘永惠，十月再署，十二月卒。

张邦庆，十二月由同知兼摄。

光绪八年，王恩爵，正月回任。

光绪九年，胡文耆，浙江上虞人，监生。

顺天府北路初级师范学堂

光绪三十一年（1905），顺天府东、南、西三路中学堂和北路初级师范学堂相继创办，顺天府四路学堂创始是顺天府尹陈璧（1901–1903在职）的提议。所需经费由各属契税下酌加五成，专备四路学堂之用。东路中学堂设于通州城，南路设于大兴黄村，每年所需款项均6000两，西路中学堂设于卢沟桥拱极城内，每年款项需3000两。1907年北路初级师范学堂设于巩华城内圣文寺（沙河文庙），款项仅筹积1000余两，已另推派各属地每年3000两，办理初级师范学堂。

宣统元年二月二十五日学部《学部官报》记载：查顺天四路学堂创始于前府尹臣陈璧议。由各属契税项下酌加五成，专备四路学堂之用。东路设于通州城内，南路设于大兴县属黄村，每年款项均约六千两。西路设于卢沟桥，每年款项三千两。北路款项仅一千余两，已另摊派各属每年三千两，办理初级师范学堂。而东、西、南三路中学，自开办以来，或三年或二年，议者谓人数太少，程度不齐，遂有主归并中学、添设师范之说。顺天府尹凌福彭到任后，札饬二十四属各举绅士定期会议。开议之时，主归并者十有四人，不归并者十人。遂定于京师另立中学一所，现在三中学之学生、经费概行归并。而不主归并之说者，咸不免啧有烦言。此御史张世培所以有破坏学务、淆乱定章之奏也。……臣等公同商议，……似应照该府尹原议，先在京师设立一所，分选各属合格学生入堂肄业。查从前顺天府宛平小学堂校舍甚为宏敞，现在该堂移设外城，其原有校舍拟作为顺属中学堂；其现办之东、西、南三路中学堂学生并于此校肄业，北路学生有合格者亦酌量选择收录，以昭平允。……上年，顺天高等学堂经顺天府派员整顿，每年可省一万余两。若以此款撙节动支，当可敷用。如有不足之处，拟请由顺天府会商直隶提学使司设法筹拨应用。……查顺天府咨送各属绅士会议案内，本有筹办完全师范学堂、农业学堂二议。据臣部查学司员禀称：东、南两路校舍甚大，西路学堂系将永定河道行辕、大王庙两处归并改设，讲堂尚为合式，体操场、学生寝室均应整理。且东路附设之简易师范生极守规矩，专心向学，已立师范之基。南路学堂附近地亩，便于农学实验，尤合农业学堂之用。西路规模粗具，略加葺治，亦可敷用。拟请将东路学堂改为初级师范学堂，南路学堂改为中等农业学堂，西路学堂改为初级师范学堂，北路已办初级师范学堂，自无庸再议更张。至改办学堂经费，东、南两路以原有经费核实支用，当无不足。惟西路经费较绌，应否仿照北路各州县摊款办法，以资补助之处，应由顺天府会商直隶提学使，督同绅士核议办理"。

第七章　巩华城的漕运开发

沙河（温榆河）漕运在历史上发挥了重大作用，这是由于沙河本身的地理位置所决定的，温榆河是北京最早开发的一条河，它在历史上有四种功用：一是开渠灌田；二是漕运军粮；三是沟通塞内外各民族的往来；四是为京城提供城市用水。温榆河这种历史作用的发挥有着一个发展的过程，最早是运输粮饷，因为这条河位于北京的北部及东南部，流域面积广大。

《后汉书·王霸传》"汉建武十三年（公元37）王霸数上书言宜与匈奴结和亲，又陈委输可从温水漕，以省陆输之劳，事宜施行"。温水即今温榆河。东汉初期，漕运军饷粮船从潞河装载起航，沿温榆河溯流而上，运至昌平，然后转为陆运，经南口，出居庸关，西行约60公里，直达沮阳城（今河北省怀来县）。或用牛、驴驮运，穿越山谷，运往宣化、大同等地。这是温榆河漕运最早的历史记录。北魏、隋、唐历代都设有河北转运使统领温榆河漕运事。自辽金定鼎燕京以来，居庸关则为"北平之咽喉"，与紫荆关、倒马关合称"内三关"，分列重戍。元、明、清三代均于此关设"重兵"，于南口、北口各置"千户所"，总称"军屯"。为了漕运军粮，元代大力开发温榆河水利资源，相继开通数条"漕渠"。元代时昌平地区成为京北交通要道，北京西北的居庸关驻有大量的元军，为运输军粮，元至元元年（1264）元廷派兵疏通昌平双塔河漕渠，双塔河是温榆河（沙河）上游河道，源出昌平孟村（亭子庄村附近）一亩泉，经双塔店向东，至昌平丰善村南入温榆河。双塔漕渠开通后，元廷设有专管负责运输的人员，至元三十年，因建通惠河，将沿线泉水、河流，包括孟村一亩泉在内，都截入通惠河，双塔漕运因河水浅而停止。

明永乐年间，昌平天寿山定为皇陵寝地之后，建陵所需的砖、石、木料即由通州溯温榆河而上，经沙河转北沿东沙河运抵东山口内的工部厂。隆庆六年（1572），蓟辽总督刘应节，顺天巡抚杨兆等奏请派遣官兵三千名，疏通巩华城南门外安济桥至通州渡口的河道，全长一百四十五里，以运长陵等入卫官兵每月所需的四万石军粮。万历元年二月（1573年）因沙河水浅，行船稍滞，明廷再次派遣昌平兵备佥事张廷弼主持疏浚河道。并在沙子营引来清河之水，注入温榆河加大河流水量，使舟船运行通畅，与此同时，在巩华城南门（扶京门）外东南角修筑了一条长约500米的临河泊岸，俱以花岗石砌成。作为卸运军粮的码头，在巩华城北门内（展思门）的奠靖仓内增建了上百座粮仓。到了万历二年岁末，工程告竣。这样，自通州渡口至巩华城的漕运畅通起来，满载南方的粮食和修建皇陵所需工料到此停泊，卸下的物资用车辆从巩华城东门（镇辽门）送入城内奠靖仓再陆续转到明陵。同时民户商船也可沿温榆河直驶安济桥下进行南北货物贸易交流。明蒋一揆《长安客话》称："沙河东注与潞河合，每雨集水泛，商船往往从潞河直抵安济桥下贸易，士人便之"。

附1：明总督侍郎刘应节议昌镇漕河并请增本色粮饷疏（隆庆六年）

据昌平兵备道张廷弼呈据，长陵等卫指挥等官张熙等呈称，长陵等八卫赴京关粮不便。及查得昌平南二十里巩华城外原有旧河，挑浚通运无碍等因，到道委官踏勘书图前来。本道会同杨总兵亲自乘船由本河逐一验看，得自巩华城安济桥起至通州渡口止长一百四十五里。内水深浅成漕可以行舟者约一百余里，支流散漫沙浅难行者二三十里，若帮筑堤岸收其散漫沙浅者量加挑深即可疏通。合无查照顺义开河事例，趁时修浚及查军门咨行户部，准将秋防三个月折色照旧折支，止将四营九个月并八卫别项官军全数扣算漕粮，由通州径运至巩华奠靖仓收储，就近按月开支等因备呈到臣。据此该臣会同巡抚杨兆议照昌平一镇顷缘承平无事，行令官军赴京关粮久无别议，继后虏警频仍，边备空虚，乃分路置兵各有信地，是护陵之军悉为防边之士矣。而各该月粮，止改拨四月其余仍赴京关支。夫营夫卫所两不相照，则有被此影射之奸，重开冒破之类。陵路驮载暑雨淫浸，则有雇夫转输之难，沤烂红腐之患。且边军赴京往返数百里动经旬余日，末免于边务相妨。屡经建议移粮就军，但因水运之不通，挖运之多费，因循至今，竟成废阁。今据昌平道会同总兵亲踏河道，称为可行，合无准如所议，将前河稍为修浚，以通粮运四营军粮。除秋防三个月折色出自情愿，止将九个月并入卫，别项官军本色月粮全数扣算，并额运漕粮四万石，俱由通州运至巩华城奠靖仓收储，就近按月关支。其挑河夫役则暂借永巩二营并奠靖所军人之力。应添仓廒，应买椿木并一应犒赏等项，则取给于节省脚价银八千两内当年动支一半以佐创始之费。以后修河看仓等役，但仅奠靖见在军人六百余名，不必再烦各营官军及以后浚河，修仓等费，但留节省银八分之一，亦自足用，不必再动别项钱粮。至于应设官攒应造船只一切末尽事宜俱候事定之日，别议举行。

附2：总督侍郎刘应节请改昌密漕运疏（万历元年）（节选昌平漕运内容）

据密云道兵备王一鹗呈，又据昌平兵备道张廷弼呈，会行管粮郎中申嘉瑞，员外郎王好学各将二镇每年起剥新旧漕粮事宜从长酌处，照知前事各缘由呈报到臣。据此案照前事，该臣案开密云镇每岁新议加拨并旧额漕粮共一十五万四千八百一十石八斗，昌平镇每岁新议该拨并旧额漕粮共一十八万九千二百七十二石五斗。专备各镇主客兵马本色支用。就经备行会同计处去后，今据前因，臣会同巡抚杨兆议昌平漕粮旧止陆运四万石，今增粮十四万九千余石，由通州水次直抵奠靖仓，则自万历元年始。密云漕粮旧改拨一十万石，水运至牛栏山止，今增粮五万径抵镇城亦自万历元年始，两镇运事今已报竣。臣窃见昌平之运事有三利，密云之运事有三便，而脚价节省不已焉。何谓三利？诸陵额军不下二万，今实在不及一万，而各卫所造粮开除不及数千，是每月冒粮无虚三五千石。今运粮在边，造粮在营，按兵计饷，冒滥自少，岁可省太仓数万之储，一利也。往时防边军士籍口赴京关粮，动旷旬日，边境一空。今分审支领，勒限往还，防守有赖，二利也。军士领粮到手路远则难运，轻则价贱，今就近关支米皆近数，三利也。

一议粮船；据昌平道兵备张廷弼呈称，遵依会同员外郎王好学，议得昌镇漕粮岁拨一十八万九千二百七十二石五斗。奉到部檄造船二百只，委为不多，但前项船只卒难尽完，来岁仍当暂拘民船接济，候造船完日止。可拘拿民船二百只，共成四百。每只约装粮四十石，共装粮一万六千石。大约每十日可完一运，每月三运，四个月可以竣事。等因据此，臣等看得该司道议呈，昌镇运船要比密云船只每船计银二十六两，共该银五千二百两。就于户部当年节省路运脚价内动支，及称前项船只卒难造完，来岁仍当拘集民船接济，候造完日，止拘民船二百只亦自足用各一节事颇相应。合无敕下户部照数给银打造，完日将造过船只用过银数造册送部查考。

一议河道；据昌平道兵备张廷弼呈称，遵依会议得安济桥迤东地名三岔口等处，有淤沙二十余里及查奠靖所城操军六百名，先经呈免分为两班，下班者守城看仓，上班者浚河拽船，似已可行。其雇募民船水手各备有扒沙器具亦愿自行。但每粮一石，原给脚价五分，若量加一分，听其随到随扒。一船行则余船皆行。如遇天旱水涸淤沙阻塞，水手力难自扒，则仍令奠靖军人六百并力协修，此今岁已试之明效也。再照今年河道创开船只未备，仅以四月而运完似不为迟等因到臣。窃谓河道之议期于通运而已。今岁改拨漕粮二十万止，以民船数百只运夫数百名不逾数月粮运尽完，创始若此则永终。可知一切筑坝建关之说似不必行。合无准如司道所议，将雇觅民船水手每粮一石，量加脚价一分，共银六分，听其随淤随浚，随浚随行。若天旱水涸，督令奠靖军人并力协修，工不自多，且春时微有阻滞而夏秋大雨时行之日，河道自通，无庸人力为矣。

一议船户：据昌平道兵备张廷弼呈称，遵依会议得合用官民船四百只，除两船已有撑驾人夫外，其应造官船二百只，每只必用驾运五人。若通用军夫则撑驾不惯，责成尤难。似当于通济等处招募惯熟水手，每五人每石亦照民船给以脚价，正量减一分。如其招募不足，量以长陵等卫杂差军内拨补相兼应用，此又随宜通变之术。等因据此，臣等看得该道所议撑驾人夫一节，似亦相宜。但前项脚价给之拘拿民船不得已领受，若以此给之招募之人则应召者寡矣。每船雇觅水手两名事或可就，若取盈于千人之数则难矣。合无将官船二百只，每船容令雇募水手两人，就将奠靖所军人六百名每船拨发三人，如每石脚价银五分，即以三分令水手二人均领之，其余二分令军士三人均分之。其赁船之值不必扣减，就令自备器具以备扒沙之用。原议各军浚河行粮亦不必给。则水手慕利不令自从。军士沾惠，虽劳不怨矣。

又据昌平道兵备张廷弼呈称，遵依行户部员外郎王好学手本开称，查得万历二年主客兵粮草已蒙部堂发银二万两。照依上年规，本部计派共该买米一万四千石，豆九千七百石，草一十万六千束。见行给商召买外，其主兵该用米五万六千余石。查得居庸、奠靖等仓见有漕粮并事例加纳久置买漕粮余米等项共五万七千余石，已足支用。但转运各仓多费脚价，各照旧例于官军下边无事之月以军就食，该赴附近仓口支给余月。虽该转运但镇边、横岭、黄花、渤海等仓俱山路崎岖，虽有辎重车骡亦恐难行，各自有商人合量给脚价，行令起运事体亦便。及奠靖仓储有漕粮尖耗米共八千五百九十七石九斗四升，仍加意调停，似足脚价支用等因，比按照先为前事，该臣等通行查议去后，今据前因看得密云转运边仓脚价无从措处，要将新拨漕粮五万石改坐兑，运收其尖耗以便转运，如仍不敷，就于额粮支剩内处给。昌平主客兵粮俱以足用，但将无事月份以军就食。其镇边等仓招商转运。此以旧行事规并阅视衙门新议相合。但一转移通变之间，即可免窘束窒碍之患，既经司道衙门会议前来相应依拟。

一议领运：又据昌平道兵备张廷弼呈，会议得昌镇漕粮数多，挽运事宜颇为繁重，若止坐委把总一员为属难行。相应查照漕运事例添设。钦依！把总一员驻扎巩华城，带管奠靖所印务，统领官民船只及奠靖所军士。一应起剥牵挽挑浚防护，并修仓守城等项事宜皆其专责。但事在创始，必须得人。查得长陵卫千户顾尚义才识通敏，堪充兹任。及照督运既有专官则部司可以免委。如仍用部官尤须慎选熟知地理及又在边任者。查得本道所属顺义县知县曹维新操守既端，才亦优敏，建仓修河各已底绩，水势地利皆为熟知，且本官历俸已深，屡经荐举，似宜量升户部主事专责密昌漕运，而两镇之边饷有赖矣！

附3：总督右都御史刘应节改河漕以济边储疏（万历六年）

据昌平兵备马时泰呈蒙臣批，据户部主事曹维新议呈，昌镇漕粮加拨共一十八万九千二百七十二石。自沙子营路运至巩华城有五便等因。蒙批仰昌平道会同议处不必拘泥成案报缘。蒙此遵依会同管粮主事孙佰、督运主事曹维新、总兵官杨四畏各亲诣沿河细加看，议得曹主事议欲比照密镇漕运至牛栏山倒载事例，于沙子营起旱似属可行。但查起旱一节，囤积旷野不免责人看守。今议杨总兵添拨军夫二千名，委官于汤山三岔口，堵截支流，收其散漫。管粮衙门查处芦席，本道添买椿板。俾令水势归漕头拨粮船二百五十六只，已到巩华城交卸俱回，则起旱之议，似宜暂停。今所当亟疏者惟粮多船少，剥运不及，惟后暂照曹主事所议于沙子营起旱。本部院再加裁酌等因备呈到臣，据此案照前事，先据督运曹主事呈，前事已经批仰会勘议报去后。今据前因臣会同巡抚杨兆议照运河自通州至沙子营河道疏通，船行无滞。自沙子营至三岔口间多淤沙阻浅，上年春旱水浅仅四月运粮二十万石未尝后期。则人力繁多,又拘集民船千余只足以济用。故也今年所拨之粮见在,买造官船不满三百不敷应用,委难济事。相应酌处查得密云镇漕运事规,在隆庆六年以前皆自通州水运至牛栏山卸载,复自牛栏山陆运至密云县上仓至万历元年。缘潮白二河相交水路通行无碍,始议牛栏山至密云皆从水运。据此要自通州至沙子营仍从水运,自沙子营至巩华城姑从陆运,议与牛栏山起旱事体相合。而水运居多,陆运无几,较之牛栏山起旱事体尤便,且不出旧日陆运四万石之脚价足以济。今日水陆并运二十万石之漕粮船不必再造,河不必再挑,民间免拏船之扰,营中省浚河之劳,军沾实惠,边有当守,诚为便计。至谓水涸则从今议,水盛仍从原议,尤得审时达势,随机应变之良法,伏乞敕下该部再加查酌,上请定夺通行各官遵照施行。

在明代,漕运的船只有海船和河船两种。河船用于河运,河运使用的是一种四百料浅船。浅船底平仓浅,底平则入水不深,仓浅则负载不满,很适合于自然河道和人工河渠的运输。四百料浅船最大装载量按规定为四百石,在实际运输中,往往超出四百石,有时可达到六七百石,明史漕运中记载"浅船"过越洪闸,涉历江河最为轻便。四百料浅船每船配备10名军兵负责押运。南方的漕运粮船到达北京通州后再由剥船或泓船将粮食物资运往京城或昌平、密云等地。泓船和剥船也是浅船的一种,但比浅船体积小,载重量也比浅船低。这两类船只是官造民用,每10年或6年一造,由船户领用,船价逐年从船户的脚价中扣除。通州剥船长六丈,阔一丈二尺,每船配备船头1名,撑夫4名。漕运之船在载运粮食之外还载有明政府要求附加带运的物品。特别是城砖一项,每只漕船都要带运。明代在江苏仪真,山东临清等地都设有砖厂。由漕船带砖始于明天顺天间,初时每只船带砖40块,嘉靖年间,由于建设明陵的需要和大兴土木建设北京城外城,曾要求每只漕船带砖192块。沙河漕运兴起后,来往沙河的漕运船只十分众多,沙河当地的漕船有300多只,应急可用民船可达3000余只,这些漕船往返于通州、巩华城之间,每年可运粮二十万石转陆运至各关口和明十三陵。

《大明会典·京粮·边粮》载:

嘉靖三十七年,令长陵等陵卫军士于巩华城,另建仓廒岁拨漕,给散。

隆庆六年,昌平漕粮议定为十五万石,旧赴京仓关交。万历二年定议:

昌平诸军漕粮由通州水运，至沙子营陆运至巩华城上纳。各军就近关交共十五万石，运赴（巩华城）奠靖仓内，将十三万石放给各陵卫所官军月粮。

万历九年题准：奠靖仓原拨漕粮十五万石，内将两万石，改拨居庸仓（居庸关）收贮。转放居庸、黄花、横领三路官军月粮以免召商劳费。其搬运脚价，奠靖仓每石银四分，今每石加一分，共加银二百两，责令殷实商役领运。

巩华城漕运的兴起带动了沙河镇的发展，运粮的船工，搬运工和运输车辆的来往，使沙河人口急剧增多起来，众多人物都要在沙河休息，喝水、吃饭、购买生活物品，为沙河镇工商街的形成创造了有利条件。漕运需要大量人力来运输货物，为解决民工休息和居住问题，明廷于万历元年开始允许百姓在巩华城内居住生活。巩华城内遂形成了保存至今完整的几条主要街道：北门大街、秦清宫大街、柴禾市大街等，按照明制规定，城内主要大街宽度定为九丈九尺。

入清之后，由于巩华城和昌平地区不再驻有大量的军兵，巩华城漕运功能逐渐被商户民船运输商品货物所取代。清廷也不再疏浚河道。清代京北漕运是通过清河运输军粮给驻守圆明园的八旗护军、蓝靛厂的火器营和香山健锐营。清河镇建有储存漕粮的粮仓，仓名为本裕仓，在今清河镇东南一里的仓营村。清河大桥东侧建有停泊码头。清河水道是在康熙四十四年（1707年）开始疏浚，起于水磨闸，经沙子营入温榆河，至通州石坝，中建七闸，设闸夫120名。清河漕运在清同治年间停止。沙河水运由于河道年久淤塞，无人清理，加之沙河洪水迭发，特别是清光绪十二年（1886年）至十九年（1893年）七年间沙河堤岸相继被洪水冲毁，水道逐渐淤塞，码头塌落。沙河水运在光绪二十七年（1901年）彻底停航。

附：沙河水利年表

汉建武十三年（公元37），王霸疏浚温水（温榆河）河渠漕运粮食，以省陆路运输之劳。

金大定十年（1170），疏浚温榆河下游河段。

元至元元年（1264），疏凿从通州沿温榆河北上至北沙河一线水道，开通双塔河漕渠。

明隆庆六年（1572），疏通巩华城外安济桥至通州渡口河道。

明万历元年（1573），再次疏通温榆河道，并在沙子营引入清河入温榆河。

清康熙四十四年（1707），疏通清河河道，废温榆河漕运，温榆河道逐渐淤塞。

清光绪十二年至光绪十九年，沙河堤岸相继被洪水冲毁。

清光绪十六年，疏浚温榆河通昌平漕运。

光绪二十七年（1901），沙河水运停航。

民国十八年（1929），巩华城内积水数尺，城内外道路被淹。

民国二十八年（1939），连降暴雨，沙河两岸一片汪洋。

1959年10月至1960年6月，在南沙河修建上庄水库，以及在昌平区沙河镇小沙河村修建沙河水库。温榆河上游修建德胜口水库，王家园水库，桃峪口水库调控温榆河，南沙河、北沙河、东沙河水量，用以灌溉农田数万亩。水库滥建之后造成下游断流，河床淤积。

1959年11月，沙河拆除安济桥。

1963年夏，温榆河洪水冲毁沿河堤坝14处，决口长度为795米。

1980年以后，由于南北沙河上游截流建数座水库，加之沿岸环境污染严重，南北沙河淤积阻塞，水质恶化，鱼虾无存。

2000年以后，南北沙河河道截弯取直，清淤并重新培筑堤坝。

第八章 巩华城的桥

沙河南北石桥：

明朝永乐年以前，沙河上没有桥，往来皆需木船摆渡过河。自永乐年间定都北京，在昌平天寿山建造皇家陵寝之后，始在沙河上架设木桥。因河宽水深架桥所需木料甚多，架桥、修路等事项都由昌平县出工出料。经办官员唯恐夏季山洪倾泻，冲毁木桥，因此，每年都是秋季架桥，春末拆桥，夏季人来物往，仍靠木船摆渡。明正统十二年，昌平知县刘思义上奏朝廷，请建石桥。刘思义言："沙河等处，当天寿山及居庸关道。旧桥用木，每岁秋架春拆，徒劳民力，况圣驾谒陵，官军经行皆不便。乞如清河磐之以石，庶得坚久"。明正统十三年九月，明廷下诏，命工部右侍郎王永寿督工兴建南北沙河石桥。

石桥竣工后，北沙河石桥命名为"朝宗桥"是一座七孔联拱结构石桥，全长130米，桥面宽13.3米，中间高约7.5米，有7个桥孔。石桥左右两侧，有53对实心板护栏，异常坚固。桥两旁有石栏望柱53对，全部用花岗岩石建造，栏柱顶端雕饰"云头"。整个桥身线条流畅美观。桥命名"朝宗"的含义在《康熙昌平州志》中是这样解释的，北沙河是东、西山口之水和双塔河水以及昌平诸多泉水汇合而成。《诗经》有"洒彼流水，朝宗于海"，昌平西北各水汇合于此地，向东流入通州潞河至海。故命桥名为"朝宗"。

南沙河桥命名曰"安济桥"，因南沙河水承西山诸水奔流至此，岸陡河深，水流湍急，特别是夏秋两季西山洪水爆发，南沙河河道南北变迁不定，为求河水安定，济人往来交通，桥命名为"安济"。安济桥是一座三孔联拱结构。整座桥身也用花岗石建造，朝宗、安济两桥相距五里，成为进出沙河店的门户石桥。据李国棣老师在《沙河三桥小记》中记载："由于安济桥已拆除50余年，许多人对它缺少直观印象。安济古桥的桥址在今桥以东，呈东北——西南走向，北端在安济桥路南口的北岸上，南端位于现在河心小岛上的杨增新墓东侧；河心小岛北侧的东、西延长线即是昔日南沙河的南岸。民国三十六年（1947年）至三十七年（1948年），安济桥已成为危桥，国民政府交通部第八区公路工程局万全总段在安济桥西建造了一座钢筋混凝土T梁桥，长65米，5孔，孔径10.6米，宽7米，桥两侧安装了护栏。因北平解放而停工，桥两端的引道尚未修筑；1950年春，昌平县人民政府组织当地群众完成收尾工程。1953年4月28日至9月11日，河北省交通厅工程局修建了漫底5孔，翼墙4道，对桥面进行了双层表面处理，沙河南大桥才正式建成通车。1959年建沙河水库时安济桥被拆除部分石料用作了水库的护坡，河道向南展宽，使原来位于南岸上的杨增新墓形成了河心岛。1980年因大桥严重老化，1981年在原址上重建，1983年9月竣工。此后，在修建京藏高速公路时再度展宽，加长、增高，成为全市较大的公路桥梁之一"。

嘉靖十七年（1538）由于沙河城及沙河行宫的兴建，需要运输大量工程物资，明廷于六月初七日对两桥进行加固重修。这次重修工程主要是为安济桥添造桥空，就是在安济旧桥三孔的基础上向南再接修六孔，使全桥成为九孔石桥。重修后的安济桥总长114.7米，桥宽13.8米，桥中间高约7米。扩建后能很明显地看出衔接的痕迹。建造后的安济桥存在桥面设计过低的致命错误。这也是它不能保存下来的根本原因。安济桥所处地区地势低洼，建桥时没有参考当地水文资料把桥面相应加以提高，以致雨季到来之时，西山山洪爆发，洪水会淹没整座桥梁造成交通中断。

沙河朝宗、安济两桥到明万历三年（1574年）再次重修。万历三年"中宫传谕，慈圣皇太后发宫中银一万二百五十五两，付工部修朝宗桥"。这次重修重点是在两桥的桥身两侧桥空之间增建"斩龙剑"，就是把桥墩用花岗岩石块砌成剑尖形状，其前有名为"斩龙剑"的分水尖，用于抵御急流。这样，来自上游的水穿过桥空时，呈剑尖形状的斩龙剑可向两侧以分水势，减轻水对桥基的冲击。这次修建中，还在朝宗桥两侧垒起高5米，长约80米的花岗石泊岸，并精雕了两座狮首龙身的镇水兽放置于桥西南北泊岸之上，桥南的镇水兽至今仍旧在南泊岸上，桥北泊岸的镇水兽掉到水中，河床干涸时可见。为了再减缓水势对桥基的冲击，还在两桥的受水侧把南北沙河河道截直取弯，使南北沙河水距离桥一里向东南流，然后再折向东北以45°角从桥下穿过。在万历四年，朝宗桥北端东侧放置一座汉白玉螭首方碑，碑高4.8米，宽1.1米，厚40厘米。石碑的阴阳两面字迹相同，额篆"大明"二字，碑面上角为"万历四年岁次丙子仲夏立"碑身线刻双勾"朝宗桥"三字，为馆阁体，由明神宗万历皇帝题写。

清代，朝宗、安济两桥又不断得到重修，重修的重点是加固桥基，特别是对桥孔内的券砖进行更换补砌。民国四年，朝宗桥由于年久失修，两侧河堤被河水冲刷而崩溃坍塌严重，每年雨季河水泛滥经常造成南北运输中断常达数十日。地方官府无力修整河堤，沙河镇商民于是公议筹资万金民间修堤，经过数月维修，河堤整修一新，南北交通恢复正常。朝宗桥整座桥体于明正统十三年（1435）兴建至今560余年仍然完整无缺，发挥着交通南北的作用。安济桥也在历经沧桑500年后，南沙河河道南移，桥的实用价值解弱，在1959年被拆除，石料运往沙河镇东供沙河水库修护坡。

传说朝宗桥建成后，每值深秋季节，大雁南飞，过此桥时都要低飞长鸣，来年春天，大雁回归时亦复如此。原因是安济桥下群鸥集聚，大雁不喜欢鸥鸟，来去相告，要折道而行，不从安济桥上空飞过，因而在沙河有"春鸥秋雁各领一桥"之谚语。

安济春流

明代崔学履在他编写的《隆庆昌平州志》中，按照当时编写地方志书的通例，选择家乡山川名胜中最具有代表性的景观，定名为"燕平八景"，并写诗撰文，画龙点睛勾画出各景之美。这八景是"松盖长青，天峰拨萃，石洞仙踪，银山铁壁，虎峪辉金，龙泉喷玉、安济春流，居庸霁雪"。其中"安济春流"描绘的就是南沙河流经巩华城东南角楼外太平桥到安济桥下时沿河两岸的优美风光。崔学履把它列入"燕平八景"之一，并赋诗加以赞美。

沙河南去锦帆稠，春水偏宜估客舟。
共指灵源通潞水，喜看幽派即沧州。
尽多沙堵眠鸥鸟，欲傍星搓犯斗牛。
畿辅名区多胜绝，楚云湘月共悠悠。

　　明代中期至清朝初年，是"安济春流"景致最美的时期，当时，南沙河河宽水深，西衔远山，烟波浩渺，九孔安济石桥横卧于碧波之上，巩华城雄踞北岸，城楼巍峨，墙堞庄严。泊岸上人来人往，搬粮运货，商旅匆匆，驼铃声声，一片繁忙景致。南沙河上碧波荡漾，客舟白帆首尾相连，岸边芦苇深处，钓翁端坐船头，举竿垂钓。南岸风静水清，鱼翔水底，鸥鸟戏水，两岸稻香荷艳、岸上绿柳垂丝、含烟笼翠、芳草萋萋，一派江南水乡的秀丽景象。

　　据《昌平州志》记载，南沙河中出产金翅鲤鱼，"鳞金色两目赤晕，味甘美"，明初定为皇家贡品，河边的窦各庄村设有网户，将捕捞的鲤鱼送进皇宫内廷供皇家享用。北沙河中出产虾，色青而大，当时也视之为佳品。沙河地区至今还流传着"窦各庄三件宝，打鱼、摸虾、捞水草"的民间谚语。在20世纪60年代窦各庄村尚有人专门从事捕鱼工作，每天交给生产队2元钱，记2个工分。

　　附：明李东阳《中元谒陵遇雨记》

　　成化甲辰秋七月中元节，例分官助祭山陵。予与谕德张君启昭、谢君于乔、侍读商君懋衡、李君世贤，当赴长、景二陵。

　　前二日陛辞返，微雨。予与于乔并缰荷盖以行。出德胜门土城外，启昭、懋衡、世贤皆会。行数里，雨颇急，下马，憩野寺，茶毕，至清河。少霁，再憩，再作。午后至沙河，河桥半圮，壅土度马。马上观岩壑间，片云起，辄雨脚如注，明晦殊状。暮至昌平县学，唐教谕玉率诸生冒雨迎候。宿刘谏议祠后堂，予与世贤床于东壁，与懋衡、于乔对宿。启昭宿城西别馆，以诗寄之，答焉。入夜，潦透壁及我床下，予亦苦衾薄，乃与世贤移卧前室。雨不止，明日益急。都指挥杜侯山来馈食，往访之，遂会启昭。入山，山桥危滑，马历铜度沙砾中。暮抵陵庐，驸马蔡公孟阳摄祀事，遣使馈果。问其使，云："比至沙河，河涨桥坏，舟而济"。予辈愕然久之。

　　夜半，入陵。祀已，服尽沾湿。上马，穿林薄中，历乡所渡涧水，淙然有声。出陵门数里，风骤作，前后笼烛数十尽灭，晦不辨色，遂失道。林木杂风雨声，若虎豹号嚎，响彻山谷。主仆朋侣，咫尺不相应，惟坠阬堑者相属。予与懋衡，世贤进退无据，自度恐不免。时尚余一烛，隐隐见前骑有跃湍口以渡者，予辈引马随之。每马一跃，首没波内蹶起，势始定，又数里乃得路。入昌平，水深尺余。予先入祠。懋衡，世贤继至。予诵·纪难·诗有

"思亲"，"望阙"语，二君愀然曰："此岂君赋诗时邪！"

是夕，于乔，启昭皆宿别馆。又明日会京府推官薛秉仪官邸。酒数行，五人者先至。沙河北岸，人积立如蚁。予与吏部侍郎耿公好问，户部侍郎李公文盛，礼部侍郎谢公大韶，兵部侍郎何公廷秀，工部侍郎贾公廷杰，大理丞杨公贯之，列坐沙际。官渡无舟，惟两渔舟出没涛浪。贯之募吏，泗于南岸，呼舟径济。舟人利索钱，呼不时至。至则众竞趋舟，舟欹辄覆，堕渚水，屡覆乃一济。济不过五六人。人望升舟者如登仙，攀企不可及。诸公仅以身济，仆马皆限北岸。予登一敝舟，启昭携一仆人继入。时舟已载三人，至中流，水甚急，回视舟尾，有二人窃附，缒著水中，舟掣不得济，乘流下数十丈，势危甚。前有洲，旋绕若相迓者，舟乃济岸。予与诸公坐南岸，贯之出梨饼为野馈。忽有一隶溺死，众号呼，相顾皆惨沮无人色。舟人惊散，不复渡。予有黠吏，以一马济，复往取马。予自引鞚待之，少顷，又济一马。予与启昭皆空乘，无鞍靮，吏亦祖跣，引马入村店，牖间稍稍见诸公皆独乘马过。良久，于乔，懋衡，世贤继济，复相贺，仆马犹有未济者。时日已暮，去清河尚四十里。予计欲稍前，议未决，予辄上马，众乃追及。夜至清河旧馆，蓺火晚食。予惫甚，径卧。雨犹淅淅下未绝，又明日始霁。还至家，昼漏下数十刻矣。家君闻水涨，殊废寝食，予至，乃就食。食毕，后渡者始至，云前夕赴祀时，后屋东壁陡坏，盖昔所置床处也。因以语世贤，更相贺云。

自予入官二十余岁，岁四三祀，予与其六，然未有若是险者。夜行失道，险一也；移床而壁坏，险二也；以敝舟渡急流，险三也。失道之险，启昭、于乔不与；敝舟之险，懋衡、世贤、于乔不与；坏壁之险，世贤之外，皆不与。而予实兼之。三者之中，惟渡河尤甚，其不至于颠踬者，仅一发。而寒饥劳惫之状，勿论也。

夫遭盛时，游近地，举吉礼，而乃有是厄。天下事固不可预计哉。君子守身莅事，惟所当为。不可以夷险易志，然亦有义以处之。夏屋非岩墙类，固无庸议。独终祀时，若憩陵庐，待明发，必无道路之虞。渡河时，能返驻昌平，俟水势稍杀，择利以涉，必无波涛舟楫之恐。此二事盖有遗悔焉。尽人事乃可以诿天数，苟充是志，虽行之天下可也。因作记以自戒，且谂诸同行诸君子。

护城河桥

巩华城各瓮城外护城河上建有单孔石桥。扶京门、展思门外石桥建于瓮城侧门护城河岸，威漠门外石桥建于威漠门瓮城西侧护城河岸，直对沙河工商街口，镇辽门外石桥建于镇辽门瓮城东侧。当城上吊桥放下时，吊桥的另一端就会搭在石桥的一侧，便于车辆和行人往来。各瓮城门前的石桥均以所在城门命名，南门外石桥叫扶京桥，北门外石桥叫展思桥，西门外石桥叫威漠桥，东门外石桥叫镇辽桥，后由于沙河城墙被拆护城河被填埋，石桥也被埋于地下或被拆毁。

沙河行宫石桥

在原沙河行宫正门三座宫门前各有石桥一座，形制如紫禁城外天安门前金水桥。桥下常年流水，城内降水和生活用水，都经此桥向东南流出东水关入护城河。1932年沙河行宫被拆毁后石桥也遭到破坏，1959年沙河水库工程缺少建筑材料，此桥也被彻底拆毁，石料运往工地作堤坝材料。石桥被拆除后原地形成了深坑，周围村民也在此取土建房，深坑面积不断扩大加之地下水涌出和降雨而最终形成了村民所称的"老太太坑"。

巩华城内石桥

城内石桥有两座，一座位于沙河行宫东北侧墙外，兴隆巷西口。桥横跨护宫河，是沟通西二村、东一村道路交通的平面单孔石桥。另一座石桥在沙河二小（圣人寺）西北侧的水沟边，这座桥是沟通北门大街和前街与柴禾市大街道路交通的平面单孔石桥。

扶京门外木桥

在1955年以前扶京门外南沙河上有一座木桥，木桥为东西走向，西端在扶京门外的南沙河西北岸边，东端直达南沙河东南岸的窦各庄村北的尚家坟，穿过尚家坟向东不远就会到达窦各庄。这座木桥是南岸各村去往沙河的捷径，木桥不宽，仅仅能够行人，不能通车。每年秋季搭建，第二年春季之后雨季来临之前拆除。

东沙河木桥

东沙河木桥位于朝宗桥北，东西横跨东沙河两岸。它是连接沙河和路庄村、百善、宋兰堡，更远连接小汤山、顺义等的交通要道。东沙河在明代一直是向明陵区运送建陵物资的河道，到了清代由于河运停止，河道无人疏通，致使河道淤塞，难以行船。民国五年（1916）昌平县建木桥于东沙河上，木桥长113米，宽6米，高5米。1921年、1933年木桥得到两次修缮加固桥基。建国以后又于1951、1961年两次修补桥面，加固桥身。1965年由北京市市政二公司进行改建。桥上部木架结构改为钢筋混凝土T梁，下部仍用原桥石基。改建后桥长113.36米，下设16孔，桥面宽7米，两侧人行道各宽0.75米。

北门外木桥

北门外的木桥在姑子坟东。旧时乡民出展思门后，沿直对城门的田间小路直到北沙河边，登木桥东可到达丰善村，西可到达路庄村。木桥狭窄，仅可通行单人。

东门外木桥

木桥在镇辽门（东门）外西北的北沙河上。桥位置在地铁昌平线北沙河大桥西300米处，是河南岸的沙河乡民去往河北侧的丰善村、于辛庄村的捷径。

太平桥

明代万历二年建，位于巩华成东南角楼下，是一座东西向的单孔平面石桥，坐落于南护城河与南沙河之间。明代漕船在南门东侧泊岸码头卸下粮食等物资，向东经过此桥运输至东门内奠靖仓收储。

第九章 巩华城金石碑刻记

明清时代巩华城内外有众多寺观庙宇。在1950年前仍然保存有大小30余座。寺观庙宇内大多立有碑刻。1959年沙河水库在镇东小沙河村建造，因建水库缺少建筑材料，城内外寺观庙宇多被拆除，大量石材和碑刻被运往水库工地，修建堤坝。现在巩华城内已罕见碑刻遗存。沙河城隍庙、泰清宫内两座石碑有幸被保存下来，已由昌平区文管所运往昌平公园石刻园保存下来。

考古订讹，以金石碑刻为第一手材料，这是文史工作者在工作中大多遵循的研究方法之一。现笔者将能掌握的碑刻资料条列以下，供读者参考：

一、巩华城四城门铭刻

"扶京门"馆阁体，在巩华城扶京门瓮城南门门券上置放，汉白玉长方形匾额。

"巩华城"馆阁体，在巩华城扶京门正门门券上置放，汉白玉长方形匾额。

"展思门"馆阁体，在巩华城展思门瓮城北门门券上置放，汉白玉长方形匾额。

"镇辽门"馆阁体，在巩华城镇辽门正门门券上置放，汉白玉长方形匾额。

"威漠门"馆阁体，在巩华城威漠门正门门券上置放，汉白玉长方形匾额。

巩华城四门城门铭刻建于明嘉靖十八年，由嘉靖皇帝赐名，礼部尚书严嵩手书。

二、朝宗桥碑

（一）朝宗桥铭碑

位于朝宗桥北端东侧，为汉白玉制螭首方碑。建于明万历四年，高3.36米，宽1.1米。碑的阴阳两面字迹相同，额篆"大明"二字，碑身线刻双勾"朝宗桥"三字，馆阁体，为明神宗万历皇帝题写。碑顶正背两面皆有二龙戏珠浮雕，共刻有4条盘龙戏二珠。有趣的是4个龙头不在正面和背面上，而是俯趴在碑两侧向下低着头，每侧有两个龙头。

（二）重修朝宗桥碑记

民国四年（1915）八月一日立。位于朝宗桥南端西侧，碑身高有2米，宽有0.8米，碑座为方形。首题："重修朝宗桥碑记"，额题双勾正书："永垂不朽"。刘蓉第撰，周文溶正书。碑在1956年后下落不明。

碑文

朝宗桥案前明矩工也，当中北冲途，车马驰骤历四百余年，桥面坑堑不平，桥头坍塌崩断，行者苦之。近年夏潦水两岸冲决太滥，抱桥环流深与河等，行人路断车辆往往匝月不能通行，邑人屡谈兴修皆以料缺工矩而止。今春也倪公因公谈及，以道路不修引以为耻，爰与绅商筹画（划）估计约非万金不办，众有难色。倪公沉吟至再，谓诸绅曰："金可成算矣，但邀诸君同意则事可集。桥之东高下非所谓永沦废弃之巩华城乎？废石废瓦埋没于荒草田野间者众多，俯拾即得也，若化无用为有用，一转移间可不名一钱而料已足用持。诸君需一公禀余需一转详耳"。金曰□□□□附近绅商董其事，合境绅商协力助之。倪公又请于尹宪拨公款二百圆，捐廉百圆以为倡。于是邑之好善者接踵而起，不数月而事济矣。此岂一乡一邑支一杠成一梁所可□□□哉。大昌邑为京北锁钥而榆河横贯其中，每值山水爆发交通顿断，所恃一线者惟此钱耳。且上溯居庸沙陀云中以北，诸蒙旗王公、台吉走居庸而朝京师者，胥取之进马朝宗所由名也。民国初造末遑经营，邑人仗义重修。无论纳粮之士民均之，远贾不烦关津即游历之友邦□航之远。然亦不致籍为口实□心轻视。如单于入阵之贻遇客羞也。其间于地方岂浅鲜哉，昔郑□□□□□孟子谈之。倪公此举吾知久矣，而邦人好义尤为能见其大。云工费计□仟余圆，助款者百余村自有明途，今实第一次重修，备述之以告来者。

中华民国四年八月吉日阖境士绅商民

邑人刘蓉第撰　周文溶书

三、安济桥碑

沙河安济桥造添桥空碑记

嘉靖十七年（1538）由于沙河城及沙河行宫的兴建，需要运输大量工程物资，明廷于六月初七日对两桥进行加固重修。这次重修工程主要是为安济桥添造桥空，就是在安济旧桥三孔的基础上向南再接修六孔，使全桥成为九孔石桥。重修后的安济桥总长114.7米，桥宽13.8米，桥中间高约7米。扩建后能很明显地看出衔接的痕迹。碑高0.8米，宽约0.4米，碑阴阳两面均刻有文字。碑立于安济桥南路西侧，后该碑随桥拆除。

碑阳

大明嘉靖十七年六月初七日重修

沙河安济桥造添桥空碑记

总督工程

内官监

掌印太监一员　高忠

管理工程兼管收放物料太监一员　曹喜

监工官七十三员名

办理钱粮等项文书司房官一员　王斌

经管造作各作监工官二十六员名

史进　刘杰　何恩　王山　张美　张方　张岚　魏鸾

蒋敏　郭田　师隆　刘印　桂琦　徐美　杨鑑（鉴）　许良

李贵　温景　何孜　张辉　安平　朱成　冯禄　林旺

董钦　薛晏

各色官匠四十一员名

工部文思院大使等官　岳士保等十二员

掌管尺寸高手人匠　王纪等二十九名

司□□□□工文□□□大等官吴书等六员

碑阴

　　总督工程二员

　　太师兼太子太师翊国公一员　郭勋

　　太子太保工部尚书一员　林庭棉

　　提督工程二员

　　工部尚书一员　甘为霖

　　锦衣卫都指挥佥事一员　赵俊

　　点闸军夫匠役兼收物料

　　兵科给事中一员　王维宗

　　江西道监察御史一员　曾守约

　　□□十二员名

　　管办物料郎中一员　康嘉

　　委官千百户卞中等二员

　　官作陈剑等九员名

　　钦天监候时冠带阴阳人王秉□等二员

　　太医院调治官军医士蒋之等二员

四、巩华城守备府题名记碑

　　题名记碑立于明万历巳丑年暮春即万历十七年（1589年）三月。2014年12月在巩华城东门内考古勘探时被发现，出土时碑已断为两截，两截合计长2.13米。碑身宽0.89米，碑首厚0.25米，碑额楷书"题名碑记",此碑现存昌平区博物馆。

　　碑文：

　　巩华城守备府题名记

　　夫碑之立于题名者何？溯其义将有惕励于人焉者。前分守黄公立碑于□□，已畅道创建之由，其间贤与不肖往往寘之矣。抚今追昔能无赞承之美乎？方今当中推荐贤良托之以梱外之任而副之以锁钥之司，其所望于当事者畴不以膂寄之矣。原斯守也，成祖皇帝迁都燕台逐虏阴山，北门之托贻厥于今。暨世宗皇帝中兴鼎业□□□□沙漠驱虎豹于□□。奠安华宇万世承平迨至嘉靖十七年始立行宫于城之中，春秋驻跸例郊陵园。宫之北仍建仓场积粟以食九陵之士。讵不称厥守之最且重哉。顾巩华袤然于□陵京之界而事在漕河之上，良□□□坐而理也。粮艘临湾纷然转运刻无休期矣，尚宜留心缉捕犹恐烽息之无常乎。□□西障居庸东屏山海，南拱神京北固天寿，剑戟森严，安然如堵。不肖预事以来夙夜兢业惟惧难塞其责。戊子秋迎圣驾于南郊亲阅□□□□，已丑春俟潞王辞陵驻跸芜殿。觐此□□遇黎庶披肝以报主上之鸿庥哉！是后也。岂督浚河及两路巡捕虽授项分差，闲暇则临场较射，一切科索痛绝压之。惟以忠诚体国结士心庶几无忝厥职不负明时矣。计前镇守有丰润伯焉，续后为都督为分守为游击及而下之为把总。万历四年复为守备，世之隆杀爵之类殊殆若是耶。斯碑之建是□朝夕之事哉。先是游戎张公鸠工断石卒而未成，继而守戎王公莅任末久无暇完治，当不肖受事推二公之志而媲美之，然亦不泯二公之雅意也，并将职守之急以告来者，用纪岁时咸勒于石。云时万历已丑暮春上已之吉济□东川陶思仁撰立。

五、杨增新墓碑

杨增新墓在沙河南大桥（安济桥）东的河洲之上。墓西向，墓前有神道碑，墓碑各1座。杨增新墓在民国十九年一月从沙河朝宗桥北暂攒处迁葬于此。

（一）杨增新墓碑

碑高约1.6米，宽约0.6米。碑文正楷书写。

　　碑文：中华民国十九年一月
　　　　　新疆省政府主席蒙自杨公讳增新之墓
　　　　　卯山西向　　　男应乾、应坤、应艮敬立

（二）杨增新神道碑

位于沙河镇南大桥北端东侧，沙河镇清真寺南侧树林外。原碑在墓道前，后移至此地。

该碑全称为"阗武上将军勋一位新疆省主席兼边防督办蒙自杨公神道碑"。

碑身形制特殊，为不可多得之精品，碑首左右各有两条浮雕尾部相交、头部下垂的蛟龙，碑首下端巧妙地借用浮雕于碑首的4条蛟龙浮雕出碑檐。以减少降雨对下面碑文的侵蚀。碑阳刻有碑文，碑阴无字，碑身两侧各浮雕二龙戏珠图案，碑文四周借用浮雕于碑文左右的四龙和碑文上下的三龙构成了碑文框架，整座碑身座落于汉白玉制成的向远方眺望状的龟趺上。龟趺下有长方形的石台，石台上刻有水波图案和浮雕的仙人。整座碑身和龟趺、石台均为优质汉白玉制成。据传言此碑料是从圆明园拉来制成。

杨增新神道碑现已由昌平文管所在碑体之处建有青砖地基、汉白玉石栏加以保护起来，并在石栏左前方立有1座石刻碑，碑文为"杨增新生于清同治三年（1864）卒于民国十七年（1928），光绪己丑年进士，任新疆省主席兼边防督办时，治政显露其才，处理民族事务、外侵内患，功勋卓著。卒后绕道苏联将其运回北京葬于南沙河畔"。

杨公神道碑

阓威上将军勋一位新疆省政府主席兼边防都办蒙自杨公神道碑

清史馆编纂　国史馆总纂　新城王树楠谨撰

四川巡按使巴县陈廷杰书丹　陕西巡按使米脂高增爵篆额

阓威上将军、新疆省政府主席蒙自杨公，讳增新，字鼎臣，少英伟，有大志。举光绪戊子乡试，明年己丑成进士，分甘肃知县，权知中卫，补渭源，所至有青天之曰，而治绩尤以河州为最。公之署河州也，值回乱初夷，客军云集境上，公大达无畛，奔走匡维，虎拢龙驯，军大和释。东乡回酋某，鸠众谋举事，密遣其党入城，觇虚实，既知有备，反报回酋。某大悔悟，立策马谒公，伏地抱公足痛哭曰："公活我，真我父母也！"驰归语众，皆感泣，为立石，志其德。河州自经兵燹灭后，闾阎凋敝，公为清叛产，招流冗，垦荒田，裁丁粮，折征银五之一，改征麦一石，抵青稞二石，格于例，公径行之，自肩其累，民皆称便。公念养与教相为表里，乃割俸钱重修凤林书院，并增建龙泉、爱莲两书院，延名师教之，文化大兴，是科书院肄业生，登贤书者九人。又为开孝廉堂，招邑之俊秀子弟，入署躬自课读，一时人才蔚起，为一省之冠。在任五年，以最保知府，寻升到员。时朝廷诏行新政，公奉檄建立高等学堂及陆军、师范、巡警、工业各校，手订章条，以一身总九局事业，而核案无宿留，新政皆灿然大备。新疆建省，僻处边陲，人才缺乏。藩司王树楠知公天下才，力请抚臣奏调来新，助理新政。寻补阿克苏道，复以茂才异等荐陛见，回任。旋调镇迪道兼提法使。甫一年，武昌变作。宣统三年十一月九日，湘人刘先俊，会匪魁也，乘势起谋为乱，率党攻抚署，败而遁。越十日，伊犁新党戕将军志锐，党势益张，天山南北所在驿骚，屠杀无虚日。袁大化急图东归，乃电请以公为都督兼布政使。当是时，都督权力南不过吐鲁番，西不过精河。匪党即蟠据津要，棼如乱麻。复以外蒙入寇科不多，俄人增兵喀什，内外交困，道路不通，公以其机缄全在伊犁，宜先于媾和，开塔城会议，以谋统一。而密谕南疆营县捕诛戕官首要，又默除哈密铁木耳等诸叛回，南疆肃清。而外蒙攻击科布多势甚炽，公派队往援，并约阿尔泰办事大臣帕勒塔与俄领开议新蒙停战，三年，议成罢兵。议定和款十一条。而李辅黄、冯特民不守约章，潜谋不轨。镇边使广福老而懦，不敢谁何。公遣人密结回将马得元，潜图二人，磔于市。伊事既定，乃裁镇边使改镇守使，归新疆节制。塔城参赞及古城守尉，一并裁改，伊新统一之制始告成。阿尔泰者，清设办事大臣，为特别区域，自库伦独立，公虑阿山沦入外蒙，肘腋大患，乃荐刘长柄为办事长官，继任程克梗其议，及张庆桐莅任，肇开边衅。公以甘肃道尹周务学为阿山道尹，裁办事长官，并分设三县四县佐，而于耳里匿、吉木各设治局，于是阿尔泰亦归并新疆，万里河山悉操掌握矣。新疆土地广漠，堤封万里，旧设道、府、厅、州、县不足资控制，乃析阿、喀两道，增设焉耆、和田两道尹，复创设墨玉、且末等十一县，柯坪、七角井等七县佐，棋布星罗，声势相联络，有身使臂指之效焉。先是会匪徐三泰，开山立堂，威势出地方官上，掺纵政权，荼毒闾里。公既定伊犁，诇之于田东之卡墙为会匪巢穴，东出若羌，通甘肃。一日，贩不法物入关，戕杀知县胡奠华。公急电焉耆参将童明才，率骑兵驰剿，匪党悉平。公以库储如洗，协饷久告绝，乃权制纸币济国用，复设清理财政所，县派主计一人，爬梳利弊，分县缺三等，定公费，裁陋规；全疆赋税，通以纸币征解，弹劾官吏之贪污不法者，分别诛禁，以缠文译赋税新章，悬之通衢，许民告讦。自是吏风丕变，民困大苏。公以国用不足，首在开源节流。食为民天，新疆土壤膏腴，多废弃不治，乃下开渠垦荒之令，天山南北辟地至百数十万亩，增税十数万石，军粮民食，赖以不匮，英人尝谓新疆天产之富甲于全国，而致富之道在大兴实业。公乃分遣学生游历中外，学织毛、织布、制革、制煤油、造糖、酿葡萄酒之法；又购甜菜、佳谷子种，撒之各县试种，购置机器，而以实业厅阎毓善总其成。又念之耗财者，莫甚于养兵，大局初定后，不动声色，裁新军近百营。新军皆回族，不易制，迄事无哗变者，公之长驾远驭，其智力为不可及也。俄人自党变，哈、布各族逃入伊塔边境及温宿、乌什各县，近五六十万人，而俄旧党窜入我境者，恃强要挟，多不法。公令其就食奇台，调兵防变；命卸武装，缴军械，执约力争。齿刚舌柔，交相为用。久之，始就范。旧党魁阿年阔夫、巴奇赤拥众万余，败走阿山，沿途拔电杆、割电线，编造木筏渡河，据阿山，周务学不能止，愤自戕，时民国十年六月十五日也。务学死，巴军遂长驱入承化，布尔津继失，公调兵四路环击，巴军败溃，阿山平。政府论功授功勋一位，公推各将，各奖授有差。初，苏维埃政府自国体变更，与我交中断，后复遣使议通商。公乘机废弃同治九年商人贸易暂不纳税旧约章，以平等互换利益为主旨，苏联商民依新疆税章一体纳税。爰于是年七日，设伊犁税关征税。苏联派员驻伊犁。新疆派员驻阿拉木图，中苏通商之新约遂成立。十年五月，苏联复遣使来议增设领事。公提出十四条，会议久不决。越二年，彼复遣使趣开议，公坚守前议，不少让。历时八月议决。苏于迪化设总领事，伊犁、塔城、阿山、喀什分设领事；我于斜米设总领事，塔什干、安集延、阿拉木图、宰桑亦设领事，于是关税得自立，废不平等条约，收回领事裁判权。此今日我国上下累岁号呼而无效者，新疆以边隅之地，垂手得之，此不第有益于边局已也。当公之平乱党也，以其乡人马福兴统领回队有功，事平，檄署喀什提督，荒骄贪暴，时时以会匪诬富回杀之而夺其产；其诈索不遂，残人肢体至数十家。公屡书诫之，不听，且为扩军队，勒派民间出马兵三千，鞍马口食令自备，叛迹已彰。公念喀什为南疆重地，近接俄英，人地一失，则全机不可制，密檄某将新军五营，驰抵喀什，迫其去职，马遽出拒战，父子俱被擒，戮于市，人心快之。公富于智略，高掌远跖，有澄清四方之略，而每事则必躬亲。署中设一长几，公与各厅长属吏，共集一处治事，朝入暮出，不别立衙署，手批口答，谊若师弟，故人皆敬而爱之。数年以来，内政外交，心力交瘁，须发白矣。公呈请政府，决意退休。官民上下闻之，如失慈母，政府亦一再慰留，公遂与新疆相始终矣。十七年七月七日，莅俄文法政专门学校颁毕业证书，礼成入宴内堂，军务厅长樊耀南率乱党刺公死，急返政府自居主席。政务厅长金树仁闻之，调兵回击，立擒耀南，诛之，并执其党杨庆南等二十余人，皆弃市。盖乱起，甫半日即大定，人皆服金公之指挥神速云。公生于同治三年正月二十八日，殁于民国十七年七月七日，春秋六十有五。十八年二月，其子应乾奉公枢假西北铁路东归，苏维埃联邦政府钦仰公，以专车送之境上，抵北平，卜葬于昌平沙河镇南大桥之原，公之世系子姓，树楠已载之墓铭，不复赘。应乾以神道之碑来乞铭，铭曰：

公之为学，矩矱宋贤，乃其为治，亦老亦韩。乱之初生，术驭智取。桴其枭桀，血以戕斧。伊新弄兵，祸生阋墙。公出媾和，克我疆梁。内难既平，以御外侮。惟科与阿，归我王土。乃清伏莽，诹谋是咨。锄恶务尽，俾无类遗。乃厘赋章，乃兴实业。乃联俄约，往损今益。公之初来，政如粉丝。经之营之，乾清坤夷。胡不仁字长城忽坏，公其已矣，名则千载。

中华民国十九年一月

（三）杨增新墓志铭

杨氏墓志铭，于民国20年（1931）前，由长子杨应乾请其父至友前新疆藩司王树楠撰写。杨增新墓志铭铭文38行，每行42字。拓片志长、宽均0.82米，盖长、宽均0.8米。由赐进士出身，前四川巡警道米脂高增爵篆盖，朝考优贡知县前知昌平州三台唐玉书书丹。

阆威上将军新疆省政府主席兼边防总司令杨公墓志铭文：

赐进士出身前新疆布政使新城王树楠撰文
赐进士出身前四川巡警道米脂高增爵篆盖
朝考优贡知县前知昌平州三台唐玉书书丹

中华民国十七年七月七日，阆威上将军新疆省政府主席兼总司令杨公薨于位。噩耗传北平，树楠告集同人，为位相向而哭，佥曰："天之祸公，何若斯之酷也！辛亥之秋，革党变作，风声所播，四方响应，腹内之地，鼎沸糜烂，几无完土。新疆僻在边徼，乱耗迟至，而敖民游勇，踵起煽乱，杀官掠地，较内省尤剧。巡抚袁大化避祸而去，继其任者袁鸿佑又被戕。时公权藩篆，乃举为都督。公向得回族心，莅任即召集回兵千数百人资镇抚。于是内塞乱源，外弥边衅，军民至今相安无事者垂十数年。吁！若公者，民国一人而已。"按状：

公讳增新，字鼎臣。先世籍江苏上元，明末有讳达者，令云南建水县，遂侨居建水，再迁蒙自家焉。曾祖讳濂，生祖讳重乔，重乔生楚雄府教授讳纪元，公之父也。母尹氏，生三子：长增龄，举人。叔增炳，以诸生官四川候补道。公其仲也，生而岐嶷有大志，登光绪己丑（1889）进士，签分甘肃，公徒步跸千里，自负袱被入甘。大吏一见奇之！历宰中卫、渭源、平远诸县。勤于民事，善听讼。晨起堂皇治事，听民自入投讼牒，尝微服出方民间疾苦，人奉为神。

甲午（1984），回乱平，以公权河州，州半回族，公捕诛乱党。诸军集境上者，多不相能，公一以精诚，调和将卒，托事无哗。时地经兵燹，流亡载途，公清叛产，招垦荒田，改征粮，减赋额，复大修宁河、莲花两堡，以御奸宄，广建学校以育人才，治绩卓然称首。二十七年（1901），保推知府，州道员，寻补新疆阿克苏道，调镇迪道兼提法使。

宣统三年（1911）革党蜂起，伊犁将军志锐及都督袁鸿佑被杀，文武官员死难者十数人。公以治乱国，首在统一事权，乃先与伊犁媾和，裁各部院，调新任用。继裁伊犁镇边使为镇守使；裁塔城参赞大臣改设道尹；古城城守尉，则取消营制，为筹生计，与齐民同；阿尔泰办事大臣亦改道尹；并分设三县及县佐，并隶新疆，于是国土完全悉归节制矣。初，新疆建行省，所置道、府、厅、州、县、地方辽阔，有鞭长莫及之虞。民国九年，乃析阿克苏、喀什噶尔两道，增置焉耆、和阗两道尹。又创设蒙玉、泽普十一县，阿坪、赛图拉十县佐，比境参差，相为犬牙，势络声联，较畴昔盖增倍焉。

初，湖南省谚所谓"哥老会"者，盘据各城市，开山立堂，畜乱宿祸，奴隶官民。公以大局未宁，不遑兼顾。至是亟图清匪之策；诛其渠魁，散其胁从。又为民定征纳粮则，劾其官吏之贪污者十余人，民困大苏。

而又虑财用之不足也，为之兴实业以开源，裁新军以节流。而功之尤著者，则在与苏俄订立通商新约，俄国商民，照中国新章，一体完纳。又议定两国各增设领事五处，收回裁判之权，盖自中外通商以来未之有也。新疆近与俄邻，公故善交，刚柔并用。俄以增兵激民变，哈萨、布鲁特诸族，败逃伊、塔及乌什、温宿者五十余万，公为筹账达百万，遣送回归。其旧党败兵，遁入我边境者，亦令释甲缴械，资之衣粮，咨送回国。公每遇外国事，辄执约争执，不稍屈让，久之皆诚服，无不就我范者。

公临事刚断，然每易视小人，不其防疑，故有七月七日之变。樊耀南者，鄂人也，性阴鸷险狠，喜伺人喜怒，贡以谀言，始疑终信，令署迪化道尹，仍兼数要差。有以其阴谋告者，公反斥其妄，倚畀益隆，时有忌公者，谋夺新疆不得逞，乃以重利咽樊，使谋公，至是伺公莅法校，乘隙刺之，饮数弹死。呜呼！以公之善政仁心，造福万民，而一身受祸如此，天之遇公，果何为哉？！

公性沉毅，不喜夸饰，平生无声色之好，惟嗜学不倦。读书有得，辄为笔记，其所著述，皆籍古事针贬时局，不为空言。著有《补过斋文牍日记》《阴符经补著》《西铭集解》《读易笔记》《读老子笔记》《治学要言续编》百余卷，皆刊行世。

原配谢氏，继配冯、崔、陈氏。子男三：应乾、应坤、应艮，女于二：应桓适文水王乃慰，应廉适闽侯郭双龙。

公之殁，春秋六十有五。十八年（1929）二月，舆榇归北平。某月日，卜葬于昌平之某原，应乾持公之弟子金树仁所为状来征铭，铭曰：

以公之平内乱，联外交，治新十七年，民安物阜，人人视为乐郊。胡天之不仁，而虐公以非命之遭。内之四民，外之诸族，如婴儿之丧其慈母，叫号眺而哀号。况树楠与公，缔交二十余载，谊若同胞，我以弟视公，公以兄视余，甚为悲痛，当更何如也。我公往矣，今谁与居，纳诗其藏，以永其誉。

墓志铭盖篆文：

阗威上将军新疆省政府主席兼边防总司令杨公墓志铭

杨增新灵榇东归记

新疆省政府主席兼边防督办杨增新，于1928年7月7日在出席迪化俄文专修学校毕业典礼后宴会时，被人刺杀身亡，停灵于杨生前倡建的关帝庙内。暂代新疆总司令和省主席的金树仁为避自己阴谋杀杨又嫁祸于樊耀南的嫌疑，终日如丧考妣，表面看来哀伤之至，他还大事招摇，高价征购到新疆所无的上好杉木，制作灵榇，涂以红漆，外包铁皮，以表自己对杨的忠诚。一直到1929年春节时，杨氏长子应乾等方由北平奔丧来到迪化，决定归葬北平西北的昌平县。2月21日，农历元宵节前三天，在新疆作最后一次公祭后，杨的灵榇在边防司令部秘书朱炳、副官王惠、译员刘德恩以及两名士兵的卫护下，由杨氏子属扶榇启运东归离迪。时迪化五万余市民夹道挥泪静送。东归路线是假苏俄西伯利亚铁道至满洲里，再经哈尔滨运至昌平时为东北边防司令长官的张学良闻讯后，立即电令满洲里和哈尔滨的军政首脑在灵榇抵境时"妥为照料"，并由长官公署与铁路交涉，借到行李车一节拖放在满洲里迎候，以便接运灵榇。杨氏的灵榇自离迪化后经过一个月零三天旅程，在苏俄境内得到了优异的照料，给予了一切方便，于3月24日晚到达满洲里。25日一早，哈满护路司令梁忠甲率僚属到站赠送花圈祭奠，并移灵至早已迎候在站上的行李车上。前来满洲里迎候的杨氏之婿王乃慰及亲属王樾、刘天兴等，也登车和应乾等一同陪护，随即启行南下，翌晨8点30分，抵哈尔滨。时新疆驻京代表、前新疆省财政司长黄立中等在站迎候。这时的东北长官公署已于先一日令特警处在车站搭好祭棚进行路祭，由长官公署科长薛镛和特警处督察员吴奎昌照料，还派有警备队一排到站维持治安秩序。祭棚内设有香案，摆满了长官公署、东省特别区、东北政务委员会各显要和军政首脑机关送的花圈、挽幛，其中包括东北边防司令长官张学良、副司令长官张作相、万福麟以及东省特别区行政长官张景惠、东北政务委员会委员汤玉麟、常荫槐、莫德惠等人送的花圈。祭棚正面，巨幅布额上有"元老壮猷"四字，两边为张学良的挽联。上联写着："万丈妖风摧大树"，下联为"一天江水吊英魂"。灵车抵站甫停，薛镛等即指示车站将灵车拖到祭棚后面，并将杨氏的遗像高高悬挂到祭棚上。9时许，安排就绪，由东省特区长官张景惠、镇守使丁超、护路参谋赵金麟、交涉员蔡运升、东路督办吕荣寰等代表东北长官公署长张学良及各界进行祭奠。行礼如仪后，张景惠长官等又登上灵车瞻视了灵柩。历时一个多小时，灵车挂赴长春的客车南下。张景惠等在灵车启动前后，均鹄立站次恭送，警宪均举枪行礼。整个祭奠和迎送仪式，隆重肃穆。这种盛大的路祭，只有早杨增新被刺一个月零四天、被日本人炸死于皇姑屯的张作霖时的路祭仪式可以相比。

杨氏之子应乾三弟兄在迎榇东归前，已安排在北平附近的昌平沙河南大桥东侧买地营造乃父坟墓，在坟墓未建成前，先暂寄埋在沙河北大桥一处地方。南大桥的坟地共占地四十五亩二分，原是定福皇庄的一块风水宝地。所修坟墓的顶部全由圆明园遗址内拉来的细白石砌成，内以水泥砂石浇注。坟前立有杨公神道碑，碑座是两米厚的水泥沙石平台。杨增新的灵榇寄埋在沙河北大桥后，南大桥东侧的坟墓经过半年多的时间营造竣工，方移葬妥定。当地人称此地为"杨家坟"。还传说杨增新被刺杀掉了脑袋，此处是配了一个金脑袋埋葬的。杨公神道碑是杨增新长子应乾在修建杨坟时请时为清史馆编纂、国史馆总纂、曾和杨增新长期共事相知的王树楠撰写的。碑文撰就后，由民国初年至民国九年之间曾任四川省民政长、巡按使及蒙藏院副总裁的著名书法家陈廷杰书丹，并由民国初年署任过陕西省民政长及参政院参政的著名书法家高增爵篆额。碑刻文字圆熟美润，锋劲古朴。这一甫杨公神道碑，既是一篇极为珍贵的历史文献，也是一幅极好的书法艺术品。在"文革"浩劫中，此碑被砸断，幸好在整合后，除个别字外，基本尚能录出全文。

杨增新执政期间，对一些有可能导致新疆混乱的人物毫不手软，他诱杀了与云南都督唐继尧联系密切、准备在新疆发动声明讨伐袁世凯的几位云南同乡夏鼎、李寅、马一，因此杨增新得罪了唐继尧，杨在云南的祖坟被拆毁。他被刺杀时，云南仍在唐继尧控制之中，其灵柩不便回乡安葬。因此在其儿子、女婿等家人的安排下，于1929年，杨增新的灵柩经苏联西伯利亚铁路运送到北京，安葬在昌平沙河镇。

笔者按：杨增新灵柩从北大桥暂埋地起运至南沙河墓地入葬，是由沙河工商街的大成记喜轿杠房赵家蓬铺经理。杨增新的入敛丧事，包括起灵、搭灵棚、扎纸活和开墓穴、填埋墓道等都是由大成记一手经办。据赵家后人赵平来讲述，整座墓室是由大条石砌成，条石间以铁箍连接，缝隙间又灌浇白矾石灰糯米浆。墓室和坟包十分坚固。文革时期定福黄庄曾组织村民进行挖掘，费时几天才把坟墓封土上的条石取下，墓室因在地下四米挖掘难度更大，只得决定不挖了。可以肯定，墓室在葬入灵柩后并没有遭到开掘，灵柩依然，杨公神魄安然无恙。现今墓葬封土和地表标志只有水泥坟包在南大桥东的河洲之上，绿树掩映，河水涟漪。杨公之墓有幸躲过文革破坏，可谓幸之大幸。

六、沙河城隍庙碑

（一）清道光重修城隍庙碑记

原碑在沙河城隍庙内，碑高约1.8米，宽约0.76米。碑额楷书"万古留芳"，该碑已失，询之村民无果。

碑文：重修城隍庙碑记

自古有神道设教之政，於是乎立其主名崇以庙貌。凡以有其实斯有其名者，名实固相须者也。然以□□之又有有其名而无其实者，亦有有其实而无其名者，如沙河镇之城隍庙。是查沙河镇城隍庙为昌平州属而其城创自前明以为奉移之所，因建此庙以妥侑神灵焉。夫城隍之神惟其有治幽之责，保障一方。故民人敬而祀之。此大都小邑所为。不惟崇以庙貌立其主名而且列诸祀典也。

而沙河镇城隍之神在前明则居奉移之城无治幽之责，所谓有其名而无其实也。至我朝则遂废此城而仍存此庙，是又若畀神以治幽之责而竟不列昌平州之祀典。非所谓有其实而反无其名乎？然而名自在也，庙自在也。居人感其保障之灵而随时修葺之，黝垩之必使之，焕然常新，数百年如一日焉。而余亦不禁肃然起敬，捐赀以助其成功非必谓有其举之莫敢废也，倘亦有见於神道设教之政於今为烈，而且神依人而行，更为沙河镇人之所义不容辞者乎。是役也，经始於道光二十六年二月二十四日，落成於道光二十八年六月初十日，诚善举也。不可以弗志，邑人求叙於余，余固乐得而为之记。

赐进士出身　诰授奉政大夫顺天北路刑钱督捕府稽查营汛兼管盐务卓异候升古汴刘遵海熏沐撰文　捐银肆拾两

前　　　　　常海　　拾贰两

任巩华城都阃府 捐银

现　　　　　岳克清阿　肆两

顺天北路府捕盗营　把总□兴玉、经制外委唐忠、额外外委黄振绪 捐大钱肆仟文

霸昌道书吏　　捐大钱贰拾仟文

昌平州知州　　刘体直捐银贰拾两

密云县知县　　王金相捐大钱拾仟文

怀柔县知县　　吕圻捐银肆两

北路理刑厅　　沈文仪捐银贰两

训导　　　　　陆桓捐大钱一仟文

训导　　　　　昌学诚捐大钱八仟文

教谕　　　　　计经年捐大钱五仟文

典史　　　　　高正邦捐银伍两

捕厅	黄怡曾捐大钱一仟文
捕厅	□南珍捐大钱贰仟文
古北口巡检	耿斐然捐大钱肆仟文
举人	曾琦捐大钱五佰文
贡生	国朝宿捐大钱一佰文
	李秉政捐大钱五佰文
	□鸿量捐大钱五佰文
末入流	劳志道
太监	刘进玉捐银五两

（因碑刻风化严重，模糊不清还有数人捐款未录）

昌平州儒学增生王镕　　　书丹

监修　　　　王兆奎

大清道光二十八年　六月中浣　吉立

（二）光绪重修沙河城隍庙碑

原碑在沙河城隍庙内，后移到昌平公园石刻园中保存。

碑阳：重修沙河城隍庙碑记

宇宙虚其中，而万物充塞焉。万物充塞于宇宙，而鬼神流行焉。体物不遗，理固如是。无足异者，积隍之土（土）而为城返□□隍，此亦往复平陂，自然之理也。故城复于隍泰之上六取众焉。沙河自前明永乐年间建陵天寿山，此地已有行宫。嘉靖十六年世宗驻跸于此，部臣因请重筑行宫，环以城池，世宗是其议。十七年相度地势，十八年正月兴工，既竣南曰扶京、北曰展思、东曰镇辽、西曰威漠。而总名曰巩华城。自是沙河之城俨然北门重镇矣。隆庆六年又于城外自安济桥至通州渡口疏通一河，以运诸陵军粮。万历元年复疏濬之。听民徒城内居住。因建修城隍庙事见神宗实录。迄今城池之基犹存，城内外居民环而居者今不异于昔。夫鬼神依人而行，北路府治驻于斯土，有斯城，有斯庙，则城隍之享祀当□□位兹土者，所当荐馨而勤修茸者也。余任北路七年于兹矣，每朔望仰瞻见殿宇坍塌，墙垣倾圮，慨然有修茸之志，函致各属寅发捐赀。鸠工於光绪二年二月兴工，越一年而工竣，檐廊整洁，丹垩辉煌，自道光年间刘公补修后，三□□新焕然改观，斯所以妥备神灵而藉资彰瘅者，其裨益风化匪浅也，是为记。

诰授中宪大夫花翎运司衔护理霸昌道顺天北路刑钱督捕府稽查营讯兼管盐务随带加三级丁酉科举人阳曲　郑

敕授修职郎鸿胪寺序班廪贡生，平定黄鋆田沐手书丹

大清光绪四年十二月吉

顺天府北路刑钱府　郑沂　倡捐五十两

署巩华城守府　　郝　捐当十钱七吊五

司　　　狱　戴

又　武备院毡作催总　赵

碑阴

沙河镇			
周懋麟	助银拾两		
府署门房公中	当拾又贰拾吊		
徐兆麟	助当拾又伍吊		
梁宗耀	助当拾又伍吊		
李霭祥	助当拾又伍吊		
聚盛当	助当拾又壹佰吊	又领化银拾两	
黄昌魁	助银叁两	又领化银拾叁两伍分	
晋成粮店	助银伍两	又领化银拾叁两伍钱	
顺成瑞	助银拾两		
万全堂	助银叁两	又领化银拾两	
德通铺	助银叁两	又领化银拾叁两伍分	
万盛布铺	助银伍两	又领化银拾两	
三庆号	助银叁两	又领化银拾两	
兴泰永	助银叁两	又领化银拾两	
泰和永	助银肆两	和成麻铺	助银叁两
仁益德	助银叁两	和合染坊	助银叁两
官盐店	助银贰两	方木铺	助银贰两
合顺成	助银贰两	复兴和	助银贰两
永华号	助银叁两	万恒永	助银壹两伍钱

德盛梁	助银壹两	东来馆	助银壹两
万宝楼	助银壹两	龙源号	助银壹两
源聚楼	助银壹两	永盛号	助银壹两
天成斋	助银壹两	隆和义	助银壹两
义聚成	助银壹两	义成店	助银壹两
王铁铺	助银壹两	兰英斋	助银伍分
马席铺	助银伍分	三合店	助银伍分
义增楼	助银伍分	双和店	助银伍分
复成店	助银壹两	永兴合	领化银拾两

毛祥轩　　　　领化银拾玖两伍分

龚珍　　　　　领化银玖两壹分伍

宋永顺　　　　领化银捌两　李得金　领化银贰两

黄顺　　　　　当十又肆拾伍吊，领化当十又壹佰廿吊零

养天珍　　　　领化当十壹佰零肆吊

崔德顺　　　　领化当十又伍拾陆吊

李成　　　　　领化银拾两，当十又叁拾伍吊

游哨　　　黄振绪　助银叁两

授巡半哨　　吕　　　领化当十卅吊零叁佰文，制钱捌佰伍拾文

前哨　　卫保安　助银壹两伍　领化当十又壹佰伍拾伍吊

左哨　　孟希贤　助银壹两　　领化银肆两陆分捌毫

巡哨　　党永贵　助银壹两　　领化银柒两捌分柒毫

顺备　　陈宝山　助银壹两　　领化当十又柒拾伍吊

右哨　　刘永和　助银壹两　　领化银拾壹两柒分捌毫

后哨　　王振章　助银贰两　　领化当拾玖吊，制钱肆佰捌吊
　　　　　　　　　　　　　　　肆佰文

中哨　把总王振声助银肆两　领化银拾两，当十又贰佰廿柒吊伍佰文

怀柔县正堂　　　孙　　助银柒两柒分柒毫

署怀柔县正堂　　姚　　领化银叁拾陆两

顺义县正堂　　　王　　领化银玖拾伍两伍分

署平谷县正堂　　文　　领化银叁拾壹两贰分伍毫

昌平州正堂　　　钱

石匣密云县正堂　赵

高丽营阖镇

平西府阖镇

李瀛　张迁栋　张永珍　傅文荣　李瀛

　会末人　王振声　张迁栋

　瓦匠王　木匠方

　石匠萧　书匠相

共收布施：银柒佰柒拾伍两贰钱肆毫

　　　当十钱：壹仟零陆拾贰吊柒佰伍拾文

　　　铜制钱：伍拾壹吊柒佰伍拾文

又收庙租项：三、四、五、六，四年当拾壹佰肆拾吊，制钱若干。

　　　通共合：当拾钱柒仟柒佰贰拾吊零九佰卅文

圣文寺：化碑身小座石谷壹块　住持道纳高公议铺产施办制老钱拾吊文

观音堂壹座　光绪三年重修

本庙香火地壹处拾伍亩坐落城西周家坟　又壹处陆亩在本庙前后

观音堂香火地壹处叁拾亩坐落桥南村　又壹处叁亩在北门外姑子坟

笔者按：碑文笔者录于昌平公园石刻园。碑下部被水泥覆盖，有部分文字未录。

城西周家坟：在沙阳路北侧，北京地质调查所家属宿舍楼一带。

北门外姑子坟：在展思门路佳美小区北侧，北濒北沙河岸边。

圣文寺：今巩华城内沙河第二小学，建于清乾隆年间。

观音堂：在西二村南河槽大街南口路东，向东直对南庄子街，基址在宏达超市后。

七、泰清宫药方碑

碑原在镇辽门内泰清宫药王殿前，现在昌平公园石刻园内保存。长方形汉白玉碑身，高约0.47米，碑额刻有咸丰十年题记一则，字体模糊不清，未录。碑阳刻草书体"道济群生"四字，上款咸丰十年四月，下款孙思邈。

碑身两侧草书楹联："世上原无必死病""药中多是大还丹"。碑阳和碑两侧均系孙思邈草书。碑阴楷书刻百剂药方，方剂中有单方、复方，还有一些在当时药店中可以买到的成药，如太清丸、七厘散等。沙河当地故老相传，当年泰清宫内住持道人精通医术，乡民求治诊断后，道士即嘱病人去抄第几方，按方中所列药名、药量到药铺买来服下即可治愈。

碑文：

第一方	党参三钱　泽泻钱半　生地三钱　冬瓜子一钱
第二方	党参五钱　天冬二钱　杜仲二钱　白术二钱
第三方	阿胶二钱　黑豆半钱　枳壳二钱　生姜汁一杯
第四方	茯神四钱　山药二钱　牛膝二钱　香薷一钱　五味子半钱
第五方	白藓皮二钱　蝉退十七个　牛蒡子半钱　浮小麦半钱　麻油调细末敷患处
第六方	荆芥　防风　木通　半夏各一钱半　煎好冲西瓜汁一碗服
第七方	山萸　破故纸　榆白皮各一钱半　青皮一钱
第八方	大黄八钱　炙甘草一钱
第九方	制军一钱　杏仁泥二钱　党参一钱
第十方	糯米半斤　煨焦研极细末冲服
第十一方	葱白七个　荞麦须三个　同冲服
第十二方	龟板三钱　车前子一钱半　莲须一钱　甘菊三钱　柏子仁半钱
第十三方	阿胶珠二钱　血馀一团　烧灰存性研黄酒冲服
第十四方	石膏三钱　谷芽三钱　瓜蒌半钱　竹叶十四片
第十五方	独蒜三头　捣汁敷患处
第十六方	冬桑叶　沙参　木瓜各二钱　煎洗目，每日三次
第十七方	海参七个　大枣三十二枚　饭锅蒸熟五更醒时服
第十八方	何首乌三钱　川芎二钱　秦艽半钱 稀签草半钱　五味子十四粒　枇杷叶二钱
第十九方	大麦一穗　研细末黄酒三杯服　重者三服

第二十方　　　党参　茯芩　白术　半夏　陈皮　甘草各一钱

第二十一方　　五谷虫三钱

第二十二方　　吴萸二钱　远志半钱　竹沥一钱

第二十三方　　人常食之筷子煎汤服

第二十四方　　太清丸三丸，如无改煎方

　　　　　　　　半夏三钱　青皮一钱　藿梗二钱　於术二钱　枳壳半钱

　　　　　　　　丹皮一钱　甘草二钱　腹皮二钱　丝瓜络二钱　木香半钱　柴胡半钱　茅术二钱　砂仁一钱　生草一钱　川朴一钱

　　　　　　　　茯芩皮二钱　冬瓜子三钱　用梨汁一匙冲服

第二十五方　　人牙两个　煎汤服

第二十六方　　益母草三钱　熟地三钱　红花八分

第二十七方　　龙眼肉十四个　莲子芯七个　莱菔子三钱

第二十八方　　通草一钱　五灵脂二钱　续断半钱　苍术八分　麻黄五钱

第二十九方　　黄芪一两　黑大豆一两　共蒸七日每服四钱

第三十方　　　蜜黄芪四两　羊肉五斤　同烧七日食之

第三十一方　　石榴皮　蔓荆子　当归　马兜灵　各三钱　浓煎薰洗等分以所患之处

第三十二方　　忍冬藤、肉桂、桑皮各半钱　茯仁一钱

　　　　　　　　茯神二钱　菊花三钱　羌活、松节、浮麦各二钱

第三十三方　　白母鸡一支加入党参二两　童便一便　蒸极烂食之

第三十四方　　使君子七个　麦芽二钱　芡实十二钱　五加皮四钱

第三十五方　　羚羊角五钱磨冲　当归三钱　川王金二钱　石膏三钱

第三十六方　　山豆根半钱　厚朴二钱　谷精草一钱　灯草二钱

第三十七方　　柴胡半钱　白术二钱　黑山栀半钱　当归二钱

　　　　　　　　炒白芍半钱　生地二钱　陈皮、甘草各八分

第三十八方　　七厘散　每服七厘外敷患处不拘

第三十九方　　苏叶半钱　白术二钱　松子一钱　丹参半钱　僵蚕一钱　青黛一钱

第四十方　　　鹅不食草四钱　桔梗二钱　人指甲二个　研末吹患处

第四十一方　　　青蒿一两　鸡内金二个

第四十二方　　　龟板二钱　党参三钱　地榆二钱　猪苓半钱

第四十三方　　　血馀一大团　焙存性，童便一杯

第四十四方　　　黄连二钱　黄柏半钱　杜仲三钱

第四十五方　　　枣仁二钱　蝉退半钱　狗脊二钱

第四十六方　　　荷花一朵　莲蓬一个　荷叶三张　荷梗四寸　　　藕　一
　　　　　　　　节　名一本丹

第四十七方　　　当归四钱　杜仲二钱　枸杞半钱　延胡索一钱　连翘一钱

第四十八方　　　益智仁二钱　黑大豆三钱　豨莶草半钱　枳实一钱

第四十九方　　　旱莲草四钱

第五十方方　　　人牙二个　马皮一方　炙研细末敷患处

第五十一方　　　马勃二钱　麦冬半钱　地骨皮　扁豆各三钱

第五十二方　　　鲜枸杞头一两　浓汁冲服

第五十三方　　　贝母二钱　荸荠十四个　绿豆皮一钱

第五十四方　　　茯苓四钱　川乌一钱　砂八钱　钩藤半钱

第五十五方　　　川王金二钱　桂枝八分　黄连八钱

　　　　　　　　五味子十四粒　玉竹一钱　杏仁二钱

第五十六方　　　鲜萝贝　三个　捣汁开水冲服

第五十七方　　　防风一两　研细末淡水冲服

第五十八方　　　夜明沙三钱　青蒿半钱　石斛一钱

　　　　　　　　沙苑子一钱　枯矾一钱　浓汁薰泥勿见风

第五十九方　　　良姜八钱　焦山查一钱　桃仁八钱　续断半钱

第六十方　　　　梅苏丸　十四粒　六一散　三钱　冲服

第六十一方　　　使君子三钱　荷叶一钱　槟榔一钱　菖蒲三钱

第六十二方　　　厚朴　兔丝子　百合　威灵仙各二钱

第六十三方　　　全蝎三个　金器二枝煎汤饮，乳母并服

第六十四方　　　桂元半斤　粟壳五钱　洋参一钱、红糖四钱为膏每日按瘾
　　　　　　　　服之

第六十五方　　　人参一钱　党参三钱　麦冬三钱　五味子十四粒

第六十六方　　　党参二钱　枣仁二钱　黑归身一钱　木香四钱　龙眼一

钱　远志肉二钱　炙草五钱　枣三枚　茯神二钱　黄芪半
钱　姜三片

第六十七方　龙胆草二钱　生地二钱　当归二钱　车前子　黄芩　柴胡
各半钱　泽泻　木通　生草各一钱

第六十八方　蟾酥五钱　蚕砂八钱　黄连二钱为未吹鼻中连嚏愈

第六十九方　元参二钱　白藓皮一钱　神曲半钱

第七十方　陈皮　半夏　茯苓　威灵仙各一钱　苍术（米泔浸炒）
姜川朴　柴胡各一钱，炙草三钱　青皮　槟榔各六分
姜三片　河井水各一盅，如头痛加白芷二钱

第七十一方　陈皮　柴胡　茯苓　黄芩各八钱　生首乌三钱　当归　威
灵仙各一钱　知母二钱　炙鳖甲二钱　姜三片　河井水各
一盅，无灰酒冲服

第七十二方　川连　条芩　白芍　焦山渣各二钱　红花二钱　枳壳　槟
榔　姜朴　青皮各八钱　木香二钱　当归　地榆　生草各
三钱　桃仁一钱

第七十三方　川连　条芩 焦山渣各一钱　桃仁六钱　陈皮　青皮　槟
榔　地榆各二钱　当归五钱　红花三钱　木香二钱　甘草
五钱

第七十四方　柴胡　法半夏各二钱　党参　黄芩各半钱　生草一钱　姜
三片　枣三枚

第七十五方　桑仁十四个　莲子三钱　陈墨汁一酒杯

第七十六方　蛇床子二钱　知母二钱　鳖甲二钱　荔枝核七钱　银花三
钱　童便一杯

第七十七方　丁香一钱　苡仁二钱　无灰酒一杯

第七十八方　地骨皮二钱　生地四钱　荆芥一钱半　冬桑叶二钱　防风
一钱半

第七十九方　密陀僧　麻油磨敷患处

第八十方　栀子、桔梗、薄荷、山楂各半钱、姜三片

第八十一方　药珠　炉甘石　赤石脂　血竭　煨石膏各三钱　冰片二厘
儿茶一钱　陈年丝吐渣一钱　煅存性研极细未如灰

第八十二方　　赤石脂二钱　王不留行一钱

第八十三方　　藿香二钱　白菊花四钱　泽泻一钱

第八十四方　　柴胡　当归　茯苓　丹皮各一钱　炙草五钱　薄荷五钱　黑山栀八钱　白术一两土炒　煨姜一片

第八十五方　　苡仁四钱　肉苁蓉二钱　绿豆皮三钱

第八十六方　　乳香三钱　没药三钱　血竭一钱　蓬砂八钱　研细末麻油调敷患处

第八十七方　　海金砂二钱　蚕砂一钱

第八十八方　　人参一钱　伏苓一两

第八十九方　　人乳一杯　血竭五钱

第九十方　　　鹿茸一钱　破故纸三钱

第九十一方　　当归四钱土炒　穿山甲醋泡一杯

第九十二方　　活蚯蚓三条　无根水一杯　炙灰冲服

第九十三方　　川连一钱　芫荽一两　煨姜七片

第九十四方　　生军三钱　人参八钱

第九十五方　　熟地四钱盐水炒　麦冬二钱砾砂拌

第九十六方　　全蝎一个　捣烂敷前后心并两腿腕

第九十七方　　活公鸡血一杯　淋入儿口拌乳灌之

第九十八方　　紫草　滑石各二钱

第九十九方　　洋参一两　干姜三片

第一百方　　　党参四钱　伏苓　白术各三钱　炙草一钱　炙芪二钱　熟地四钱　当归三钱　白芍半钱　川芎八钱　肉桂五钱　姜三片　枣三个　周岁内小儿减

八、重修古刹玄真庙碑记

玄真庙原址在沙河朝宗桥路北口路西昌平供销社酿造厂，解放后拆除。碑立于明隆庆元年（1567）二月，石碑高约2米，宽约0.8米。碑今已失无考。碑文正楷刘俊撰，额书篆文为"重修古刹玄真庙碑记"。碑文残破，字画模糊，有些字已经风化消失，仅能将辨认的字体记录下来。

碑文：

夫古刹玄天圣宇立自远矣！未探其由。盖神镇北方是处尊奉者多有。圣迹坐落顺天府昌平州地界，北近朝宗上观天寿居庸，南近安济扶望京都，西近神山一带，东连汤山白河，此形胜之第一。嘉靖丙寅岁御用监掌印兼掌司设监印太监雨山滕公祥奉勑悼陵公干，路经越此下车礼瞻圣像。见得庙貌倾颓水患冲坏，公顿发诚意将素积君恩赏□，命名下御用监太监张纪在彼，善信刘璋、刘珪、家人刘□、吕景春等鸠工买材，齐心协力落成。中更正殿添左右配殿、前龙虎殿、山门旗炉围房方丈，环墙垣围栽树株，内增□□□□辉。神像沙壁绘严一新。命僧人觉保侍奉香火朝夕焚修。亦蒙祥本官司礼监掌监事太监□山黄公锦等助善施财外，治腴田四十余亩以供僧之需。□□公德，夫善者在明明德，人之至善非忠孝者未能达事。今雨山公上为祝延□□□□□□□国祚隆久，帝道熙昌。次於北方宁谧，境域安和，黎庶咸安，傀虏远遁。矧公作善之心非为□□□□□君之赐脾以报国家无疆之福也。遂不敢辞少缔。鄙言勒石于珉以引日□□□□，敬神之不息也是为记。

记曰

北方玄天　神烈威光　镇天助顺　永固邦昌　列圣礼奉　□□□□　群黎瞻敬　是处□□　天寿居庸　朔方沙漠　金台广阳　扈雍八府　中镇紫乾　圣德浩荡　天际□绵　□□□□　一方塾信　消病除愆　荼毒永灭　秽杂更香　蝗虫殄息　禾稼盈仓　田丰民富　扉户开张　圣寿吾皇　太平万里　地久天长　瞻之顶礼　用保无疆

奉训大夫　中军都督府经历司　南昌湖山　刘俊撰

大明隆庆元年岁次丁卯二月中吉立石

九、沙河南一村文昌庙碑

南一村文昌庙位于沙河工商南街南口路东，今沙河巩华中心小学是其基址。详见本书寺庙介绍。碑立于光绪七年（1881）五月，碑高约1.8米，宽约0.6米公分。额题双勾正书"万古流芳"，延茂撰文，赵相颜楷书。碑文残破，字画难辨。碑已失考下落不明。

碑文：

史记天官书载斗魁戴匡六星曰文昌宫，第四星曰司命，第五星曰司中，考之周礼□□□记司中司命是文昌之祀始于周而文昌之名详于汉，历代沿革逮有盛典。国朝嘉庆六年钦奉谕旨："文昌帝君主持文运福国佑民，崇正教阐邪说，灵迹最著海内崇奉与关圣大帝相同，允宜列入祀典用光文治"。即于京师地安门外因明旧址重修。殿宇落成日睿庙亲诣行九叩礼。命各省旧有祠庙听有司量加修葺以备□□□祭。圣谕煌煌，□火炳炳如日月，□□□□□□□昌邑沙河镇旧有圣文寺祀圣帝并文昌其创始于（其后碑文模糊辨认不清）。

光绪七年岁次壬午蒲月初七日　　建立

诰授中宪大夫　赐同进士出身　赏戴花翎 鸿胪寺少卿邑人延茂顿首拜撰

六品顶戴　以佐候用末入流邑人赵相颇熏沐书丹

十、圣文寺香火地碑记

圣文寺原址在今沙河镇第二小学，因寺中供奉关公塑像，当地人又称之为圣人寺或圣仁寺，该寺原有香火地两段。后蒙古正黄旗人赵全氏同子伊兴阿又施舍一段十亩地为该寺香火地。该碑原在沙河圣文寺内，现已失。

满洲八族入关之初，在北京周围五百里内各州县大量圈占土地，清政府把圈地获得的大量土地房屋，按八旗内部等级进行分派，一个满旗"披甲人"，也就最低级的八旗士兵，可得到房两间（后改一间），耕地30亩，旗人通过圈地得到大量土地，但他们没有兴趣也没有经验来耕种这些土地，八旗将士就强迫原来土地上的汉族农民投到他们门下，充当农奴。对此满清统治者并不禁止。清中期以后，旗地却出现了另一种问题。由于八旗子弟大多不务正业，大肆挥霍，所以经常入不敷出，于是他们便开始抵押甚至出售土地。早在康熙年间就出现旗人私自出卖土地的情况，以后逾演逾烈。乾隆二年御史舒赫德估计，旗地"近京五百里者，已半属于民人"，三年后又一位御史禄谦上奏称："旗人地亩入于民间者，十之六七"。清廷为维持八旗制度，严禁旗民典卖、出售旗地，明确规定："八旗地亩原系旗人产业，不准典卖与民，向有定例"，雍正即位后拨出专款强制回赎旗地。凡是红契典卖者给全价，白契典卖者给半价或者不给价。旗人典卖土地基本是私下交易，白契居多，这种回赎又使许多汉民损失惨重。回赎数量也十分惊人，乾隆二十七年一次就赎回旗地200多万亩，嘉、道、咸诸帝又无数次重审、回赎，但终究难以抗拒土地流动的大趋势，咸丰二年（1852）户部规定取消旗、汉地产禁止典卖之法，通过税法变相地承认买卖典当的效力，只要照章纳税即可。直到清末修律，才彻底废除"禁旗民交产"的法令。

在清初，圈占后并经祖先遗留下来的旗地，是清政府给予八旗子弟的养身之地，法律上严禁转卖民间，旗人为了卖地，只有以向寺院庙观施地名义而才能合法，名为舍地，实为卖与寺院，这在清代是一个十分普遍的现象。

圣文寺香火地碑记：

关圣庙由来旧矣，日久风雨剥落非复旧观。危君仪倡募鸠工，焕然一新。谢府尊记已详不赘。特其庙貌轮焕，其基址敞穆，其建地则南北往来之衢会也。吾乡之人凡里役期会需聚议者，胥于是饮。福马因奉为香火寺。寺中原有地两块，又善信施地一块，供启闭勤讽诵。僧其计亩而瞻乎。危君虑其久而驰也，嘱予为之记而刻之石。余曰：人顾视其志何如耳，何过虑为？向子之募修斯寺也。殿庑墙垣不日改观，因创建：文昌祠约白金数百费，然且有志竟成而拟崇魁楼不果旋罢，至今阙如。其无乃志是咎乎，则是区区数十亩者，又若不能不为供启闭勤讽诵虑也。嗣有志子之志者，则子之虑，子之咎其释然乎？是亦子之志也。

夫郡人郭瑞撰并书

一块十五亩坐落庙西　东西至赵姓　南北至官道 王姓
一块八亩坐落孔家沟　东西至赵姓　南北至坡
　　（以上）俱系本庙原业
一块十亩坐落果家坟　南东至沟　北西至果家坟
　　　系正黄旗蒙古宁德佐领下赵全氏同子伊兴阿施
乾隆五十六年岁次辛亥荷月毂旦　本镇铺户公立　住持僧隆光

十一、沙河清真寺碑

沙河清真寺建于明代，至今已有500年历史，历代多次重修。沙河清真寺内保存有3块清真寺碑刻。分别是清光绪三十一年、民国九年和民国四年所立。

（一）清光绪三十一年清真寺碑。李廷华正书，额阿拉伯文，汉文题。碑高约1.78米，宽约0.96米。

碑阳：

直隶顺天府北路厅沙河镇旧有清真寺一座，盖闻籍教故土西域自汉唐以来召入于中原也。得蒙圣君贤辅赐号易治因侔齐民各方，勅建寺院为吾回教拜主奉经祝国佑民之处耳。兹寺由前明所建修立，殿宇口阁之所宜具瞻经典，宣扬士儒，莫不称赞。即本朝康熙三十三年六月初七日奉上谕恩赐匾额今缮于碑中："朕评回汉古今之大典自始之鸿道也，七十二门修仙成佛诱真归邪，不法之徒之异端种种生焉。已往不咎，再造反者斩。汉官诸臣时烹俸禄按日朝参，而回教逐日五时拜主赞圣，并无食朕俸亦知报本而汉不及回也。通晓各省如汉官民因小不忿籍端虚报回民谋反者，职司官先斩后奏。天下回民各守清真不可违命，勿负朕有爱道之意也。钦此"。夫寒往暑来风吹而并雨洒，年深日久殿宇而俱催残，故教末众等岂忍坐视也？同声相应而起重修之志，同气相感均有施资之心。择于光绪二十一年兴工至三十一年工程告竣，极其令人可观矣。又众等相商开学公济学堂费用，寺内实系无项可筹，公议由本郡羊行售消每只羊拿出各钱五文，售消牛驼每条拿出各钱制老钱一百文，此钱均归寺内开学修理诸样使用，故书于碑。万古千秋永为定章均沾回赐。两世吉庆俟后远年。近日如有异言更章者，非为清真正教之人也，倘有更章之人者，着守事人量力罚伊。

又有施舍地亩例年租项钱文交纳寺内诸样使用，故立一碑，永垂不朽矣。所有施资您帖银两另有摘牌。

大清光绪三十一年岁次乙巳和月上浣

碑阴：

今将所有施舍地亩等项开例于后，计民国三年五月二十七日因置德公府地筹款维艰。德公阆邨乐善好施，自心情愿助银洋壹佰圆整。引化赞成人：周子和　王义斋　安阆亭　肖原泉

本郡海得顺施水房子石池子壹对。寺内旧有地捌亩，此地归以妈目养身。贯市西光裕施活契地拾贰亩原价银壹佰两整，俟后回赎者嘱言此银寺内再置地不准别用

贯市东三义施活契地拾亩原价银壹佰两整，俟后回赎者嘱言此银寺内再

置地不准别用

本郡马麟奉先君遗言在寺内施资掘砖井壹眼，盖井房壹间，施义地壹亩叁分座落在桥南闫家庄后身

上已载明原有西光裕施活契地拾贰亩，原价银壹佰两于宣统元年正月间本业者相德宽情愿将此地倒与清真寺永为公产。又找出倒价银贰拾两，其倒价银壹佰贰拾两今归寺内认租认佃不与业主相干。宣统元年正月间寺内公中又倒相德宽地拾亩，价银壹佰零贰两亦归清真寺永为公产，均各认租认佃不与业主相干。此银出于阖郡筹捐之资，本寺以妈目李全成施于寺内施活契地叁亩原价银贰拾贰两，例年愿给寺内纳租，俟后回赎时嘱言此银寺内再置地不准别用。谷旺施活契地叁亩原价银洋贰拾肆圆，俟后回赎嘱言此银寺内再置地不准别用。宣统元年寺内公中倒相德宽地拾亩内中有贯市李恩涛施助银肆拾整，马麟因其外祖父黄府君缺嗣有空巢壹段无人擎受，马麟情愿经手变价，所有此钱置地壹亩叁分施舍本郡作为义地之用。此在马麟所施之义地壹亩叁分相连，共计地贰亩陆分均在一处，永为本郡公产。其义地坟盘贰亩贰分南至黄姓地，内有走道肆分，坟地另有碑记可查。民国二年五月贯市李君恩涛施活契地叁拾叁亩柒分伍价银壹佰叁拾伍两，例年纳租归清真寺公济斋堂办公之需。俟后典业主回赎此银归寺内再置地不准别用，又施铁柜壹个。又于是年六月本郡张门夏氏同子天和、天贵、天喜母子商议，自心情愿将自置民地壹段计地拾陆亩施于寺内永为公产。无论何事，此地不准典卖。例年纳租归寺内办公之需，自施之后不同张氏相干。又因修补殿宇施银洋叁拾圆。民国四年张天和同子张德今将受分活契地叁亩，情愿施在本郡清真寺永为公产。原典价银陆拾两整，例年纳租归寺内办公之用，自施之后不同张氏相干。嘱言俟后□□□价回赎此银寺内再置地不准别用。

碑右侧刻载：

中华民国四年即乙卯年阴历十月二十四日主麻，本郡马麟全家情愿将自己古洛阿呢一号计叁拾部并经匣壹封，同众首事乡老将此经施在清真寺准其阖郡麼民公用。闻念均沾回赐。麟之后人不准二说，是为至嘱，念在赎罪之举，故书于碑为纪念耳。瑞臣氏记

碑左侧刻载：

碑后载有西光裕所施活契地拾贰亩并寺内公置地拾亩此贰段贰拾叁亩即德公府旗产，今伊已卖。杜绝卖以寺中。报粮升科永□□□，碑上所有以妈目李全成施活契地叁亩原价银贰拾贰两，伊将此地回赎给价银拾两下欠银拾贰两。民国四年以妈目已然辞退，末等会议此银勿用再要，今已载明免其日后地无着矣。

（二）中华民国九年清真寺碑

冯炳楷书，额阿拉伯文，碑阴刻捐资题名。碑高约1.50米，宽0.47米。

碑阳：

兹因京北昌平县沙河镇旧有清真寺一座。原有大殿六间，情因本方人众殿狭，历年开斋大典跪叩为艰。我方同人筹思至再，非由大殿后接修五间后殿不可。自民国六年四月，重修水房子工竣余剩木料砖瓦本应接修大殿，奈因工钜力薄又兼各料不足之需。故将此料存放。殿工所悬二载之久。复思各料若存日久，倘有朽坏实在可惜，不然工程浩大本方寺中公款无多独力难成。愚末马麟思维发起首倡，函致外郡亲友恳求引募，承蒙诸亲友雅爱，注重教门俯念修理真主之朝房均有施资之心。同声相应赞成，允诺代为倡募帮助发起重修感荷也。及兴工时禀明县公署，司令部均蒙赏示弹压。今已将大殿接修五间并新建前边洋门一座，以及南北讲堂殿宇各室普通查补，油彩异常坚固。远以望之灿然生色，近而视之焕然一新。非是人力，仰赖真主之佑耳，敝方生辉。惟另秘亥拉步即望月平台一间于光绪二十一年修工时系马麟先考捐修，今又将此平台挪移，仍系马麟自己捐工重盖，不失先君之志。刻下工程告竣，理合声明所有用寺中租项公钱外，并引募各方愿帖以及出入花费等项，诸君等名姓氏衔再勒石于碑，永为鉴照回赐无极矣，以彰来者。

陆军少将二等文虎嘉禾章大总统府侍从武官杨开田助洋肆圆

前任阿訇马云青助洋拾圆系河间府辛庄人。领袖引募人寓居北京德胜门外白子实 张德旺 马茂 张德润 马鹤田 张德祥 刘□ 喜亭 白祥 刘庆林 计书愿帖。内张号助洋贰拾圆德茂店助洋伍圆 西来顺助洋壹圆 德厚堂助洋伍圆 东来顺助洋伍圆 北康助洋壹圆

北京

郭兴店助洋叁圆 永源店助洋肆圆 祥顺玉助洋叁圆 马永龙 瑞升号 春源堂 三源堂 正德店 西顺成 永盛长 德盛 宝兴顺 聚源号 洪兴顺 增顺祥 德瑞兴 以上十三名号各助洋贰圆

马甸

王堃 隆茂店 马鹤田 马魁龙 德源堂 马鹤春 二合堂 外兴茂 北刘 恒顺公 玉泰元 庆德茂 天通益 万兴号 祥顺成 西聚泰 德顺祥 广玉兴 中兴顺 常盛隆 东顺兴 东义顺 玉明号 东玉丰 三盛合 恒兴馆 罗云彩 喜玉峰 德源昌 喜三元 顺三元 金城号 以上三十二名号各助洋壹圆

马驹桥

刘通 杨季魁 泰山成 内□金 义成号 义元永 宝丰 杨阿訇 祥集兴 刘凤林 洪德林 李茂堂 张连科 永顺斋 刘祥林 连三元 德祥永 刘国林 刘壁 兴顺□ 喜亭 丁玉明 刘庆林 宝二元 罗长教 谷玉海 周永兴 以上二十七名号各助洋伍角

隆三元 北德顺各助洋贰圆伍角

庆聚隆募洋柒圆 白祥 助洋拾伍圆

现任阿訇马连祥助洋柒圆系河间府辛庄人

经理人：李成 丁文成 马麟 马彬

书碑人：冯炳

中华民国九年岁次庚申冬月吉日阖郡公立

碑阴：

领袖引募人系三河县属夏垫镇 阿訇张辅卿 杨茂文 李廷柱 钟国勋 杨景通 杨景和 陈殿庸 金于昆 王恩庆 计书您帖：泰源店助洋叁圆 永顺店助洋伍圆 公和店助洋叁圆 杨账房西柜助洋肆圆 陈家店助洋贰圆 双德店助洋贰圆 长胜堂助洋贰圆 兴隆店 万隆店 宝泉华奶房 德顺店 黄维伦 李广福 何凤起 李廷柱 刘明会 曹士祥 陈殿庸 铁广居 李瑞隆 杨茂儒 杨景朋 张彦芝 何通泉 二合堂 李仕禄 李仕明 宛德奎 杨春峰 宝兴元 以上二十三名号各助洋壹圆

杨殿英 从贵丰 忠三元 德盛号 杨茂珍 忠和成 永瑞昌 祥复店 张瑞芝 沈仲清 刘朝岐 山□珍 以上十二名号各助洋伍角 李凤

全　忠德元　德顺祥　杨茂森　何瑞田　刘德全　以上六名号各助洋叁角　河西务杨村人在永顺店羊客助洋贰圆贰角

　　领袖引募人安河桥阿訇马国清　白景文　白景章　夏瑞旺　杨林　者文彬　四等文虎章中营静宜园汛守备刘谦　步军中营候提千总刘诚计书　安河桥清真寺阖郡助洋贰拾柒圆

　　领袖引募人系张家口上堡清真寺　阿訇古振龙　郭克忠　古全义　钮殿宝　刘清源　郭建怀　永亨玉　永和庆　计书张家口上堡清真寺阖社助银洋叁拾圆

　　本镇义园居送来您帖银洋肆圆　张天喜送来您帖银洋叁圆　魏富顺送来您帖银洋叁圆　魏国荣送来您帖银洋贰圆　魏德贤送来您帖银洋贰圆　丁文成助银洋贰圆　马彬助银洋肆圆　马麟助银洋贰拾圆赴张家口夏垫镇写您帖往返川资用　李成助排山柁贰架　李万□助白灰壹仟斤

　　民国八年从寺中公账提出银洋陆拾圆　九年从寺中公账提出银洋壹佰叁拾圆　旧鼓楼大街马殿启引助银洋柒圆　以上共入银洋伍佰壹拾肆圆伍角出民国八年买树价洋叁拾伍圆　出伐树工饭并草料钱银洋拾贰圆　出买石碑料银洋拾叁圆　又九年正月买柁檩银洋贰拾贰圆　买钉子银洋捌圆　出买白灰壹萬伍仟斤合银洋肆拾圆

　　出买砖瓦石板青石价洋叁拾圆　出买木板子叁捆价洋叁圆叁角　出买麻刀叁佰叁拾斤价洋叁拾圆　出打台阶工饭洋贰圆　出拉大殿铁勾铁板价洋叁圆柒柒角　出扎法绳连绳江壶笘帚等项银洋拾圆　出拉砖木料钱银洋肆圆　出大殿席银洋陆圆伍角　出打夯工饭银洋拾贰圆　出买文布银洋叁圆　出瓦作二次工饭银洋壹佰贰拾圆　出杏作二次工饭银洋陆拾圆　出油作工料银洋八拾伍圆　出瓦木油土四作□□□肉茶叶等项银洋贰拾圆　出伐树上梁帮工人吃饭银洋柒圆　出由北京借佃办行息银洋拾伍圆陆角　出赴张家口夏垫镇写您帖往返川资银洋贰拾圆　出刻碑字工饭银洋叁拾圆　以上共出银洋伍佰玖拾贰元壹角　除入您帖银洋外尚亏银洋柒拾柒圆陆角　马麟担任俟次年再为筹付　惟按工时与顺成利粮店交易工程告峻清付此铺之账　虽不欠其钱　从中赔行情拾圆之多　既承欲助善□然不可不记述　又广顺聚棚铺助架木春秋两次两个月之久亦可记载　再者考察瓦木土油石各作包工商人加意修坚　勤慎耐劳已故完善殊堪表载以诏方来附列姓氏　木作吴金玉六里屯

人　瓦作李长瑞屯甸人　油作周万太沙河镇人　土作夏瑞斌树村人　石作□□顺马连洼村人

（三）：中华民国四年所立之碑未录。按昌平沙河清真寺民国4年（1915）碑记载该寺发生了伊玛目率伊子侄女婿行凶寺内、使首事人不得不具文报案的事件。最后蒙判，念其充教长数年，"将寺中公地捌亩给其作为私产"，日后免去其"世袭教长之事"。碑在清真寺二道门北侧。

十二、巩华城周边寺庙碑刻

（一）西沙屯药王庙

西沙屯药王庙在沙河镇西沙屯村，座北朝南，两进院落。始建于唐，明清两代多次修缮。山门为歇山式，中殿带月台，两旁竖碑，后殿为硬山五间建筑，供奉药王孙思邈。庙中有清康熙、乾隆年间重修药王庙的两座石碑，分别立于中殿两侧。

1. 药王庙重修碑记

清康熙六十年（1721）年五月立。碑阳为正文，碑阴刻捐款人题名。碑高约1.8米，宽0.8米。阳额篆书"永垂不朽"，任淳撰并正楷书。今碑已失无考。

碑阳之文：

药王庙重修碑记

沙屯村之有药王庙其来久矣！溯自胜国逮我昭代而一。值药王诞辰远近男女骈集如云，或幡盖结彩而祷祠者，或鸣锣击鼓而告及者，感应常在百里之外，无他，以其神之灵效如响，能救人疾厄也。前本州善士王永祯捐赏修理大殿三楹，因风雨摧残而两配殿亦俱倒塌不堪。幸有主持僧人普光苦心募化，善士朱逢珍等协济经营以致西配告成。方忧资力匮乏难于遍整，而更有同心向善者高幹（干）、马柱儿、刘贵、毛翎、郭起龙、郭天英六人捐金贰佰两，俾东配亦得以告成。庙貌虽古而焚修屡易者，无非以其香火之地不足养瞻也。卒赖善士朱逢志等同善会所余之资财仅陆两有零而设法生殖积金贰佰余两，今置地贰顷拾肆亩半，其坐落界限俱载在文券，同我乡善庶铸之贞珉，用垂久远，一以坚重修之心一，以杜后世吞并之弊，而能使之数百年后庙貌犹能相继而新，圣前之香火以致绵绵不绝者，是乃我等之心愿也夫。

本州廪膳生员任淳撰文并书丹

康熙六十年五月孟夏 吉旦立

碑阴之文（碑下身部分文字磨灭难辨，文难录全，仅将部分捐款人籍贯录下，姓名省略未录）

阖会众善人等

横桥村　楼子庄　东坨村　白蛇村　满井村　昌平州　踩河村　东沙屯　新庄　白浮村　白水洼　梅所屯　本村人众等

　　住持僧人　通慈

2. 药王庙增修碑记

清乾隆五十七年（1792）四月立，碑高约1.5米，宽约0.7米。碑阳为增修记，碑阴为题名记，额篆书"永垂不朽"。张司直撰并正楷书，侯邦杰刻，樊钟敏双勾篆额。该碑下半身毁坏严重，多数字体脱落，字迹模糊不清。今碑在药王庙内中殿右下阶立。

碑阳之文：

药王庙增修碑记

盖闻千秋有不磨之善念，万古有不弗昧之人心。况药王庙建自胜国延至熙朝，其神灵响应烛照无差，垂福佑为下民之倚赖。除灾疫为兆庆仰□。使有即其增修之告竣而勒石以志之。则幽有□□□□之所在不几。令无量之功德而□□于无有也哉。故前此□大殿重修配殿整饬无昨，赖十方之施舍而成，券山门之形□□□□乾隆三十年间先师上普下福苦心募化，诸檀那喜舍资财但见□善者欲观厥成乐施者竟勑其盛，有出役力而趋事者，有出□□□□□而施庙中者，甚至□□料则栉风沐雨□，执事则戴月披星，故以门增其巍焕，殿前壮其规模五间过厅，俨然指日以成功三楹□□□□厥由来虽赖□□□以扶持亦籍人工之凑合忍使施主之功德而付诸流水，□□觅石工监立兹碣上可以彰明□□□□□□普济真君庇佑之鸿庥，次可以较著信士檀那施舍之功德，并可以表白普福先师增修之苦心，伏愿自兹以往种福田者各思超前而轶后助善缘□□□，无不永传奕□以绵绵不朽也夫。

　　正黄旗满洲佐领公景恒施舍地贰段共计地壹顷

　　正黄旗满洲笔帖式务能义、□□□同子侄□□□、□□□施舍地肆段共计地壹顷玖拾伍亩

正蓝旗七品乌□达张琮同子侄文锦文成文然施舍地叁段共计地壹顷贰拾玖亩

昌平州新庄户张琨同子文彩文释施舍地坐落三村共计地叁顷叁拾伍亩

厢黄旗满洲都虞司效力栢唐福旺同子阿宇施舍地贰段共计地玖拾伍亩

正黄旗夏义同子侄天保天寿施舍地壹段计地捌拾伍亩

正黄旗蒙古领催黑达色同子得柱施舍地贰段共计地陆拾亩

正红旗汉军炮手李文焕同子侄善宝或宝施舍地叁段共计地柒拾贰亩

正黄旗满洲亲军□德施舍地壹段计地拾捌亩

昌平州南东坨张国发同子仁哥施舍地贰段共计地贰拾伍亩

厢白旗满洲科□额佐领下马枪护军阿里哈同子永明施舍地贰段共计地伍拾亩

顺天府大城县廪膳生员樊钟敏篆额

河间府肃宁县廪膳生员张司直撰文并书丹

乾隆五十七年岁次壬子夏四月住持僧通□通贵暨徒暨徒孙同立

碑阴之文：

合会众善人等

张文成	梁禄山	李廷杰	傅廷献	吴自亮	杨天旺	张朝瑞
刘建公	林廷相	冯国财	徐　和	纪天荣	冯　琁	王惠民
阎宗孝	王永吉	曾　龙	李德会	李　训	王永科	朱廷瑀
刘成献	车善杰	张廷柱	张国□	岑从尧	牛希顺	李宗周
张　崑	崔文福	王永□	侯□珍	牛希凤	李成德	朱　镇
陈国清	门德安	牛希成	王廷敬	卢希曾	李治通	王永利
杜明义	单国连	王　炳	宋文辉	韩得忠	王　成	李　通
杜明善	李常兴	梁禄林	刘国玺	李文齐	李之生	范明顺
刘国贤	张成荣	王守印	崔天禄	徐　通	郑自奇	朱　宏
郑自敏	吴自志	王国珍	李文德	冯国兴	李有敬	沈得禄
邢天利	郭成秀	丁志德	吴德玺	李文魁	□治印	朱□铭
王兆槐	王麟书	冯文亭	傅□蛟	李志恭	张文礼	张　□
宿大元	马国泰	□明良	朱　麟	谷良金	苏国柱	朱　元
张起盟	许德亮	李　德	崔士耀	李廷连	梁茂亭	朱　□

孟都广	吴永□	孙继彬	张　宽	张文杰	梁茂隆	朱廷琼
翟廷甫	宋成凤	李　钧	阎士彪	岑宗舜	李　达	朱廷珉
王希元	侯德胜	萧　纲	张　環	张　本	李廷辅	孙美先
李治银	王连秀	刘　忠	李进善	梁王弼	马有义	李　荣
刘　崑	郭成玺	李　茂	张　琴	李瑞明	马有奇	李柱茂
朱廷盛	刘重兴	魏廷试	赵廷宣	李国镇	马德龙	吴得玺
刘　龙	宿文翰	刘　媄	张　忠	果先晋	周可兴	邢　彪
李　轮	朱　山	朱　泉	吴国□	刘文琦	王成玉	王德智
石工侯	邦杰刊					

3. 西沙屯义学碣

西沙屯义学载在《光绪昌平州志》中"西沙屯崇正义塾有学田壹顷玖拾柒亩"。义学也俗称义塾。康熙四十一年（1702）"定义学小学之制"，及康熙五十一年（1713），"令各省府州县多立义学，聚集孤寒，延师教读"之规定而办理。义学由所在地官民捐款创立，或属个人私设；学生年龄为六岁至十一岁，地方贫寒子弟免费入学读书写字，是地方的基础教育。

碑原在西沙屯药王庙内，碑身下部毁损严重，字体无法辨认，现已失存无考。

义学碣文：

尝闻古有释迦佛者西方之圣人也，可谓佛门之教主僧家之领袖也。圣人无我无人之旨真千古之绝论犹圣门之忠恕也。僧诚凛于心虽至□□□先师以来披剃余药王庙中，所居昌平之南西沙屯村之内，东靠山河□□无不歇足余此。地虽属荒村野店□□□□□彩可观，所可惜者未受仓颉之教，孔圣之化。僧诚凛□□□□□庠当时多士济而盈庭俱秉圣之德教□□□□□太平之乐群颂皇王有道之风，我国朝因以遵古帝王之制崇礼乐尚诗书以效法□□□□□子弟故此天开文运群贤毕聚，英才众多□□□□□约村中父老公同商议立义学一事，播庙中香火之余□□□□□旷费之职大而有成者，正可为国为民致身余朝堂□□□□□容争竞之私情已免，仁厚之风俗独存。虽系一村之福田亦国家□□□□□。

义学之记云：嗟夫义学已既立兮，总不旷后生，若请名士而为□□□□□皆精果永远而常存兮，为首者自然当时有名而后世谁不为之

□□□□□。

　　头肆段坐落丑里墩南计地柒拾亩　　又壹段坐落姜家村南计地贰拾□亩　　又陆段坐落小寨村东计地贰拾捌亩

大清嘉庆伍年岁次庚申菊月癸卯吉日

　　4.刘蕡故里碑

　　碑民国元年立于西沙屯村刘蕡（fén）故居内，现在昌平公园石刻园保存，碑高1.9米，碑下身已残。碑阳为行楷体"刘蕡故里"及"吴下倪钦题"。

　　据《昌平镇村探源》介绍刘蕡故居在村中南北方向主街的中段路西，院落南北长约33米，东西宽约20米。院门位于东墙南端，东向。院门外东北3米处为水井，井口高出地面0.4米，石制井帮上留有数道井绳磨出的深沟状的痕迹，井现在已被填平。院内迎门为影壁。院内有北房三间，青砖小瓦，前廊后厦。明朝中期，昌平知州在刘蕡故居处为其建祠，此为建祠后的格局。明崇祯五年（1632），在祠的西南角立碑一通，碑文由董其昌手书。民国元年，在碑旁立"刘蕡故里"碑。民国初期，村里人将祠内的牌位、香案撤去，改祠堂为教室，建起了西沙屯小学。解放后，又改为供销合作社的分销店。"文革"初，刘蕡故里中的石碑被放倒，"董碑"先搭在村东的垄沟上当"桥"，后被就近埋入地下；故里碑和董碑被县文物所保护起来，现存昌平公园的石刻园。1984年，拆掉西墙盖起来7间平房，改为机务队；1996年改为村办小工厂的加工车间；2002年12月，拆除院内北房及东、北、南三面围墙，在东墙旧址处盖临街简易平房5间，租给个人开设饭馆；不久，又改为菜市场。

　　（二）定福黄庄（定府黄庄）景祥寺碑

　　定福黄庄位于沙河南大桥南两里，是明代皇庄形成的村落。村中有景祥寺，昌平州志无载。景祥寺位于村东与八达岭高速公路之间，坐西面东，四合院格局。建有西大殿、南配殿、北配殿、东殿为山门。寺碑刻立于清光绪元年（1875）四月十九日，碑文楷书，额正书双勾"万古流芳"。后寺毁，村民在寺基处建宅。2007年6月初，村民在挖墙基中，意外发现了重修景祥寺碑，碑高1.5米、宽0.67米。景祥寺现只存后殿，殿已被改造，屋顶换成机制瓦，少许窗户还有旧时面貌。寺碑现在已重新立于后殿宇下。

碑文：

　　盖闻积善降福，乐善修福，以斯言之，则神天未有不加护于善人也。京北昌平州地方所属定府黄庄旧有景祥寺古刹也，因庙宇彫残，墙垣倾圮。有住持僧人了智奋志重修，自道光十二年行持，今于同治六年大工始竣。正殿供奉如来佛祖，北殿供奉伏魔大帝，南殿供奉达摩祖师，山门供奉护法韦驮法像。庄严神殿重新足兹奠神，居而昭感应。信乎有灵保佑一方，故合庄善士乐观其成也。而为之记敬述其颠末如此。

光绪元年四月十九日　　　引善众等合立

（三）路庄明太监周贵生圹墓碑

路庄在沙河朝宗桥北两里，为明十三陵永陵皇庄《光绪昌平州志》称其为"永陵庄"。明代时期在庄中驻有管理皇庄的太监。碑高约1.5米，宽约0.6米。楷书正文，额篆"大明"，该碑已失无存。

碑文：

嘉靖癸巳年八月二十一日申时生

永陵神宫监金押管事龙川周公讳贵预建

万历甲辰年二月二十一日申时卒

（四）勅建玄福宫碑记

明朝时期，回龙观地区是一片水草丰美的牧马草场，称为黄土店草场。明代诸臣到天寿山祭谒皇陵，官军往来经过这里需要停歇，但是此地没有水源，给大臣和官兵们的休息带来十分不便，明孝宗便下令在此建筑玄福宫，开挖水井。宫观由弘治十七年始建，正德十年建成，工程前后持续了十二年。

玄福宫规模很大，有前，后两院，钟楼、鼓楼、龙殿、虎殿、左右殿、正殿、南北方丈等俱备。正殿供奉玄武之神，即真武大帝。整座建筑"琳宫贝宇，杰出霄汉，轮奂完美，丹碧辉映"。玄福宫是明中后期的一座皇家道观，也兼有明帝谒陵时往来途中行宫的功能。宫建成后，明朝皇帝到天寿山拜谒皇陵，回銮途中多歇息驻跸于此。

玄福宫又俗称回龙观，早在明末就已经这样称呼玄福宫为回龙观了。顾炎武的《昌平山水记》记载："元福宫，弘治十七年建，俗呼为回龙观"。玄福宫在清朝为避康熙皇帝玄烨名讳改称元福宫。

玄福宫为何又称回龙观呢？昌平地方民间传说明帝祭陵回途中到此地要停下脚步，回望十三陵方向，以示对祖宗恋恋不舍的心情。有龙回首向北观望之意。研究历史我们发现有些民间传说也是有其历史来源的。通过研读

《明武宗实录》发现有以下记载："正德十二年八月甲辰朔，上微服从德胜门出幸昌平，外廷犹无知者。次日大学士梁储，蒋冕，毛纪追至沙河。曰："臣等昨在阁见午本未散，候至申刻始出。道路相传以为圣驾清晨出至教场寻幸天寿山。臣等闻之心胆战惊，莫知所措。今储嗣未建人心危疑，车驾轻出谁与居守？各衙门一应题奏本并太常寺当奏祭社稷及先师孔子此等礼仪尤为重大，不知何所请旨，臣等职叨辅导实不遑安，谨诣行在俯伏恭请圣驾即回以安人心。上不纳，乃还"。又有巡关御史张钦言"或传陛下欲出居庸关巡宣。大臣惟天子举动所系不小，或欲亲征房寇宜先下诏大廷共议，必不得已而出亦宜戒期清道，百官扈从。今者皆不闻，而轻骑潜行，万一奸人有假窃陛下名号欲过关诱引胡人以危社稷者何以防之？臣职守关，陛下即欲出臣万死不敢奉诏"。在大臣们的谏阻下，再加上守备居庸关的官员不放行武宗出居庸关，明武宗无奈，只得在昌平地区如南口，御马房，玄福宫，沙河等游滞半个月才回京。明武宗在昌平地区闲游半个月之久，不可能没有地方居住。当时沙河还没有建巩华城，昌平城以南地区只有刚好建成一年玄福宫。明武宗在玄福宫居住的可能性比较大，明武宗这一举动可能就是"回龙观"名称的来源。

　　玄福宫碑文下半部分风化严重，字迹几不可辨。只能将辨认出来的文字抄录，使读者了解大概碑文内容。碑高2.4米，宽约0.9米，碑文与《日下旧闻考》中记载的内容有很大出入，可能是清人没有按原文抄录，只是把碑文主要内容简化并加入一些背景说明，造成内容上有许多不同。

　　勅建玄福宫碑记

　　光禄大夫　柱国　太子太保户部尚书兼武英殿大学士臣靳贵奉勅撰

　　资政大夫　太子少保奉勅提督十团营兵部尚书臣王廷和谨书

　　特进光禄大夫　柱国　太傅兼太子太傅新宁伯奉勅提督十团营事务　提督五军府总兵官事　后军都督府事臣谭祐谨篆

　　正德十二年夏五月，勅建玄福宫成。上既亲御宸翰为文，刻石以示久远，又以成绩之祥不可无述，则以命臣靳贵，臣廷和，臣谭祐□□□□文渊阁记事□建□也。顷书患不敏末知斯宫创建之由与其诸月□力，所以敢请乃命御马监太监谷大用具其事以诏臣谨□。孝宗敬皇帝临御之十有七年，尝以御马监黄土草场当天寿山居庸关孔道之中，凡我有事诸陵之臣与征戍诸边镇将士每以无井告谓，且此邱无仓可依。乃召御马监太监□□即其址凿二井建观宇一座。弘治甲子年十月二十二日也，越□日本监太监□□□□奏持命太监班贵，杨敏督理役事。且命其旁及其前各为营房若干。为车店以居牧马旗军士守护，令其牧事兼□□□□□□□。十八年二月三日诏以朝天宫左演法陈良福与其徒八人来住，是□来议孝庙上宾，工甫十之一二。我皇上即祚之元年二月五日，大用即掌御马监事。复于文华殿以前工诏旨曰：我皇考经国子民之政，朕皆恪遵不违愿，兹筱实遗志所□其胡忍废。乃命班贵等仍督工作。改观为玄福宫，陈良福左至灵兼住持事并徒陆尚泰为住持。又九年以今乙灰抢工宫之中正殿是间奉玄武神之御也。其旁为左右殿为龙虎殿为□□殿，凡以间计十有□间，北方丈左庖□寂息之地凡以间计百十有二。山门二重左右皆有角门，门之前有二井，甃石为之，泉清而甘。□□□店如两方丈之数而加其二军士居之。洒扫之十有六户，又给草场地六十顷以供香火。……。京畿近地鲜有若是其伟观者。然……。孝庙之意因将以伸追远之哉，广惠鲜之受而我皇上又能经述而廓大之，视彼前代……。颂声作而贤劳之……为孝庙奉先之孝，恤下之仁盖无所不周。其……皇上继明□圣又□能终在天之遗志以开大利于无疆也哉。昔者……。玄武之神其护国庇民功德见于太和宫诸碑者固不兹赘，而先帝仁孝之大德与我皇上继建之盛心则不可以不著也。臣用是推本圣□□在谨书之以昭示来者云。

第十章 巩华城大事年表

正统十三年（1448）九月辛卯：遣工部尚书石璞祭司工之神，以兴工修
　　　砌南沙等河故也。

　　九月壬寅：命工部右侍郎王永寿建沙河等处石桥。时昌平县奏"沙
　　　河等处，当天寿山及居庸关道。旧桥用木，每岁秋架春拆，徒
　　　劳民力，况圣驾谒陵、官军经行皆不便。乞如清河磐之以石，
　　　庶得坚久"。故有是命。

景泰元年（1450）春正月辛巳：命于天寿山之南筑城，周围十二里，以
　　　居长陵、献陵、景陵三卫官军，并移昌平县治于内。

景泰二年（1451）十月己卯：徙昌平县治并儒学，仓库等衙门于长陵卫
　　　新筑土城之内。

景泰四年（1453）十一月己未：天寿山镇守左监丞陈贡等言，旧教场狭
　　　窄，难于训练，请易昌平县城南民地为之，诏从其请。

景泰七年（1456）七月己丑：命保定侯梁瑶工部左侍郎赵荣，督营山陵
　　　军夫3500人，修清河、沙河、榆河等桥，以自京抵山陵道所经
　　　也。

天顺五年（1461）二月甲戌：修沙河及天寿山行殿，命工部左侍郎霍垣
　　　督工。

正德元年（1506）秋七月癸卯：改昌平县为昌平州以顺义、怀柔、密云
　　　三县隶之。改设知州，判官，吏目各1员，儒学学正1员。训导2
　　　人，阴阳学正，典术医学科，僧会司改僧正各1员。从南京吏部
　　　尚书林翰等奏也。

正德三年（1508）十二月癸未：复昌平州为县，先是，议者以昌平近陵

寝，供应烦劳，奏改为州，隶以顺义、怀柔、密云三县。免其养马杂差，而宛平、大兴二县，亦以差重民劳免养马，既而太仆寺具奏，兵部覆：州县养马，例给免粮地五十亩，今宜令宛大，昌平三处仍养马。而一马加给地一百亩，庶几民力少宽。且昌平未改州前。未见废事，今似宜仍为县。上是之，乃复为县，并怀柔等县各养马如旧。

正德九年（1514）夏四月己亥：复以昌平县为昌平州，领顺义、怀柔、密云三县。昌平以陵寝所在，供亿滋烦，民不聊生。正德初，从南京吏部尚书林瀚言，升县为州，以密云等三县来属，协济供应。未几，刘瑾废州复为县。至是，县丞张怀以疏闻，县民有十苦，言甚切至。下户部议，可，乃复为州。

正德十二年（1517）八月甲辰朔：上微服从德胜门出幸昌平，外廷犹无知者。次日，大学士梁储、蒋冕、毛记追至沙河。

嘉靖十五年（1536）

三月丁丑：驾发沙河驻天寿山行殿。是夜，上召武定侯郭勋、辅臣李时，尚书夏言至行殿谕曰："适过沙河一带，居民鲜少，田地荒落，七陵在此，要人守护，卿等如何处之"？勋对："宜免护卫军赴京操"。言对："宜量移一二民人可徒者"。皆未当上意。

三月壬午：驾还至沙河，上御行殿。命鸿胪寺官宣勒谕昌平州官生父老等曰："朕荷天命，缵承大宝，始则礼讲失序，是以争庙尚定于数年，于陵见通不闻于礼官也。昨朕谘少保秩宗，言欲讲谒陵之礼，以待庙祀之后。今将有事于天寿山，可不先谒陵遽自图哉！乃复议以大臣谓可此举。朕择良辰，奉皇太后恭谐七陵。道经沙河驻跸，何居民不续，农事不观；祖宗陵园重地，切朕忧怀。尔昌平司牧率耆老生徒即至已迎朝，兹回又来辞，朕今特降勒谕，用示恤典，本州今年粮税免三分之二，凡七十以上者，官各给布二匹，米一石，肉五斤，九十以上者倍之。生徒每给灯油八十斤。尔知州等官，宜爱养百姓，尽生抚恤，勿妄加科索，以奉承人意。勿肆行暴虐，以致害民。尔百姓每亦要孝亲弟长，为善立身，如是官有廉能之誉，民无嗟怨之声，庶称朕意。以奠山陵于万世"。

嘉靖十六年（1537）：

三月丙午：驾发京师，至金山视察行宫建设是日驻宿沙河。

三月丁未：上驻跸沙河，视文皇帝行宫遗址，面谕大臣"复建，无废前规，仍宜筑城设守，为久安之图"。礼部尚书严嵩因言："沙河为圣驾展祀陵寝之路，南北道里适均，我文皇帝肇建山陵之日，即建行宫于兹，正统时为水所坏，今遗址尚存，诚宜修复，而不容缓者。且居庸，白羊近在西北，若鼎建行宫于中，环以城池，设官戍守。宁独车驾驻跸方便，而封守慎国，南护神京，北卫陵寝，东可以蔽密云之冲，西可以扼居庸之险，联络控制居然增一北门重镇矣！乞特命勋辅大臣总督其事，诸所计划，各饬所司分理，若地属军民者，即除其粮税"。上是其议，命即日兴工，命工部尚书甘为霖筹工备料，提督工程。

四月辛酉：工部尚书林庭㭿筹议：沙河建造行宫，工役重大，宜申先修山陵上下诸臣兼理，本部仍添委司诸属官数人分理其事。从之。

嘉靖十七年（1538）

五月癸酉朔：沙河行宫兴工。

五月辛卯：诏修沙河、朝宗、麦庄三桥。

十月庚戌：工部左侍郎吴大田等以沙河修建行宫，请筑 城池护卫。报可。敕兵部左侍郎樊继祖，沙河驻跸之所，宜有城池，其往相度。乃同巡抚戴金、陆钶，巡按胡守中、王应，兵备副使潘镒横直量度。通一千一百五十五丈八尺，其城垣四面量度停中，惟南北二门乃銮驾出入之处，各开三门，中门视左右为大，南北二楼比东西亦加伟，其城外浚池，约离城六丈五尺，阔二丈，深一丈。

嘉靖十八年（1539）正月己亥：工部尚书蒋瑶言，圣驾巡幸承天，请暂止慈庆宫、景阳宫一号等殿并沙河城等工。报可。五月甲申，复命兴筑沙河城工。

嘉靖十九年（1540）

六月己丑：诏名沙河行宫城楼四门：南"扶京"、北"展思"、东"镇辽"、西"威漠"。

十二月乙亥：沙河行宫工成，赐太监高忠、翊国公郭勋、大学士夏言、翟鸾、尚书严嵩各银五十两，丝衣四袭。

嘉靖二十一年（1542）

五月己丑：升伸威营坐营都督佥事栾檗为署都督佥事守备沙河城。

七月壬申：上谕兵工二部曰：昌平州近建沙河城，南卫京师，北护陵寝，实为畿辅保障，前议置将屯兵。缮治营舍，今城役就绪而诸物未举，其查议酌处以闻。于是尚书张瓒、甘为霖等请仿南京外守备例，增设守备1员，于侯伯都督内推用，令其专驻城守，其本城千户所设立百户以下官如例，而请钦定所名。得旨，所名"奠靖"余俱如议。

十二月已酉：令奠靖千户所官军月粮如长陵七卫事例，于京仓关之。

十二月辛卯：兵部给事中杨上林言"沙河守备栾檗素无善状，本兵拟署都督佥事，实以贿致。且檗甫莅任，即奏请关防符验旗牌，兼欲节制各陵寝卫所官员，谬妄尤甚。"诏革檗任，回卫闲住，而以丰润伯曹松守备沙河城。

嘉靖二十二年（1543）

二月癸未：守备沙河城丰润伯曹松言"天下守备皆用都指挥使等官，而沙河特准南京例命勋臣，盖重其任。请定邻境诸司摄制体统。且请于步军一千之外增设马军，以备缓急"。兵部议覆："天寿山沙河相去不百里而设守备二，宜并为一，其事付曹松总辖之，统体既便，军亦可省"。得旨"曹松专辖巩华城。量拔军马给之"。寻调永安城马军100名于巩华城沙河城，改称巩华城自此始。

五月甲寅：先是巩华城守备丰润伯曹松条陈八事。其一，于行宫外两旁建下马牌2座，以肃观视。其二，于本城外设立教场，以便操练。其三，奠靖所军人照各处卫所例，于本城附近人给30亩，以为屯地。其四，本城内除盖造营房外，余地以军民居

住，以实坊郭。其五，奠靖所添设马军100及本所千户2员，百
户10员，添造房150间，以便官军居住。其六，于城内盖造城隍
庙1所，以便官军习礼及四方军民祈祷。其七，于护城河两岸多
栽树株，以护河堤。其八，本城四门庙堂6处宜塑神像及神炮亭
20座，于内府请将军炮20位安置，永为保障。工部覆，准其增
下马牌，树株，请神炮三事，余俱格不行。

嘉靖二十三年（1544）五月壬戌：给事中杨上林劾奏伏羌伯毛汉，所至
　　　贪墨肆虐，不堪提督漕运；守巩华城丰润伯曹松，通贿营差，
　　　俱当罢斥。上以汉赃私有迹，褫其职，令巡按御史逮问，松以
　　　秋防重，姑留用。

嘉靖二十九年（1550）十二月庚申：诏于昌平州，易州各添御史1员，副
　　　总兵1员，如通州例。昌平副总兵即以原驻巩华城者改补，而别
　　　添分守1员于巩华城，从仇鸾议也。

嘉靖三十年（1551）

　　　四月庚午：命永安城所驻官军曰"永安营"，巩华城所驻官军曰
　　　"巩华营"护守陵寝。

嘉靖三十七年（1558）：令长陵等八卫军士，於巩华城另建仓廒，岁拨漕
　　　粮给散。

隆庆元年（1567）

　　　七月癸酉：修筑巩华城垣，命畿内八府止解银赴顺天府，免其分
　　　工。从巡抚都御史曹享言也。

　　　九月癸丑：顺天巡抚右金都御史耿随卿，言巩华城工浩大不当专累
　　　顺天一府，乞行畿内各府类估原派应修之处并力缮完，上从
　　　之。

隆庆二年

　　　二月：上诣天寿山展谒诸陵，驾发京师是日次巩华城。诏禁内外扈
　　　从官员人等毋得沿途生事扰害百姓，违者厂卫缉治，巡按御史
　　　参劾以闻。

　　　九月甲戌：令民入居昌平巩华城隙地，以便防守。

隆庆三年（1569）七月癸未：兵部劾奏巩华城游击将军高仲安，五军营

参将潘凤翼贪缘请托，宜治其罪。得旨：近来，将官钻刺成风，屡惩不改。仲安、凤翼皆革任回卫，仍降祖职一级，以示惩诫，自今有重犯者，重罪之。

隆庆六年（1572）六月戊辰：调神机三营练勇参将金璋分守通州，以巩华城游击将军李时，充神机三营练勇参将。蓟辽总督刘应节，顺天巡抚杨兆二人奏议，派遣3000名军士疏通安济桥至通州渡口河道，长可一百四十五里，以运诸陵官军饷。

万历元年（1573）二月：命昌平兵备金事张廷弼疏濬巩华城外河，三月听民徙巩华城居住，即以输官地价建修城隍庙并户部分司以通河设仓有生理也。

万历四年（1576）七月：改运粮把总顾尚义为巩华城守备。总督杨兆言巩华城为谒陵驻跸重地，游击既改驻昌平，（奠靖所）所官权轻不便防守，请以尚义往不妨运务。遇驻跸则游击陈天福亦移巩华城防护，从之。

万历八年（1580）三月：万历奉两宫皇太后率后妃谒陵。次巩华城从官行礼毕，蓟辽总督梁梦龙、昌平总兵官杨四畏及昌平州官吏师生朝见于行宫，赐元辅张居正及次辅张四维、申时行膳酒有差。

万历十一年（1583）

闰二月：万历率后妃发京谒陵。潞王送于德胜门月城内，居守大臣文武百官送于德胜门外。驾至清河赐元辅张四维等酒膳。驾次巩华城从官行礼毕，蓟辽总督周永，总兵杨四畏等率昌平州官吏师生耆老人等朝见于行宫。赐元辅张四维等酒膳，定国公徐文璧、彰武伯杨炳共甜食1盒。

九月：万历率后妃发京谒陵。居守大臣及文武百官于德胜门外送驾。驾至清河赐辅臣申时行等酒膳。驾次巩华城从官行礼毕，昌镇总兵董一元及昌平州官吏师生耆老人等朝见于行宫。赐辅臣申时行等酒膳定国公徐文璧、彰武伯杨炳共甜食1盒。

万历十二年（1584）九月：万历奉两宫太后，后妃谒陵。驾驻巩华城，定国公徐文璧等谢赐帐房酒饭。尚书杨巍、王遴、陈经邦、张学颜、杨兆，侍郎辛应乾误入班行行礼，随上疏认罪，原之。

万历十三年（1585）九月：万历率后妃发京谒陵。定国公徐文璧、彰武
　　伯杨炳、大学士申时行、许国、王锡爵、王家屏，九卿及诸司
　　有职事者扈从。百官班送。是日驾次巩华城从官随仗入侍，昌
　　镇总兵官董一元及昌平州吏民朝于行宫。以蠲免所过州县田粮
　　谕户部，以优赏京兵、边兵谕部。

万历十六年（1588）九月：万历率后妃发京师谒陵。出德胜门次清河行
　　宫少憩，次巩华城驻跸。昌平总兵官张邦奇及州属官吏师生耆
　　民等朝见。

崇祯九年（1636）秋七月庚戌：清兵薄西山，攻巩华城，守将姜瑄以火
　　炮轰击，清兵退却。

崇祯十一年（1638）冬十月甲午：宣大总督卢象升以三万兵扼昌平，时
　　清兵南下，不可遏。象升日召诸帅，约曰"刃必见血，人必带
　　伤，马必喘汗，违者斩"，誓师于巩华城。

崇祯十七年（1644）

　　三月十五日：李自成军叩居庸关，总兵唐通太监杜之轶迎降，李自成
　　军至昌平，军民争降，总兵李守鑅自缢而亡，乡绅张罗彦自杀，
　　巡抚何谦南奔。贼乘夜自沙河而进陷京师。三月十六日：李自成
　　军炮击巩华城西北城墙，守城官军献城投降。当晚进驻巩华城沙
　　河行宫内的李自成布置攻打北京城，三月十七日，李自成得知刘
　　宗敏率领的南路军迫近京师，遂统帅大军南下北京城。

顺治十二年（1655）已丑：京城天花流行，因为皇后出痘，顺治帝往南
　　海子"避痘"，王公大臣逃往巩华城"避痘"。

顺治十六年（1659）十一月辛未：上驻跸沙河。壬申，驻跸昌平州，是
　　日，阅视明陵，祭奠明崇祯帝。

康熙八年（1669）：修缮巩华城。由工部都水清吏司主事荣开督修。

康熙十一年（1672）正月春庚午：上诣太皇太后宫问安。太皇太后曰
　　"我因身抱微疾、故欲往赤城汤泉。汝若同往恐误国事，可不
　　必去"。上奏曰："太皇太后驾幸汤泉，臣若不随往侍奉于
　　心何安。至国家政事已谕内阁，著间一日驰奏一次，不致有

误"。辛未，上奉太皇太后往赤城汤泉。是日启行，上随辇步行，至神武门乘马。出德胜门至进膳处，上亲视太皇太后降辇，入行宫后，上诣进膳处。膳毕至巩华城驻跸。上步送太皇太后至宫门，亲视降乘辇入宫，上始回宫。是日，昌平州巩华城文武各官来朝。

康熙十三年（1674）五月初三日：皇后赫舍里氏逝于坤宁宫，五月二十七日，亲送大行皇后梓宫于巩华城沙河行宫内安瘗。

康熙十七年（1678）二月二十六日，康熙皇帝第二位皇后孝昭仁皇后逝于坤宁宫，三月二十五日，奉移大行皇后梓宫至巩华城行宫安瘗。

康熙二十年（1681）二月十九日：自巩华城行宫殡所奉移仁孝皇后，孝昭皇后梓宫至景陵入葬。

康熙二十六年（1687）：顺天府在京城周围设东南西北四路同知厅，专辖捕盗治安事务，北路厅同知驻辖巩华城。

光绪二十六年（1900）：八国联军入侵北京，德、英、意、奥诸国联军，马步炮队共计2500余人，炮车计24辆，辎重粮车约70余辆，归德国伯爵约克提督统领。九月中旬，自京援队，先至沙河，将衙署焚毁，继至昌平州，又将霸昌道，昌平州署焚毁，凡是华兵，立即枪毙。联军将巩华城四门城楼用炮击毁，拆毁四门千斤闸，沙河行宫遭到抢劫，城内外居民多逃往西北山区沟崖、黑山寨一带。

光绪二十七年（1901）：因沙河堤岸被洪水相继冲毁，沙河水运停航。

光绪三十一年（1905）：顺天府在巩华城内设立顺天北路初级师范学堂。

民国元年（1912）：正月十三日，昌平地方饥民群起抢夺巩华城内官仓粮食。

民国十八年（1929）：沙河山洪倾泻，漫桥东流，巩华城内水深数尺，水毁巩华城墙多处。

民国二十一年（1932）：因沙河洪水灾害民间急需救灾，昌平县知事同沙河镇士绅将沙河行宫拆毁变卖赈灾。

民国二十五年（1936）：国民军二十九军保安队石友三部分驻清河、沙河、昌平。

民国二十六年（1937）：国民军二十九军保安队一营士兵驻守巩华城，7月28日，日军（独立混成第1机械化旅团战车第四营）占领沙河。此前二日，日军从立水桥兵分两路进攻昌平，一路向北攻取小汤山，另一路向西沿白各庄，窦各庄攻打巩华城东门和北门。驻守小汤山的二十九军因军力悬殊，于7月25日退入沙河。7月27日日军开始攻击沙河与二十九军接战。两军在镇辽门和展思门展开激战。日军趁夜从巩华城北侧城墙豁口进入，驻守在巩华城展思门的二十九军一个班七名士兵全部阵亡，我军不支，二十九军毕营长下令余部从威漠门突围向清河方向转移。28日早晨日军坦克从西门豁口开入城内，沿街穿行，至此完全占领沙河地区。

民国二十七年（1938）：日伪北平市政府建造北平郊区12条郊区公路，其中有沙河至小汤山、德胜门至昌平两条简易柏油公路，在南沙河安济桥西侧又修筑一座水泥大桥。

民国二十八年（1939）：沙河山洪爆发，为数百年一遇的特大洪水。城内外街道俱被水淹。当年田地无收，沙河镇长刘春泉雇人捞取水中漂浮财物，被乡民告发，被罚在圣文寺内开粥场救济灾民。

民国三十年（1941）十一月：日伪在北平郊区开展第三次强化治安运动。在沙河朝宗桥和安济桥设置检问所和封锁线，盘查物资严禁运入山区。

民国三十三年（1944）秋季：日军在沙河火车站东边义兴煤栈（今昌平煤炭公司）东墙外的安家地（现在沙河粮库北库和木器厂宿舍楼），建成一个七十亩露天草料厂。草料场周围都用木栅栏铁丝网圈起来，草场的东西南北四角和南大门都设岗楼，哨兵站岗放哨。草料由沙河附近各村供应，打捆后由火车运往各地日军驻地喂养战马。

民国三十四年（1945）三月：平北八路军第十团为了扩大解放区，攻打沙河城日伪军。沙河城内驻有几十名日军和伪军1个排。西门威漠门瓮城内平房驻有伪军一个排，敌军少，没有坚强的工事，八路军只要登上三丈高的城墙就可以居高临下地进行战斗，三月上旬的一天，八路军第十团副参谋长周德礼率领一个连的官兵于晚上11时左右来到沙河城西门城墙下隐蔽起来，时间不长，潜伏在敌人内部的平北军分区城工部的郝振远放下一条大绳给城下的八路军，登城人员立即登上城墙，打开瓮城门，周德礼率二排冲进城内，20分钟就结束了战斗。这次夜袭沙河城，俘获伪军30余人，缴获轻机枪1挺，步枪20余支，并烧毁了西门城墙上的伪军炮楼。

民国三十四年（1945）八月二十日，日军驻蒙军司令部及独立混成第二旅团自张家口转移至沙河镇驻防，准备参加华北地区日军投降仪式。十月十日上午10点，沙河镇也举行了日军投降仪式。国民党十六军二八二团三营九连列队来到北门大街。中日双方军队南北列队，中方100多名士兵在街东，80多名日军人人牵战马在街西。日军向中国军队上缴短枪80枝，战刀80把，战马80匹，还有风雨衣，棉衣，羊毛毡等军用物资。

日伪投降后，国民党一〇四军九十四师二八二团进驻昌平，团部设于沙河西门瓮城内。团长对沙河工商户敲诈勒索无所不为。沙河唯一的西医诊所医生也被以"通共"之名扣押在团部。直至缴纳数十块银元才被释放。

民国三十七年（1948）：沙河镇解放，成立沙河镇公所。

1951年：国营北京联运公司在沙河、昌平、南口建立长途客运汽车站。从北京发往上述三站的长途客运汽车每天往返一次。沙河长途客运汽车站设在沙河邮政局南侧20米。

1958年末：因南沙河河道南移30米，安济桥被拆除。

1959年：因建沙河水库缺少建筑材料，巩华城内寺庙和主要大街铺的石板等被拆除，运往水库建设。

1960年：沙河城墙开始被有计划拆除。"三年自然灾害"时期，沙河镇村民在东一村、西二村、南一村、北二村的组织下开始拆城砖卖钱以缓解饥荒之苦。

2010年开始：巩华城开始拆迁改造。城内外居民陆续搬迁至沙河新城。

2014年3月：巩华城四座瓮城开始修复。

附：明十三陵-大事记

时间	大事
明永乐七年（1409）	五月己卯（八日），成祖朱棣临视黄土山，封山名为"天寿山"，兴工营建长陵。
永乐十一年（1413）	正月，陵成（指地下玄宫），命名为长陵。
	二月丙寅（十七日），葬仁孝皇后徐氏于长陵。
永乐十四年（1416）	三月癸巳（初一），长陵殿成，奉安仁孝皇后神位。
永乐二十二年（1424）	十二月庚申（十九日），成祖朱棣葬长陵。
洪熙元年（1425）	六月乙丑（二十七日），命南京守备襄城伯李隆等以军士万人助建山陵。丁卯（三十日），调南京海船厂附近江北府卫旗军工匠118000人助建山陵。
	七月戊寅（十一日），建献陵。
	七月庚寅（二十三日），于河南、山东、山西、直隶、凤阳、大名等府州，择丁多之家，拨民夫5万人助建山陵。
	闰七月丙午（九日），改羽林右卫所水军千户所为长陵卫中、右千户所。
	八月乙亥（九日），命建献陵寝殿5间，左右庑各5间，门楼3间，神厨五间及祭器。
	八月丁亥（二十一日），荐献陵陵名。
洪熙元年（1425）	九月壬寅（六日），仁宗朱高炽葬献陵。
宣德元年（1426）	二月丙戌（二十二日），宣宗朱瞻基谒长陵、献陵。
宣德二年（1427）	三月己丑（初一），长陵殿成，以次日清明节奉安帝后神御。
宣德十年（1435）	正月癸未（十一日），建景陵。
	四月辛酉（二十日），修缮长陵、献陵。
	五月己丑（十八日），荐景陵陵名。
	六月辛酉（二十一日），宣宗朱瞻基葬景陵。
	十月己酉（十一日），建长陵神功圣德碑亭。
正统元年（1436）	七月甲辰（十一日），修长、献、景三陵垣墙、桥道。庚申（二十七日），修献陵。
	八月壬午（十九日），修景陵。
正统二年（1437）	四月丙子（十七日），遣工部及钦天监官在天寿山龙脉相关处环山立界，界内禁伐树木，界外听民樵采，并命锦衣卫官校巡视。

时间	大事
正统七年（1442）	二月庚申（二十九日），英宗朱祁镇谒长、献、景三陵。
正统七年（1442）	四月甲午（四日），命建献陵、景陵宰牲亭。
	十二月，诚孝皇后张氏葬献陵。
	十二月丙午（二十日）造献陵明楼。
正统八年（1443）	三月己卯（二十四日），以营建献陵毕工，遣官祭后土、天寿山之神。
正统十三年（1448）	九月壬寅（十九日），为便利谒陵，命工部右侍郎王永寿建沙河等处石桥。（旧桥用木，改甃石）
正统十四年（1449）	十月，瓦剌军杀散长、景等陵卫官军，虏去人口，劫去印信，焚毁三陵祭器。
	十一月辛卯（十五日），命都督同知王通率兵往天寿山，提督长、献、景三陵卫官军，守关隘，护陵寝。
景泰元年（1450）	正月辛巳（五日），命于天寿山南筑永安城，以居长、献、景三陵陵卫官军，并移县治于城内。
	十二月壬申（初二），命将工部送到长、献、景三陵祭器送陵供用。庚寅（二十日），铺设长、献、景三陵灵座。
景泰二年（1451）	正月甲子（二十四日），重建长陵神宫监。（先毁于火）
景泰七年（1456年）	二月甲子（二十五日），营造景泰帝寿陵。
	六月乙卯（十七日），葬肃孝皇后杭氏于景泰帝寿陵。
	七月戊子（二十一日），以营山陵。军夫3500人修清河、沙河、榆河等桥。
	八月，建景泰帝寿陵香殿（享殿）。
天顺元年（1457）	五月癸酉（十一日），工部尚书赵荣奉英宗命毁景泰帝寿陵。
天顺二年（1458）	五月辛亥（二十五日），修理景陵香殿。
天顺五年（1461）	二月甲戌（初三），工部左侍郎霍瑄奉命督工修理沙河及天寿山行宫。
天顺六年（1462）	九月丙午（十五日），建景陵明楼、宝城。
	十一月甲午（初三），孝恭皇后孙氏葬景陵。
天顺七年（1463）	三月，景陵工成。
天顺八年（1464）	二月二十九日，营建裕陵。
	四月壬辰（十日），设裕陵祠祭署，给裕陵卫、神宫监印信及夜巡铜牌。辛亥（二十九日）荐裕陵陵名。
	五月庚申（八日），英宗朱祁镇葬裕陵。
	六月壬寅（二十日），裕陵建成。

时间	大事
成化元年（1465）	正月乙亥（二十七日），增造长、献、景三陵斋房。
成化四年（1468）	九月庚申（初四），孝庄皇后钱氏葬裕陵。
成化五年（1469）	闰二月辛酉（初六），定长、献、景三陵卫官军轮番镇守黄花镇。
成化二十年（1484）	正月庚寅（初二），京师地震。天寿山、密云古北口、居庸关一带城垣墩台倒裂者不可胜计。
	三月庚戌（二十三日），修理长陵神宫监。丙辰（二十九日），修遭受地震的长、献、景、裕四陵。
	四月，选长陵等三卫轮守黄花镇的两班官军精锐1500人，常驻黄花镇守御。余1500人留备各陵洒扫、役使。
成化二十二年（1486）	正月丁卯（二十日），修理沙河石桥。
成化二十三年（1487）	二月乙亥（初五），以工部右侍郎陈政代左侍郎贾俊，修建皇贵妃万氏坟茔。
	三月丙午（初六），葬皇贵妃万氏。
	九月辛亥（十五日），建茂陵。
	十二月壬午（十七日），宪宗朱见深葬茂陵。孝穆后纪氏迁祔。
弘治元年（1488）	四月丁巳（二十四年），茂陵营建完工。庚申（二十七日），天寿山雷电雨雹，各陵楼、殿、厨、亭及各监厅屋瓦兽檐角多处击碎受损。
弘治三年（1490）	六月甲申（初三），修理长陵、东西二井香殿、厢房及园寝墙垣。
弘治八年（1495）	八月癸酉（二十三日），修天寿山诸陵朝房。
弘治十一年（1498）	三月乙卯（十九日），修长陵殿宇、厢房、墙垣。
弘治十二年（1499）	七月丙戌（二十八日），修理长陵等陵朝房。
弘治十七年（1504）	四月己酉（十八日），孝肃后周氏葬裕陵。
弘治十八年（1505）	六月戊午（五日），建泰陵。
	十月庚午（十九日），孝宗朱祐樘葬泰陵。
正德元年（1506）	三月丁酉（十七日），泰陵祾恩殿安神榻。壬寅（二十二日），泰陵建成。
正德十二年（1517）	四月，裕陵神宫监火灾。
正德十三年（1518）	四月己巳（初一），武宗朱厚照谒天寿山六陵。
	六月，雷火毁献陵明楼。
	六月庚辰（十二日），孝贞皇后王氏梓宫发引，武宗朱厚照戎服护从至茂陵。甲申（十六日），孝贞皇后王氏葬茂陵。
	八月丙戌（十九日），重修献陵明楼。

续表

时间	大事
正德十六年（1521）	四月辛亥（三十日），建康陵。
	六月壬辰（十二日），定康陵陵名。
	九月庚午（二十二日），武宗朱厚照葬康陵。
嘉靖元年（1522）	六月壬辰（十七日），建康陵工完。庚子（二十五日），给康陵神宫监天寿山空地及九龙池菜园栽种果菜，以备陵寝四时供献。癸卯（二十八日）改泰陵神马房为康陵朝房。
嘉靖二年（1523）	二月丙申（二十五日），孝惠后邵氏葬茂陵。
嘉靖七年（1528）	十月乙丑（二十七日），侍郎何绍奉命督理营建悼陵。
	闰十月己巳（初一），拨团营8000人营建悼陵。
嘉靖八年（1529）	正月己未（二十二日），由顺天府附近州县选民增充悼陵陵户。壬戌（二十五日），置悼陵果园、菜园房屋如康陵规制。
	三月丙申（初一），孝洁皇后陈氏（时谥悼灵）葬悼陵。
	九月丙午（十四日），悼陵工成。
嘉靖十四年（1535）	三月戊子（二十八日），孝静皇后夏氏葬康陵。
嘉靖十五年（1536）	三月己未（四日），贤嫔郑氏薨，追封贤妃，命葬悼陵侧。己卯（二十四日），世宗朱厚熜奉章圣皇太后谒长、献、景三陵，至十八道岭择寿域。
	四月二十二日，修缮长、献、景、裕、茂、泰、康七陵（包括长陵神道甃石及石象生加护石台），建造永陵及天寿山新行宫。戊申（二十四日），更东山口内天寿山名为平台山，命于山上建圣迹亭。更十八道岭为阳翠岭。辛亥（二十七日），世宗阅长、献、景三陵，命重建景陵殿宇，增崇基构。
	六月，发三大营官军4万人助建山陵。
	八月己亥（十六日），修理天寿山永安城以南朝宗等桥。
	十月己亥（十七日），迁孝肃皇后周氏神主于裕陵殿，迁孝穆皇后纪氏、孝惠皇后邵氏神主于茂陵殿。
	十一月，命立成祖二妃坟石碣，诸妃岁时并祭于陵殿，罢坟所祭祀。
嘉靖十六年（1537）	正月丁未（二十七日），行宫及圣迹亭兴工。
	三月丁未（二十八日），命建沙河行宫及巩华城。
	七月壬寅（二十五日），命增建献、景、裕、茂、泰、康六陵神功圣德碑亭。
	十月己酉（初三），建永陵享殿。

续表

时间	大事
嘉靖十七年（1538）	五月癸酉（初一），沙河行宫兴工。
	九月癸巳（二十三日），命建东西二井妃坟石碣。
	十二月辛亥（十二日），于大峪山建造显陵。
嘉靖十八年（1539）	四月，大峪山显陵玄宫建成，世宗至天寿山阅视陵工，谒长陵，定章圣皇太后梓宫南祔湖北显陵。
	十月乙丑（初一）世宗祭告长陵，立成祖文皇帝碑（指嵌有新庙号的木套）。
嘉靖十九年（1540）	正月，建皇贵妃阎氏坟于悼陵旁。
	十二月乙亥（十八日），沙河行宫、城工成。
嘉靖二十二年（1543）	二月丙申（二十二日），以修缮长、献、景、裕、茂、泰、康七陵工完，遣官奉安帝后神位。
嘉靖二十七年（1548）	二月癸丑（初七），命永陵陵名。
嘉靖四十四年（1565）	七月戊戌（初四），世宗贞妃马氏薨，葬天寿山陵次（悼陵侧）。
嘉靖四十五年（1566）	闰十月，世宗荣妃杨氏薨，葬皇贵妃阎氏茔次。
隆庆元年（1567）	正月乙丑（九日），修葺永陵享殿、宝城，创建永陵碑亭兴工。
	三月壬申（十七日），世宗葬永陵。孝洁皇后陈氏、孝恪后杜氏迁祔。
	五月己卯（二十五日），永陵祾恩殿修葺完工，奉安帝后神位。
隆庆三年（1569）	十月乙卯（十五日），修理泰陵祾恩殿等完工，奉安帝后神位。
隆庆六年（1572）	八月乙亥（二十二日），孝懿皇后李氏迁葬昭陵。
	九月十九日辰时，明穆宗葬昭陵。
万历元年（1573）	六月辛未（二十三日），昭陵工竣。
万历十四年（1586）	四月戊寅（十四日），裕陵明楼震伤砖瓦，命修理。
万历二十四年（1596）	九月二十二日卯时，孝安皇后陈氏葬昭陵。
万历三十二年（1604）	五月二十三日夜雨，雷火烧毁长陵明楼。
	六月戊戌（十九日）发银2万两修理长陵。
万历四十二年（1614）	六月甲午（十三日）辰时，孝定后李氏葬昭陵。
万历四十六年（1618）	九月，茂陵失火。
万历四十八年（1620）	五月二十五日换定陵享殿稍有朽金柱1根。六月初九日，为葬孝端皇后王氏开定陵隧道。

时间	大事
泰昌元年（1620）	十月丙午（初三），神宗朱翊钧、孝端后王氏葬定陵，孝靖后王氏迁祔。癸丑（十日），择皇山二岭为光宗陵地。
天启元年（1621）	正月辛卯（十九日），庆陵营建启土动工。
天启六年（1626）	六月壬辰（二十一日），庆陵工完。
天启七年（1627）	九月己巳（初六）定熹宗陵地于潭峪岭。壬申（九日）动工建德陵。
崇祯元年（1628）	三月己巳（初八），熹宗朱由校葬德陵。
崇祯三年（1630）	十一月二十七日，神宗皇贵妃郑氏葬神宗皇贵妃李氏坟内。
崇祯五年（1632）	二月庚午（初二），德陵成。
崇祯九年（1636）	七月己酉（初七），清兵由天寿山灰岭、贤庄、锥石等口入昌平，城陷，焚德陵。
崇祯十七年（1644）	正月壬子（二十三日），葬皇贵妃田氏。
	三月甲辰（十六日），李自成农民军陷昌平，焚定陵祾恩门、祾恩殿、两庑配殿及康、昭二陵明楼。

第十一章　巩华城的民间传说

一、九缸十八窖

在沙河的历史传说中，"九缸十八窖"的传说流传十分广泛，无论沙河的大人和小孩都知道有这样一件事情。传说在巩华城竣工后，皇帝拨下的建城银两没有用完，剩下了不少银子。主持修建巩华城的大臣想把剩下的银子贪污下来，留给自己用，但银两数目太多，一时无法运走，就想出了一个主意，他把这些银子分装在9个大缸中和18座地窖里，深埋于地下，打算一点点地人不知鬼不觉运回家里享用。谁知不久，朝廷便把这个贪官调到外地去了，不知为什么，那个贪官后来也没有再来沙河起走他埋下的银子。埋银子的地点也无人知晓。只留下"九缸十八窖，隔河不隔道，金银遍地走，单等福人到"的偈语。几百年来，这一传说勾动了沙河许多代人美好幻想。谁也说不清到底谁是那个偈语中的"福人"。

此传说其真实情况与传说内容有着很大出入，据民国徐一士《一士类稿*阉人掘藏事述》记载：

光绪四年戊寅，有告退太监苏德掘得藏银一案，经言路奏陈，派步军统领，顺天府尹查覆。近于吴县彭君心如处，得观其曾祖芍亭先生（祖贤，官至湖北巡抚）手写日记，是年四月纪偕步军统领荣禄遵查此案情形颇详，时官顺天府尹也。兹移录如下：（初五日）荣大军机召见后，到军机处交片，内开："本月初五日军机大臣口传面奉谕旨，著荣禄、彭刻即往查看，钦此"。又交片："有人片奏：风闻京北上地村居住内监苏德，置有拆房基一所，在沙河镇街中，去岁十月营兵因刨挖碎砖。挖出银一缸，约有一万数千两，官员觊觎，将兵丁法取刑求。苏姓以人情势力，将银归已。今岁二月，苏姓又挖出银七缸、金一铜箱，金条，银系宝，每宝百两，系前明成化光化字样，约在十数万两，续又挖出银一窖，长五尺，深五尺，宽二尺，每日夜间装车载运，尚在刨挖。询问工人，据云苏姓已奏明皇太后赏给"等语。遵旨即刻驰赴沙河镇，时已酉刻，会同荣大军机，各带司员，前往查看，并命苏德指引。据称如有以多报少情甘认罪。查毕取供，并取北路同知把总禀供，又派员赴上地村点查窖银秤见斤两确数。亥刻，军机登舆回城（定例，提督司九门禁钥，不得在城外住宿）。予宿于店。霸昌道续燕甫（昌）来见。（初六日）卯刻，燕甫邀至苏姓地，开更楼门，登楼复视。回店，昌平州吴履福来见。予回城。午刻到署。陈令（嵋）带苏文兴呈验样银，开呈秤银清单。计开：第一袋碎银九十五斤、二袋小元宝一百二十七斤、三袋小元宝一百四十七斤、四袋方锭八十九斤、五袋小圆锭七十七斤、六袋小圆锭九十二斤、七袋小圆锭七十五斤、八袋小圆锭一百斤，九袋大元宝七十四锭重二百四十二斤（有乾隆年号）共一千零卅七斤计一万六千五百九十二两。外有呈样大元宝一锭，方圆小锭五个，不在前数之内。申刻酌定奏稿，与荣军机删改，即缮稿缮摺。（初七日）寅刻入朝，卯刻奏事处传：摺留中……恭录四月初七日奉上谕："前据御史英俊奏：闻告退太监苏姓在沙河镇置有房基一处，上年营兵在该处刨出银一万数千两，官员觊觎，将兵丁等刑求，几致酿成重案。本年又刨出金银，约银十数万两。续挖出银一窖，询系该太监奏明皇太后赏给等语，当派荣禄、彭祖贤前往查看。兹据奏称：查明太监苏德在沙河置买铺房及空院一处，共刨出银一万六千六百余两，并无十数万两之多。据苏德供称，此项银两未敢擅动，曾经奏明，奉皇太后懿旨赏给，并无刨出银窖金条等，实系情愿报效。上年营弁王振声暨该太监遣义子苏文兴，均赴北路厅同知衙门呈报，兵丁张邦振等挖出银两，私自藏匿，经该同知讯断，给还地主领回，将张邦振责惩等情。太监苏德在伊房刨出银两，曾据奏明，惟未声明银两确数，当奉皇太后懿旨赏给。现据荣禄等查明具奏，奉懿旨：著将此项银一万四千两交顺天府，以为资遣灾民之需，余银二千六百余两，著赏给苏德。钦此"。附录奏稿如左："奏为遵旨会同查勘沙河镇刨出埋藏银两情形，恭摺覆奏，仰祈圣鉴事：窃照本年四月初五日准军机大臣口传面奉谕旨：著派荣、彭刻即前往查看，钦此。钦遵。并准将附片原奏交阅前来，臣等公同阅看。查原奏内称：'风闻京北上地村居住内监苏姓置有拆房基一所，在沙河镇街中，去岁十月营兵因刨挖碎砖，挖出银一缸，约有一万数千两，官员觊觎，将兵丁法取刑求。苏姓以人情势力，将银归己。今岁二月苏姓又挖出金一铜箱银七缸，金系条，银系宝，每宝百两，系前明成化光化字样，约在十数万两，续又挖出银一窖，长五尺，深五尺，宽二尺，每日夜间装车载运，尚在刨挖。询问工人，据云苏姓已奏明皇太后赏给等语。臣荣随带员外郎倭什鉴额、铎洛仓、中军副将赵清、参将王山宽，臣彭随带治中萧履中、候补知县陈嵋，会同前往。是日申刻齐抵昌平州属之沙河镇地方，传到内监苏德。先勘得沙河镇镇街路西有铺面数间，进内有大空院一所，询是关闭当铺房屋拆卸地基，四围有院墙。查看房基地身多有刨挖痕迹，地面高下不等。据苏德指验炕箱一处，称系在内陆续刨出小缸一口，瓦坛五个，当时铁镐磕碎一坛，尚有瓦坛四个，约计银万余两。臣等周历勘视后，回至公所，即据呈验缸坛。并据苏德供称，系直隶景州人，在昌平州属上地村寄居，先前充当乾清门总管太监，同治十一年十一月因病乞休。是年置买沙河镇街西关闭当铺空院一块，临街瓦房六间，租与谷姓开设烧饼铺生理，上年十月间捕盗营兵丁由空院内挖出银两，经捕盗营把总王振声禀明北路厅，太监亦遣义子苏文兴呈报厅官，传到张姓等，追出银一千余两，当十钱五百吊，交苏文兴领回。本年三月十九日因盖房使用砖块，刨出小坛一个，内装银两，由是日至二十五日三次连前共刨出银五坛一小缸，约有万余两，分为三次用轿车四辆拉运到家。太监世受国恩，得此异财，未敢丝毫擅动，情愿报效，出于至诚。是月二十八日进内禀奏，面奉皇太后懿旨：'将此项银赏给太监，钦此'。委无铜箱、银窖、金条情事，如虚情甘认罪。并据跪称，实系'情愿报效，恳求转奏赏收'等各语。质之该太监义子苏文兴，供俱相符。臣等饬派司员倭什鉴额等亲赴该太监寓所点视，大元宝七十五锭，余俱小宝，其方锭碎锭共计一万六千六百余两，宝上有乾隆号者，臣等复加查核，仅止一万余两，并无十数万之多。且验视大元宝，每个重五十两有奇，并非百两，亦无前明成化光化字样。此臣等现在查看讯明之实在情形也。至原奏所称去岁十月营兵刨挖银一缸，官员法取刑求，苏姓以人情势力将银归己一节，臣等饬据北路厅同知郑沂禀称：上年十月二十日捕盗营把总王振声报，该弁亲戚苏文兴在沙河街置有房铺空基一所，嘱为照管，九月间派令雇工鲁楞、兵丁张邦振赴院内挖砖使用，闻有挖出银两私自藏匿情事。又据苏文兴报同前由。该同知传到张邦振、鲁楞查讯，初犹狡供不承，迨经掌责押追，始据实吐，陆续追出银一千三百五十八两，又以银易当十京钱五百吊。该同知以定律所载，官私地内掘得埋藏无主之物，方准收用，今张邦振刨出银两，系在有主地中，理应给主，当传苏文兴将银钱一并具领。张邦振隐匿不报，责惩保释在案。此上年十月捕盗营兵丁掘得银两该厅讯断给还地主领回之实在情形也。所有臣等遵旨前往沙河会同查看讯明各缘由，谨合同恭摺复奏，伏乞皇太后皇上圣鉴。谨奏。请旨"。（初八日）恭录初七日谕旨，录原奏，札饬霸昌道北路厅，传知苏德，饬令遵旨将所得埋藏银一万四千两交送本府兑收，以为资遣之需。（十二日）苏德从沙河镇送到所掘藏银一万六千六百余两，予命经历在二堂弹兑库平一万四千归库存储，以备资遣之用，余银二千六百余两交苏德领回，赏给金花红绸。上谕中谓苏德刨出银两曾据奏明，惟未声明银两确数，当奉皇太后懿旨赏云云，似有回护。苏德之亟以情愿报效为言，或亦宫中授意也。时以久旱，灾民麇集，顺天府正办赈务，兼课资遣，故即以此款拨给充用。

笔者访记：苏德刨出银两的地点在沙河工商北街财神庙北侧新雅美发店南侧院内，这座院落东西长，南北窄。曾经做为沙河镇委会，解放前是国民党沙河警察二分所。苏德为缴银在史各庄村雇佣了马车。上地位于海淀区北部，东起京包铁路，西北至东北旺路，南至北京体育大学，因地势高而得名。上地曾名永顺庄，取意永远和顺。村内原有苏老公家庙。苏老公是清末慈禧太后的太监，有农田千顷。民国元年后，其后人在清河开设聚丰粮店，兼营油盐。沙河地区现还流传苏老公嫁女一说，此说纯属猜测妄言，本文未录。

二、沙河深—杀和珅

传说在清朝乾隆年间，乾隆皇帝带着文武大臣到十三陵游玩，随行的人员除了亲王、驸马，还有当朝的大学士刘墉。早晨路过清河的时候，但见河水缓缓流动，清澈见底，河中的水草、鱼儿都看得清清楚楚，刘墉一边走，一边看河中的水，不禁想上来个主意！

到沙河的时候，天已中午，大队人马就在沙河岸边扎营休息，这沙河的水势比清河湍急多了。就在乾隆皇帝准备吃午饭时，刘墉连忙上前奏到："臣有一事不明，特向万岁求教"。乾隆忙着吃饭，随口答到"有话快说，何必行臣君大礼"。刘墉不慌不忙地站起来，从地上捡起一块石头扔进河中，"噗嗵"石头掉进了河底，只溅起一点小水花儿。"皇上，您看这水有多深"？刘墉问道。

乾隆摸了摸胡子，心里想到：哎，刘罗锅，这么点事你还想难倒我啊！就说"一丈五，差不离"。"那清河呢"？刘墉又问。乾隆又摸了摸胡子"丈把深吧"！"这么说，是清河深呢还是沙河深"？"当然是沙河深"！

"真的"？"当然是真的"。乾隆想："你刘罗锅鬼主意多，想糊弄我？我不上你的当。"捻着胡须，得意洋洋地靠在椅上，刘墉看了看正在兴头上的乾隆，转身叫过一个太监说："你快回城传圣旨：杀和珅"！

反正万岁爷有话，这是大家都听见了的，管它是真是假？再说，真要有事，还有刘墉顶着呢，便跨上马奔了京城。

过了两天，乾隆高高兴兴地回到京城，刚进宫就有太监来回话"和珅已伏法"。乾隆一听，立刻拍桌大叫"这是谁叫杀的？""是刘墉……"太监一句话还没有说完，刘墉就大模大样地走了进来。"你为什么叫杀和珅"？乾隆气冲冲地奔到刘墉面前。"陛下息怒。杀和珅是您昨天打猎时说的啊，我还钉问了一句是真的吗？您说是真的"。乾隆气得干张着嘴说不出话来，心里狠狠地骂着"好你个刘罗锅呀，原来你装傻充愣在这等着我，我上了你的大当"！但他自己也不敢对刘墉怎么样，因为刘墉的确有才能，再说自己的确说过"沙河深"。就这样，历史上有名的大贪官和珅被稀里糊涂地杀了。

三、湿余潭的传说（梁伯卿著）

温榆河的上游南沙河，早年名叫湿余水，湿余水源于海淀周家巷，东北流至巩华城扶京门外偏东南一隅的河湾水域，水中有一深潭，名"湿余潭"，潭近处以生产金翅鲤鱼而负盛名。潭水碧深，澄澈不能见底。很久以来，一直被网户视为捕鱼禁地。

传说潭底寓居漫鼋氏一家，其主人常着青衣，身量不高，鹤髯飘胸，两眼炯炯有神，目闪凶光；但与人交往却都感其可亲，鼋的老伴常年在潭底陪侍婆母。主人有一子鼋已长大成人，在京城内一家珠宝店学徒，由于干活勤快，待人诚恳，深得店主徒工们的夸赞，在这同一条街上也有个学徒的青年，叫傅氏，家住巩华城展思门外流沙寺东侧的一所茅庐草舍，由于家贫，无力读书，十三岁便辍学，求人找了一户鞋店学习绱鞋，为徒勤快，加之聪明伶俐，很快得到店掌柜的赏识和伙计们的爱护，活虽然累点，倒也能供养家中的老母。

这一年中秋到来之际，他要准备回巩华城看望患病的老母，他想起珠宝店学徒的小鼋曾找他有事儿，他来到珠宝店找到小鼋，问有什么事？"听说你要回家看望伯母，顺便给我带回两样东西，一是带回些缝补的旧衣；二是这个小方盒。"另外，又送给鞋店学徒一粒丹药给他母亲服用。鞋店学徒接过东西之后，随即问道："我们不常见面，你家住城内还是城外？请指明"。

"家住扶京门外湿余潭，你到了那里，只须如此就可以了"。傅氏学徒记下之后，就回鞋店了。

中秋那天，傅氏学徒回到巩华城展思门外家中，已经是日落西山了，其母见儿，欣喜之下，服药立愈，母子们极为高兴。当晚掌灯时分，天气晴和，秋风阵阵，八月中秋，月明如昼，他心系乡人小鼋的托负自展思门穿城出扶京门来到湿余潭。按小鼋所教朝潭轻叫三声老伯，语音刚落，面前已站立一位乌发青面老妪，面带笑容说道："吾儿所托，老身尽知，请闭目随老身到寒潭一叙。"

待睁眼时，已是置身在一座金碧辉煌的大厅中，厅中陈设华丽，炕上坐着一位已逾千岁的老态龙钟的老婆婆，两目仍是炯炯有神，右手握着一把敲打木鱼的小槌，槌头闪闪发亮。

学徒正欲说明来意，迎候的老妪抢先说道："你的来意我已尽知"。说罢，将小盒打开，盒内宝物大放光明，厅中直如碧空下日光辉映一般，把小伙子惊呆了，老妪说道："此颗夜明珠乃主人千年炼就的宝物，每离潭出行，就将此珠交付儿子妥为保存。遇正旦、佳节或荒年旱月，就将此物拘回潭中。"言罢，盒闭，潭中复回原样。

这时，小伙子方忆起儿时听父亲讲的湿余潭中老鼋幻人的传说。

四、两河夹一城，应出一条龙，没有一条龙，却出了许多毛毛虫

在清代，沙河镇生产的清水毡子闻名于大江南北，清朝内务府的官毡局就设在沙河行宫里。这官毡局为什么要设在沙河呢？沙河地区流传着这样一个故事。传说在清朝康熙年间，康熙的皇后赫舍里氏因难产而死，到了该入

葬的时候，康熙的景陵还没有建好，康熙只好决定把皇后的棺椁暂时寄放在沙河行宫里，这一天中午，康熙亲自送皇后的棺椁来到巩华城扶京门，只见沙河行宫上方突然阴云密布，顷刻间电闪雷鸣起来，伴随着闪电隐隐约约地见到行宫上方有一条上下飞腾的龙形巨蟒在那里行云布水。不大一会儿，天空中下起了大雨，浇得康熙一行人全身上下湿得就像从水中刚捞出一样，说来也怪，这雨只落到康熙一行人身上，四周地方连一滴雨也没下。康熙这个狼狈啊，赶忙跑进沙河行宫内的大殿，康熙气呼呼地坐在御椅上喘气。见到这样情景，随行的大臣于成龙便来到康熙身前说道："皇上，我看这场雨是冲着咱们来的呀！这沙河是两水抱一城，日月五星俱会，贵人禄马得位，迎送周密，四维藏气，带有王者之气，沙河又有前明行宫，主圣人临位之象"。康熙一听就急了，心里想："我才刚坐上龙椅几天哪？那个巨蟒还没有化成龙形，一旦化成龙形江山就要改朝换代。这再有圣人出现，我就得让位"。

康熙说道："不行，天无二日，得想法把这条巨蟒给制服住，别让它幻成龙形"。于成龙说道："万岁，我有一个办法，不知行不行"？"什么办法，快说呀"！康熙又急了。于成龙说："那蟒未变幻成龙之前，只是一条虫，咱们只要在沙河布满虫子，那蟒就会认为自己也是一条虫，就不会想着变幻成龙了"。康熙一听心中大喜，急忙说道："行！我看行，你赶快去找人弄虫子来，越多越好"。

于成龙一听脑袋就大了，犯起难来，上哪里弄这么多虫子啊？他低头想着主意。眼珠子朝四面滴溜。一眼看见殿内地面上铺的毡毯，那毡子因年久使用，毡毛都卷成一条条象虫子一样的结子。"哎，万岁，您看这毡毛不就是一条条虫子吗？咱们把内务府的官毡局搬到沙河做毡子，不怕制服不了它"，于成龙说道。

康熙一听，歪头想了想，说道："那就试试吧，不过，为了镇伏住那条巨蟒，还要在沙河建一座楼压在巨蟒的身上，这样更保险了，这两件事都交你办，办好了有赏"。

于成龙一听，心里高兴，知道加官晋爵的机会来了，连声答应着美得颠着屁股找人布置去了。

从这以后，官毡局就在沙河行宫落了脚，康熙建的那座楼也在巩华城东南角楼以北约百米的地方建好了，取名为魁星楼，沙河当地人又叫称它为八角楼。

第十二章　巩华城民俗与工商街

一、巩华城民俗

巩华城在明末清初已有居民百余家，大多为漕运民工及守城官兵家属。入清以后，人口才逐渐增多起来，无论是农民、手工业者、还是商人都比较清苦。自古沙河人民就养成了勤俭持家的风俗。沙河虽地近京城，然而本地居民大多以务农为主，工匠大多朴拙，半以务农为业，以手艺传家者，甚属廖廖。据《光绪昌平州志》记载："州向无富商大贾，各集市临典诸商，皆非土著人。间有贸易者，不过在京师一带，从无远出千百里者"。在解放前，沙河镇内居民一直保持着古老的风俗习惯，娶亲结婚必以媒约之言，通好男女两家，然后行纳彩礼，也就是定亲礼，男方娶亲之前一两个月，请人到女方家，行纳币礼。娶亲前一天，女方派人去男方家布置新房陈设。娶亲之日，男家必以鼓乐、喜轿迎亲。新娘入门，新郎、新娘同拜天地，行合卺礼，祭祖礼后，才出来拜见男方家的亲戚。过三天后，新娘摆出茶果，招待男方亲属，序长幼、定称呼，才算正式进门。进门后，女家选定吉日，准备车马，接新娘、新郎回门，到女方家后，新郎拜见新娘的父母和亲属。

丧事方面，也遵循着一定礼仪程序，人死后，即迁居正房，家属穿孝衣，给死者入敛，男性亲属要括发，女性亲属要摘去头饰，这种礼仪又叫成服礼，成服后，由死者的长子或其他直系亲属到巩华城内的五道庙去报庙，报庙之时，孝子手托命纸（死者的生辰八字），把命纸贴于五道庙南墙东侧的一个长约0.5米，宽0.6米的方形墙洞壁上，每日需去五道庙三次，连续去三天。五道庙内供奉着五道将军，传说五道将军具有监督阎王判案或纠正不公行为的权力，可以代替阎王决定世人的寿命，所以人死后，都要由孝子向五道将军替死者报到，让五道将军决定死者是否命尽该亡。报庙后，死者家属把死者名字，生辰年月写于白纸上，贴在大门口，正式开始报丧，又称贴殃榜。贴出殃榜后，就可以派人告知亲戚朋友来吊丧了。这天晚上，死者家属用纸人、纸马、纸车，上面写上死者的姓名，由孝子背出门烧掉，又叫接三，到死者入葬前一天，死者家属举行祭奠，读祭文，还要请僧道念经，超度亡灵。入葬之日，亲戚朋友要送葬。每逢亡者忌日六十天，一百天时，亡者家属都要在家设亡者牌位进行祭祀，直到死后第二十七个月，整个丧期才结束。

解放后，沙河地区在婚丧嫁娶的礼仪上有了很多变化，减化了许多烦琐的仪式。婚前男女双方家长见面商订结婚日期，婚前数日或数周先领取结婚证书，由亲朋好友帮忙布置新房，照结婚照。娶亲之日，女方在早晨要进行化妆，一般是请婚庆公司的化妆师给新娘进行化妆和穿婚纱礼服。男家则约请数量轿车和少量亲戚朋友去女方家迎亲。迎亲车队一般要中午之前到达男方家中，车队进入男方家门口时，男方家要放鞭炮迎接。进门后，举行婚庆典礼，有主持人主持，先宣读结婚证书，然后请男女双方家长讲话。并请新娘、新郎拜见男女双方家长。婚宴在男方家中或酒楼举行。婚宴完毕后，亲戚朋友可以到新房去看看或者告别回家。

丧礼方面则更简单一些，死者在医院亡故后，送入医院太平间。死者家属通知亲友和殡仪馆。送葬之时，亲戚朋友都要随车前往殡仪馆举行告别仪式。告别仪式后，死者火化，家属把骨灰盒放在殡仪馆保存或送入墓穴入葬。自明清以来沙河墓地大多集中于巩华城东西门外，沙河建制以来很少有官宦大家，东门外带有高大碑刻和石像生的墓地笔者幼年仅见1座，近年再去寻找已被建筑垃圾掩埋不见。2000年以后，东门外土地被承包出租挖沙，许多明清古墓被毁坏，棺板、衣服漂浮于沙坑水面，令人心痛。实施火葬以前，西二村墓地主要在沙阳路地质调查所、第一通用机械厂一带，家族墓地有周家坟。东一村主要墓地在沙河东门外。南一村主要是回民构成，墓地在南大桥北侧高速辅路以西有回民墓地。北二村墓地主要在朝宗桥以南高速辅路以西原沙河蔬菜公司一带。沙河城内寺庙僧道墓地在巩华城北门外。至今沙河仍遗有姑子坟、周家坟、李家坟、尚家坟等名称。

解放前，每逢节令，沙河地区居民也要举行一系列仪式来迎接节令的到来。元旦之时，要祭神祭祖，年幼小辈要向长辈行拜礼。元宵节则张灯放鞭炮。清明之时，插柳于门，祭祖培坟墓，端午节、中秋节、重阳节，冬至日要宴请亲友，互相馈赠礼物。除夕三十晚上，则斋戒不食荤腥。这些风俗，现在大多未能保持下来。

沙河当地旧俗中，每到阴历正月初九日还有"烤烟九"这一风俗。点燃野草烘烤全身，从头到脚烤个遍。据说这样烤后可以消灾祛邪。烤烟九的地点就在原沙河行宫正门以东的地下排水沟花岗石沟盖上。烤烟九这一旧俗传说来源于沙河镇梁伯卿先生。旧俗中，人际交往还特别忌讳说"钻桥洞"这句话。因为这话是咒骂对方的。缘于解放前每年冬季寒冷时，沙河的流浪乞丐为躲避严寒大多住到桥洞中。其中以西门外威漠桥洞的乞丐最多。久而久之就形成了一句口头语"老叫化子钻桥洞——等死"（此说来源于西二村的李式元先生）。

巩华城祭神求雨

解放前，由于沙河地区的农业生产主要是靠天吃饭，雨水多少决定着全年农业收成。京北地区受华北季风气候的影响，雨水大都集中在夏季7、8两月，但在春季清明前后，正是农作物的种植播种季节，非常需要雨水，为得到宝贵的雨水，人们大多要向神灵祈求保佑，于是，一遇到干旱少雨的年份，村民们便大兴求雨活动。求雨又称祈雨，最大特点就是它的群体性，由于求雨是关系到本地区全民的大事，所以大家都来参加。

沙河地区的祈雨活动是由沙河北会、南会、东会的会首共同协商发起的。会首们首先向各村发下帖子，帖上写明祈雨活动的日期、地点和规模等项，接到帖子后，各村开始向村民集资，分派任务，准备香烛纸裱，演练祈雨队伍，赶制"龙王彩轿"。祈雨那天一早，沙河各村的村民陆续结队到指定地点集合。抬着用松枝、柳树、杨树枝条以及绸缎做成的"龙王彩轿"，挑着装满香烛纸裱的担子，头上戴着用柳树枝编的帽子浩浩荡荡地向白浮村龙山行进。有些村民为了表示虔诚，还挽腿赤足而行。村民们祈雨的地点是沙河以北十里的白浮泉。白浮泉位于龙山东麓山下，白浮泉水源源不断，是古通惠河的源头，在元朝时，就在此建有龙王庙，又称都龙王庙，是京北地区最大的龙王庙，当时平谷、顺义、通州等地乡民都到此祈雨，香火十分旺盛。

祈雨的队伍到达龙王庙后，摆上供品，上香祈求。然后由队首带领祈雨的人们到白浮泉取水，取水是由队首负责，队首双手高捧点燃的香把走在队前，他的身后是那乘安放着取水葫芦的龙王彩轿，乡民在彩轿两边簇拥跟随。到了白浮泉边，取水队伍在泉边烧香、祈求，队首把葫芦灌满泉水放进轿内，并再向泉水叩拜。这时，一个装扮成"老龟"的人，身上穿着水族的衣饰，为了形似"老龟"，后背还绑着一个圆形的筐箩，来到祈雨的人群中。祈雨的人们拿起一切可以装水的器皿，如瓢、碗等，舀满泉水，泼浇到"老龟"身上，表示自己的家乡将会水源充足，雨水丰沛。返回时，放在轿内的水葫芦在路上绝不准任何人揭开轿帘观看，轿旁有人看护，防止有闲人靠近轿子。

中午时分，取水的队伍回到沙河，前来迎接神水的村民自动排成两侧队伍，簇拥着盛有神水的轿子向位于巩华城西门内的龙王庙行进，到达工商街时，工商街上的商户都在自家门前摆上方桌，上放茶水和红包，迎接神水的到来。各家村民在取水队伍到达自家门前时，都用准备好的清水泼向看护神轿的"老龟"，表达迎接神水的虔诚。取水队伍到达龙王庙后，把从白浮泉带来的水供奉在龙王塑像前，各村的村民陆续进入庙内上香祈求降雨，请龙王爷早日行云布雨以拯一方旱情。在祈雨后三五天内如果还没有下雨，村民们还要再给龙王上香摆供品祈求龙王。祈雨后如果下了雨，还要找戏班子唱三天连本大戏感谢龙王爷一番。

二、沙河地方经济

《光绪昌平州志》载："农，山居之民，以果树为业；山外者专务力田，供赋养亲，惟此是赖。然素鲜盖藏，一遇凶年，支绌立见，是不可不早计也"。解放前沙河地少人多，城内居民多以租田务农为业。少有经商之人。工匠也以前清世代相传的毡作为业。土地基本为私人所有，无地之民只有靠租地为生。还有一部分土地是各庙观的香火地。沙河的土地集中于南北沙河之间，西至小沙河村，东至今沙阳路福田汽车有限公司一带。城里也有少量耕地在城内东南部以及零散的菜园。明代沙河巩华城内的人口构成比较单一，主要是由守护巩华城官兵的随军家属构成，这是由于明代实行卫所军事制度所决定的。明代的卫所实行家属同守，寓兵于农。各于近城耕种，练则为兵，耕则为农。主要耕种所驻城池周围土地。耕种之地为官地。明末由于战乱和瘟疫，巩华城内十室九空，只剩下少量人口。清初清军入关，满族人口大量涌入北京附近，为安置满族诸王、勋臣，解决八旗官兵生计，顺治元年十二月在京畿地区大量圈占土地，史称"圈地"。顺治二年九月，清廷下第二次圈地令，范围扩大到河间、滦州、遵化。顺治四年正月第三次圈地，圈入顺天、保定、河间、易州、遵化、永平等42府。共圈地16万余顷，"圈田所到，田主登时逐出，室中所有，皆其有也。妻孥丑者携去，欲留者不敢携。其佃户无生者，反依之以耕种焉。"八旗圈地称旗地，不准私自买卖，圈地后，很多农民田地被占，流离失所，大部分地主或农民投充到八旗庄园以租地为生。在这几次圈地中昌平州全部民地2888顷就圈给了旗人2584顷地。在整个清代的前中期，沙河居民大部分是来源于投充旗人庄地的各地农民。直到清末民国初期，才有少量农民有经济能力从旗人手里买下几亩耕地，但拥有上顷土地的人寥寥无几。大多数农民靠租地生活。家境富裕些的多是经商之家，普通农家生活虽然艰难但是能够吃饱饭，即使大荒大灾之年也没有发生饿死人的事情。解放以后给农民划分经济成份时，被划分为地主成份的农民也是勉强被划上的。解放前巩华城内外居民房屋很少有高大华丽的，大多为一进院的房屋。只有东门内的王家大院和刘家大院可以称上稍具规模。

1958年沙河成立人民公社，土地全部为集体所有。在狂热的大跃进后期，特别是所谓的"三年自然灾害"期间，沙河地区村民生活陷入绝境，家家户户揭不开锅，社队收获的粮食被调拨其他地区，村民留下来的粮食仅能过冬，春季到来无粮可食，路边树皮、田间野菜、河里鱼鳖成为村民果腹之食。1960年城镇居民凭票供应定量蔬菜，县内许多居民因食物短缺造成全身水肿，1961年初全县有水肿病人1399人，其中因病死亡27人。昌平县成立防治水肿病领导小组，国家和社队已经无力维持居民生活，被迫开放农村集市，禁止机关单位、工厂、学校和党员、团员到农村集市购物，以免引起农村粮食紧张。大饥荒根本的原因是粮食的大幅度减产！翻遍史书我国从来也没有全国性特大灾害的，除非是战乱造成一部分地区百姓流离失所人相食的现象。1959年以来为什么会出现粮食大减产，导致全国的缺粮和饥荒？这其中除了一小部分与灾害有关外，主要原因是耕地抛荒和粮食弃收。大跃进期间，全民炼钢，大办水利，农民被强迫丢下农活去"找矿""炼钢""修水库"，大量成熟的庄稼烂在地里，造成春季无人播种，秋季无人收割，大家一窝蜂地涌入社队食堂吃存粮的现象。

1958年至1960年我县抽调农村城镇劳动力修建了大量水库，比较有名的大型工程有十三陵水库、沙河水库、德胜口水库、王家园水库、桃峪口水库。1958年昌平县传达北京市委关于大炼钢铁的指示，布置全县大炼钢铁，在埝头、上口、秦城、上庄村四处建土法炼钢小高炉150座，全县农村抽调1.5万农民，到年底，在沙河镇等5处共建小高炉247座，土法炼废铁660吨，再加上各地严重的浮夸虚报产量，使国家征购粮食的任务成倍增加，留给农民的口粮所剩无几。而就在这时，人民公社却在大办公共食堂，我县人民公社实现托儿化和食堂化，4.8万农户参加了生产队食堂，以数千年来未有之场面糟蹋粮食。三、四个月就耗尽了那本已不足的口粮。

沙河农作物以玉米、小麦为主，水稻鲜见。20世纪80年代以后沙河居民生活水平开始逐年提高。随着沙河人口增长，耕地不断减少，沙河居民开始以打工经商为多。沙河城外耕地多被村委会以30年或50年不等的期限出租，出租地上或建厂或盖房。至今零乱不堪。沙河东门外的耕地被垃圾覆盖，更有甚者在此耕地上取土挖沙，几丈深的沙坑处处可见，沙河城内居民数百年的坟地也无一幸免。同30年前相比可谓触目惊心矣。沙河东门外这片被垃圾覆盖的耕地面积有1000多亩，几十年来生产着2000多人的口粮。从2005年开始，先是毁地挖沙，接着填埋垃圾。仅仅两年的时间，各种建筑、生活垃圾几乎覆盖了整个耕地，成为远近闻名的垃圾场，这片垃圾场被温榆河的两条支流南沙河与北沙河环抱，北京知名别墅区——碧水庄园与垃圾场只有一河之隔。漂满绿藻的南沙河泛着阵阵恶臭，河岸北侧就是堆积如山的建筑和生活垃圾，有的甚至直接倾倒在河坝路上。千余亩的垃圾场，是由大小近十几家没有名字的私人垃圾处理场连接而成，除了一两家有围墙外，大多数都是"划地为场"。这片垃圾场中，数块百余平米的低洼空地，就是盗采沙石后留下的大坑。这片土地由于被南北沙河围着，一些地块土层下面就是优质沙子，多年前就开始有人在沿河地块盗采沙石了。现在垃圾场和挖沙场三四年前还是1000多亩的耕地，全村2000多人的口粮几乎全种在上面，水稻、玉米、小麦，种啥都长得都好，都是良田。这片地包括李家菜园子、东西海子、流水沟、南长福和关庄等耕地，保守估计应该在1300亩左右。由于被河流环抱，耕地肥沃，小麦和玉米的亩产量都在七百斤左右，离河最近的东西海子种水稻，亩产量能达到九百斤。这一千多亩耕地并未实行包产到户，是村集体所有，当时村里4个生产队的社员集体下地干活。打下粮食后，全村村民能以平价粮的价格从生产队买粮食，家家都够吃。随后，这部分耕地开始种牧草，附近的奶牛场负责回收，还无偿提供牛粪作为肥料，2002年下半年，村里生产队以每亩每年二百五十元至二千五百元不等的价格，将东西海子和关庄等耕地出租给社员和外地人，租期为五年到十年。个人承包"只准进行养殖和农牧林的生产"。但最早毁地挖沙的东西海子，就是从那时开始的。沙河的农民没了耕地，在失去了平价粮的同时，更失去了在家门口种田挣工资的机会。没有村办企业，村民主要经济收入只剩租房和打工。

在解放前，沙河地区的的农副产品交流主要依靠隔日的集市来满足居民的需要，沙河集市在清代即已形成一定规模。《光绪昌平州志》载："沙河店集市，双日为集期。"粮食交易以京市斛一斗一升四合为一斗。钱币兑换以九百八十枚钱为一千钱。银以京市平一两一分六厘为一两。每逢双日为沙河集期。集市设在沙河西门瓮城外北侧城墙根下，主要交易柴草、水果、蔬菜、粮食、肉类和活禽牲畜等农副产品，其中也有少量的劳动力在此等候雇主雇佣。卖柴草的有三种，一是劈柴、二是树梢子、三是草柴。早晨用毛驴把柴草驮至集市，买柴人自由选购，双方定价后，由中间人给过秤，而后由卖柴人把柴草送到买主家中，搬进院子垛好，然后结账付钱。柴草按垛卖，一垛有200斤左右。粮食交易由斗局子负责，斗局子是当时粮食买卖的组织者和管理者。斗局子是每年春节之前由商会进行组织投标，中标者就是本年度的斗局子掌柜。掌柜下面有账房先生，大小伙计。每逢开集之日，斗局子伙计事先准备好笸箩、簸箕等。待卖粮的农民、粮贩和买粮的居民、商户到达后，就开始交易，交易前由买卖双方看粮议价，斗局子的伙计帮助鉴定粮食质量，撮合成交。买卖双方成交后，由斗局子的伙计给过数称重。斗局子的伙计没有工资，他们的收入是从买卖双方交易中提取一定的佣金。斗局子掌柜的收益是从成交卖主粮食中酌情取出一点归斗局子所有（少量交易如一、二斗粮食则不取），每日积少成多，最后由掌柜卖出，所得收入，扣去向商会交纳的投标资金外，再扣除日常开支，剩下的就是斗局子掌柜的收入了。清末京张铁路在沙河设有火车站，沙河的粮食交易有了空前发展，沙河成为京北地区粮食集散地，每逢集期，上市的粮食达到几百担，秋收以后每天可达上千担。京北地区及怀柔、宣化、大同、顺义等地运来的粮食都要由沙河转运至全国，因此，沙河粮食斗局子的每年收入异常可观。沙河粮食斗局子有两个，都设在工商北街，工商北街北侧路西有北斗局子，工商北街南侧路东有南斗局子。1945年沙河粮行有顺成瑞，老板李仲珊，雇工15人，每日交易粮食十八石左右。荣昌号老板王学贤，雇工15人，每日交易粮食十五石左右。裕园号老板李子贵，雇工15人，每日交易粮食十五石左右。中和号老板王士荣，雇工15人，每日交易粮食二十石左右。钟记老板钟老三，雇工15人，每日交易粮食五十石左右。大兴粮行，资料不详。在1954年国家实行了粮食统购统销，粮食交易由国家掌握，斗局子从此也从人们视野中消失了。

　　沙河镇的双日集市在1956年以后沙河成立人民公社才逐渐消失。到了1980年，随着国家经济体制的改革和经济政策的放宽，沙河镇内又有了少量买卖蔬菜和水果等农副产品的商贩，这时的商贩多是本地农户自产自销，走街串巷。1984年以后，沙河镇巩华城大街两侧逐渐形成了农贸市场，开始有外来人口在此经商，大多经营蔬菜、日用百货和服装等日常用品。1995年左右，沙河工商部门先后在沙河镇的纺织品公司仓库开办了红都市场，在巩华城西门外填埋护城河建西门市场，极大丰富了沙河镇的经济发展需要。红都市场内主要经营服装、百货和家电类商品，蔬菜经营主要面对饭馆和企业食堂，多为大批量交易。西门市场内多为经营蔬菜、水果、禽蛋类商品，主要面对本地居民。粮店、茶叶店、理发店、药店在沙河镇内主要的几条街道上都有分布。沙河镇内的商户和游商大多是外来人口，本地居民主要以出租房屋和打工为业。沙河镇内凡是家中庭院宽敞有隙地者，都已添盖房屋出租给外来人口居住。每间房屋小者7~8平方米，大者20平方米左右。小间房屋每月租金约百元，大间房屋在150元至200元不等，租金多寡还要视房屋的配套设施如水电、宽带、暖气和地理位置而定。

　　沙河镇现在的集市是在1980年以后逐渐由小规模的鸽子市演变而来，最初的鸽子市地址是在沙河南大桥桥南西南角，初始阶段，只是一些养鸽户交流鸽种和养鸽经验的地方，后逐渐演变成买卖鸽子和家禽、宠物的场所。1990年后，鸽子市搬到南大桥东南侧定福黄庄路口经营。后因规模不断扩大，于是又搬到南大桥南定福黄庄定泗路南大院中经营。在这里，有政府的工商部门管理，市场逐渐走上了正常发展轨道，形成了京北地区有名的大集市之一，每到集期，车辆停满了市场周边，市场内外摆满了货摊，市场外公路两侧也是货摊林立，人头耸动，公路北侧主要经营花卉、禽鸟、宠物、旧货等摊位，公路南侧市场主要经营水果、小百货等物品。市场内有花卉、服装、日常百货、蔬菜水果、肉类蛋禽等物。市场内西南角为猫、狗等宠物交易场所。市场外的公路经常被堵塞，交通也处于瘫痪状态，来往车辆都视此地为畏途。2006年由于该市场用地被占用，集市开始搬迁至沙河南大桥北面西北侧的旧货市场外易地经营至今。这个新建的市场是由沙河镇南一村经营，市场占地面积有几十亩，北至沙河清真寺外过街天桥，南至南沙河岸边。在沙河集市摆摊卖货的商户大多为外来人口，也有少量本地商户。商户们的摆摊地点都是固定的，主要按所经营商品的种类聚集在一起。商户们每次都要向市场经营方交纳一定的占地费用。每至集期，天还未亮，远来的商户就已经摆好摊位，天亮以后摆摊位的大多是住在沙河镇附近的商户。早晨七八点市场内开始陆续挤满赶集的人，沙河集市的集期是在每周的星期天，只要是天气状况允许，星期天都会有集市。

　　沙河镇在解放前除有双日集市外，还有泰清宫庙会。庙会在每年农历的四月二十八日，庙期为三天。规模很大，是沙河地区方圆几十里的大庙会。每当庙会开始之前，赶庙会的商贩都要来提前来选择摊位，搭摆帐蓬。各种赶会的艺人也要把道具运来，做好演出前的准备工作。商贩们设置的摊点都有固定的地段，不能乱摆。艺人演出主要项目有跑马戏、拉洋片、练武术、变戏法、演杂技等，演出地点在沙河行宫空场上。戏班子的演出地点在泰清宫大门对面的戏台。蝴蝶大街内是卖玩具，风筝、鸢子和空竹的地点。只有卖仁丹和避瘟散等各种凉药的商贩没有固定的摆摊地点。他们多是举着或托着药物到处兜售。泰清宫庙会的摊位从东门内的泰清宫大门口一直向西摆到圣文寺以西的柴禾市大街，街两侧都是商贩们的摊位，吆喝声此起彼伏、络绎不绝。在庙会期间，会有各档花会来打庙。打庙时，花会来时要打进香锣鼓，回去时要奏回香锣鼓。花会到了泰清宫要由花会会首焚香敬神，然后花会在庙门前作敬神表演，这些表演一般要表演完所有节目，不能有所保留，否则是对神灵不敬。敬神表演后，花会一般再选一处场地，为赶庙会的群众表演。花会演出的节目有五虎棍、高跷、小车会等项目。赶沙河泰清宫庙会的花会主要来自白各庄、七里渠、燕丹，东店，白庙、朱辛庄等附近村中的花会。

赶庙会是当时沙河人的一件盛事，赶庙会之前一般都要把嫁出去的女儿接回家一起参加，去庙会还要换上新衣服并且打扮一番。在庙会进行的第三天，沙河工商街上的商号老板要给伙计们放假，给上零花钱让他们玩上一天。庙会期间，凡是设有固定摊位的商户都要向当地交纳场地费用，费用交纳多寡是按位置和所占场地大小来收。

沙河地方教育

南会学校，始建于1930年，校址在南会（现沙河镇南一村）的花景庙内。1942年，南会、北会、东会三处学生合并到圣人寺一处，建立沙河镇完全小学（县立第二国民小学）。1946年，南会学校从圣人寺重新迁回南会。后来南会小学由花景庙迁到文昌庙，变成两级复式班，学生80多人。1949年解放后，学校设有两个班。1952年，成立沙河中心学区，南一村小学（南会小学）受学区领导。次年，南一村初级小学改为南一村完全小学。1966年，"文革"开始，学校失去正常的教学秩序。1971年至1977年间，南一村小学由沙河公社文卫组统一领导。1978年，体制改革，撤销公社文卫组，建立沙河中心学区，领导沙河地区的各所小学。1990年5月，沙河镇划分为沙河镇和巩华镇两镇。由于乡镇改革，1991年1月，成立巩华中心小学，管辖巩华镇一小、镇二小、镇三小、北二村小学、少年之家和教工幼儿园。随着社会发展，巩华镇一小、三小、北二村小学先后撤销，沙河教工幼儿园也与巩华中心小学分离。现在，巩华中心小学下辖巩华中心校、巩华中心第二小学和少年之家三个基层单位。沙河中学自1956年建校，坐落于沙河行宫遗址。最早名称为北京第100中学，是沙河地区唯一的一所中学。

三、沙河工商街的发展和现状

在明清之际，由京城至昌平城的南北大道途经沙河时，不是现在的八达岭高速一线。而是在八达岭高速公路稍东的工商街。南来北往的商旅从南大桥以东30余米的安济桥经沙河镇南一村清真寺正门前的安济路往北，再经今沙河工商南街、工商北街，经朝宗桥路到原北二村小学校，从小学校西墙外向西北斜穿到朝宗桥。在这条路的两侧集中居住了沙河镇的多数居民。狭义的沙河工商街是指沙河工商北街，全长400米，宽5.5米。1965年地面铺设沥青路面，该街地势中间高，南北低，雨季水分流南北。明代时由于巩华城的兴建，商旅住户开始增多，逐渐形成了一条繁华的商业老街。沙河工商街两侧多为前店后厂式商铺。现今工商街还保存有少量的旧时建筑风格的铺户门脸房。这种建筑前脸为木结构，顶部自前向后倾斜，防止檐水滴到顾客头上，俗称"揪头拍子"房。解放前工商街上有上百家商铺，经营绸缎布匹、饭庄银号、烟酒茶糖、柴米油盐、日用杂货、笔墨纸砚以及生产生活资料。在街西财神庙南还有沙河商会。

在清代光绪以前，沙河工商街的商号大多为外来的商人所开。光绪以后，本地人才逐渐地在工商街经商。在清同治光绪年间，沙河工商街已经开始有了很多种类齐全的商号，满足了当地经济发展的需要。如当铺（聚盛当）、盐铺（官盐店）、药铺（万全堂）、布铺（万盛布铺）、染铺（和合染坊）、铁铺、马席铺、木材铺、饭馆（东来馆）、糕点铺（天成斋）、钱号（龙源号）等。据清光绪四年重修沙河城隍庙碑记载，当时沙河镇上有30余家商户都为重修城隍庙捐助了钱财，这些商户有顺成瑞、万全堂、德通铺、万盛布铺、三庆号、兴泰永、泰和永、和成麻铺、仁益德、和合染坊、官盐店、方木铺、合顺成、复兴和、永华号、万恒永、德盛梁、东来馆、万宝楼、龙源号、源聚楼、永盛号、天成斋、隆和义、义聚成、义成店、王铁铺、兰英斋、马席铺、三合店、义增楼、双和店、复成店、永兴合等34家商号。

过去沙河工商街的商铺做生意，是不能用"吆喝"声招揽生意的，只能采用挂幌子招牌的办法。幌子是坐店经商的商家在店门前悬挂表明经商内容的标志，例如饭馆挂的木牌下面有许多穗子，形状宛若面条，酒馆则在酒旗下悬挂一个葫芦，药铺的幌子是在方形的木牌中间涂一块黑色的圆状若膏药。客店门前挂白色的灯笼，上写一个"客"字，人们从此经过，一看幌子就知道经营什么了。牌匾是标明自家名号的标志，也是商业服务的品牌。牌匾要请地方名人书写才能体现出自己店铺的地位。药铺以膏药作幌子，但药材的品质优劣不同，人们该去哪家去买，这就要看商号的牌匾了。商家对于牌匾十分重视，字号要请名人起名和书写，有的还精雕细刻，重漆贴金，俗称"金字招牌"。商店挂幌子招揽生意，而游商小贩则是用"唤头"和吆喝。"唤头"是一种可以发出响声的器具。人们从声音中可以分辨出是做什么生意的来了。例如卖糖的敲锣，磨刀磨剪子的用铁拍子，卖针头线脑布头的用波浪鼓，收旧货的敲一个直径寸余的小鼓。

商号开张也称做"开市"，正式营业前一天称为"亮张"。因内部装修或迁移新址营业称为"重张"。这些均是喜庆之事。此时店门前要贴出对联广告之类，如"××商号，吉日开张，诸亲贵友免赐花红"，实际上则是约礼，凡是东家的亲友及同行，此时都要送礼。店铺开张或重装之时，店铺除了张灯结彩、燃放鞭炮之外，还要祭财神。沙河工商街的买卖铺户祭财神是在沙河工商街上的财神庙举行。财神庙内供奉有"利市财神关圣帝君"的神像。供品有鲜鱼、羊肉、白酒、馒头、鲜果等。还要在蜡扦底下压上敬神的"钱粮"即纸元宝、黄纸、千纸等物。祭神开始，由店东或掌柜的给财神上香，然后账房大小伙计依次叩拜，掌柜的向财神三叩首之后，起身高喊"请幌子"这时鼓乐大作，请当地名人把贴在牌匾字号的黄纸揭下，由伙计将加了钱粮的幌子挑出来，另外两名伙计举着黄纸和纸元宝，掌柜的从香炉中把香拔出，连同敬神的钱粮一起拿到门外焚烧，这个仪式叫送神。送神后店幌子和牌匾就可以挂在店外，正式开张营业了。沙河工商街上的商铺一般可以赊账，因为顾客大多是在同一条街住的街坊，彼此相熟，而对于过路的陌生人是不赊账的。卖东西讲究"和气生财"，有熟人来买东西，要先打招呼，如果有其他生客，伙计则对熟客说："您来了，您先看看货，我手头忙，过一会再来照顾您"。如果顾客买的东西多，一次拿不了，离顾客家里又不远，一般都派伙计把货物送到家。有小孩买东西，如果小孩拿了一个面值很大的钞票，一般是不卖的，并且说："叫你们家大人来买吧"，因为怕小孩从家里偷钱花。

做买卖不能抢别人的生意，在街上摆摊，凡是经营同一种商品的，不能和别人挨着摆，最少相隔三个门，后摆摊的要向先摆摊的同行打听价钱，不许自己压低价钱抢生意，一条街上同一种商品保持同一种价钱。当然这个是明价，另一个还有实际卖价，讨价还价时用实际价格，与顾客讨价还价时声音压得很低"我只给您这个价，您别到处说去"，一是怕同行听见，二是怕别的顾客听到。

在解放前，沙河是地处京北大道的重要集镇，旅店业也十分兴旺发达。

京北大道从沙河工商街穿街而过，温泉、阳坊、北安河一带也有直通京北大道的官道，在这条官道上有著名的"沙河店"旅店，这个旅店就在沙阳路北京第一通用机械厂西墙外，沙河店接待旅客较多，这些旅客都是从西山一带来的商客。

在日伪时期，日伪在工商街西侧修通了北京至昌平、南口的简易公路，现今的八达岭高速公路就是在这条公路基础上修建的。在沙河火车站东口靠近简易公路西侧沙河工商银行处修建了一座大车店。沙河工商街南口也有一处大车店，北二村、南一村也各有两座旅店。

这些旅店分为三六九等，有单人间也有大通铺，有骡马店也有鸡毛小店。大些的旅店供应开水和饭菜。大通铺则不管饭，十几个人挤在一条炕上睡觉。骡马店备有牲口棚，供应草料。条件最差的是小店，炕上铺一领光面炕席，没有被子褥子，一个大炕能挤二十几个人，收费较低。大车店、骡马店专门接待赶马车的车把式，客人到来后，伙计帮忙卸了车，把牲口牵进牲口棚，喂上草料，把客人送进住房后别的就不管了。最惨的是住在小店里，领进房后，伙计就什么也不管了。由于不管铺盖，客人大多自己带着铺盖，客人空身从店里出来，伙计们不拦，要带行李走出店，就要结账付店钱了。

沙河工商街上的商号都要加入沙河商会。沙河商会在沙河工商街西，今建工门诊部南侧的院内，院内东西长，南北窄，有青砖灰瓦的平房六间，至今依然保存，大门口处已经施工改成门脸房，20世纪70年代被改成幼儿园。现在由沙河房管所管理。沙河商会主要作用是管理行业，组织祭祀财神，协调商会成员之间的关系。各行业都有祖师爷，在神前盟誓，订立行规，可以增加行规的权威，有利用于维护本行业的利益，利用祖师爷的神位，还可以提高本行业的威望和地位。

拜师和学徒也是商号中常见的事情，学技艺要师出有门，自学手艺的则被同行看不起，不是正宗，被同行视为"野路子"。店中的伙计不是学徒，伙计是已经出徒的从业人员有工资，学徒没有工资，仅在节日时给一点零花钱。师父收徒有三不收，即姑爷、舅爷、少爷不收，这是因为是亲戚关系不好管。学徒时间是三年零一节，一节是指五月节、八月节和春节，三年期满后，等再过一节之后，才能出师。出师时要摆谢师酒，请师父、师伯、师叔、师兄、师弟吃一席，酒席之上，师父当众宣布学徒期满"以后有了活，大伙多照应点"。徒弟学手艺主要是靠自己留心别人怎样干，不懂时再问师傅，求教时要看别人脸色，别人不高兴时，学徒不能问，干到第三年，师傅才教给一点技术，传授一些技术窍门，但师傅绝不会倾囊而授的，总要留下一手。

在清光绪未年，沙河又出现了一批闻名京北的店铺。位于沙河工商北街南端路东的沙泉烧锅在整个北京地区十分有名，是北京北路烧锅酒的代表。沙泉烧锅在鼎盛时期雇工达百人之多，这在当时已经是规模很大的商号了。清末民国初到抗日战争期间的二三十年，由于京张铁路在沙河设有火车站，更增加到了沙河的商业地位，成为京北的重要粮食集散地，从而带动了沙河的烧锅酒业快速发展。沙泉烧锅解放后被公私合营到昌平酒厂，旧址先后成为昌平饮食服务公司的回民小吃部，后又出租为麦特饼屋。古香古色的建筑也被改得面目全非。

抗日战争时期，昌平成为沦陷区，主要乡镇都被日军侵占，农业生产遇到破坏，商业日益萧条，这期间沙河工商街的商户不断关门倒闭。1940年清河镇的钟国秀（钟老四）凭借给日本人当翻译的权势接管了沙河粮食斗局子，免收各种捐税。控制了沙河地区粮食价格，独揽沙河的粮食交易，从中搜刮到不少财富。其兄钟老三还在沙河以办粮行（钟记粮行）为名，私下倒卖粮食。其弟钟从秀（钟老五）在南口给日军宪兵队内藤队长当翻译，也凭借日本人势力，截持大量通过南口的粮食到沙河交易，为其兄弟倒卖粮食提供方便。到了1943年沙河粮食斗局子又被日伪警察二分所所长刘亚亭和一个姓叶的日本翻译接管。1948年解放时，沙河镇总计剩下商铺五六十家，并且大部分资金不足，货源不全、店堂破旧，生意处于勉强维持。

沙河解放前，工商街较有规模的商户有永茂毡局、曹记套包子铺、沙泉烧锅（聚兴永烧锅）、大成记喜轿杠房蓬铺、永泰珍饽饽铺、华泰丰绸布店、天增楼首饰店。

永茂毡局是沙河镇许多毡子作坊中建立较早，规模较大的一家。永茂毡局掌柜叫张永茂，原是沙河官毡局的一名工匠头目，手艺好又有管理经验。他在光绪十八年离开了沙河官毡局，在沙河开办了永茂毡局。永茂毡局里有伙计、学徒十几个人，他们生产的产品主要是毡子和供做毡帽毡靴及蒙古包用的毡料。永茂毡局以选料精细、制作讲究坚固耐用而享誉于北方各地，人们称沙河生产的毡子为清水毡子。永茂的毡子行销北方各地，各地商家订货络绎不绝，有的商家就直接派人常驻沙河镇内的店房中专门等候货源。

在民国初年，由于作坊里先后有三四个学徒辞柜，在沙河镇上也办了两三家毡坊，使永茂毡局的生意大受影响，永茂毡局掌柜张永茂急病交加，不久离开人世，永茂毡局也后继无人而停业关张。永茂毡局虽然关闭了，但从永茂出来的几个徒弟办的毡坊却依然存在，使永茂制毡的工艺和管理经验传承下来，从而使沙河清水毡子继续流传到解放初期。

曹记套包子铺是位于工商街南口路西，是沙河镇上极不起眼的铺子，它是前店后厂，前边卖货，后院有三四个工人干活制作套包子及套车用的笼头和缰绳。曹记套包子铺除销售自己产品外，还经销马鞍、马蹬和马鞭等车上用品。在清末民国初，乡间大多数人家都有骡马拉的车，小户人家也都有一辆驴车，这些人家都知道曹记套包子铺，就是因为它的货质量好货物齐全，所以昌平一带的车把式都喜欢用曹记的马车工具。曹记套包子铺的买卖做到民国十五年（1926）时，由于奉天军阀张作霖与冯玉祥领导的国民军在昌平发生激战，张作霖的部队占领沙河、昌平一线，在巩华城内屯粮派有一营的奉系军队驻守。这支军阀部队在曹记套包子铺订购了一批套包子、缰绳、马鞍、马蹬等工具。交货时原本没有付款，军阀部队硬说已经付款了，并把掌柜的暴打一顿，曹掌柜连气带惊，大病一场后，买卖也不做了，关张回家种地去了。

沙泉烧锅是人称"陈百万"的人于清嘉庆年间（1796-1820）在沙河工商街南路东开办的一家烧锅，是当时京城北路烧酒有代表性的酿酒烧锅，陈百万年轻时给别家烧锅当了许多年酿酒把式，积攒了很多酿酒技术和管理经验，后来手里攒下了钱就在沙河镇开办了烧锅。陈百万在沙河镇开办烧锅相中了沙河水质好，用沙河的水酿出的酒色泽清澈、味道香醇，质量好，销路广，买卖十分兴隆。沙泉店是前店后厂，制作烧锅的水取自店后护城河边的泉水。进入民国以后，此处又由河北省徐水县李姓兄弟二人继续经营，改店名为聚兴永烧锅。酒店内院挖有一眼甜水井，用该井制作酿出来的二锅头酒行销北京城以及远至包头，张家口地区。解放后烧锅店转入昌平县城西街路北的昌平老酒厂继续生产二锅头酒，驰名全国的十三陵牌二锅头酒就是利用聚兴永烧锅的技术生产的。

大成记喜轿杠房蓬铺是沙河镇西二村赵家在工商街开设的，清道光时期即已存在。大成记主要经营红白喜事的搭棚，抬轿、送殡等业务，经营规模很大，沙河地区方圆几十里的居民家中有事都要请其帮忙。新疆省主席杨增新的殡葬是大成记一手经营。大成记赵家赵宝元在1956年公私合营时将蓬铺与当时的昌平县评剧团合并，先是迁到北京通州区，后又迁到河北省三河县。大成记赵家至今仍然居住在沙河镇西二村，家中还保存有当年搭棚用的杉杆等物。

永泰珍饽饽铺在商业街中间路西，沙河理发馆是其原址。临街是三间门脸房。饽饽铺前店后厂，经营自制糕点。最初是清末孟祖村的周永，与沙河人赵□泰、王□珍三人合伙经营。店名各取三人名字中最后一个字，合为永泰珍。永泰珍出品的糕点在整个昌平名声很大，特别有名的糕点是蜜供和茶饼。20世纪30年代饽饽铺传到他们的儿子手里，又扩大经营范围，添加了文具纸张，代寄信件。饽饽铺一直经营到解放后公私合营才消失。

华泰丰绸布店，位于商业街中间路东，两间门面房。布店里高中低档的布匹都具备。有苏杭绸缎、被面毛巾、兰寨子布、大五幅布等。对于购买高档布匹的客人一般是由老板引到后柜里挑选，由伙计奉上烟茶。由于殷勤待客，服务周到，布店在沙河地区口碑较好。

天增楼首饰店，位于商业街中间路西，永泰珍饽饽铺北侧。该店不临街，要经过一段穿堂进入后院。院内有北房三间，西房三间。北房是两明一暗间，两明间是招待顾客的房间，暗间是孙姓掌柜加工首饰的工作间。孙掌柜有几十年的首饰加工经验，做工精细，态度和蔼，对于老顾客也可以赊账，掌柜儿子也经常下乡村招揽买卖，所以在沙河地区名气很大。

1937年日军入侵北京后，日军为了打通京北运输线，在沙河镇工商街西侧修建了一条沥青柏油简易公路，从此以后，从北京通往京北地区可以不再穿行沙河工商街了。在日伪时期，治安混乱，土匪横行，沙河工商街上的商户为了不被骚扰抢劫，便在工商街南口、北口和街中心通往巩华城西门的巷口分别筑建三座铁栅栏街门，雇人看守，到夜间按时关闭起来，严禁外人进入街内。在1956年公私合营以前，沙河工商街上约有几十家商户。这些商户大部分是沙河当地人所开设，据大成记喜轿杠房蓬铺后人西二村赵平来回忆，有商户40余家。

为叙述清晰，笔者将工商街路西以沙河财神庙为界：

财神庙以北计有：西二村张锡林家开设的中药铺（仁林堂）、北二村张家菜铺、北二村唐家菜铺、肉铺、昌平县第二区分所、住户区、杂货铺、鸿茂兴油盐店、天增楼首饰铺、永泰珍点心铺、王家杂货铺、沙河北斗局子、肉铺、邢家饭馆等。

财神庙以南有：羊肉铺、赵家干果铺、钟表铺、于家皮铺（马车用具套包子、缰绳等）、理发店、小东顺（经营纸张）、老牛湾丁家烧饼铺、沙河商会、王玉良干果店、西二村李家商铺、南一村李家羊肉铺、胡同（口外有黄家补鞋摊）、钟表铺等。

笔者将工商街东侧商户以街中心通往巩华城西门巷口为界：

巷口以南商户计有：羊肉铺、铁匠铺、布铺、曹家麻铺、裕和茶庄、德丰记油盐店、南斗局子、田齐理发店、大成记喜轿杠房蓬铺、吴家干果铺、杨家麻铺、郝家饭馆、聚兴永烧锅、邮政所、住户区、东一村陈家中药铺（广顺祥药店）等。

巷口以北商户有：广丰记油盐粮食店、东一村赵家书店、西二村李家照相馆、胡同、四合永饭馆、康大夫西医诊所、同记油盐店、增兴记油盐店、布铺、丁家杂货铺、西二村刘家掌铺等。工商街南口外路东有大车店（又称骆驼店），路西有大车行（主要制造马车等牲畜用具）。1954年2月6日工商街上的药店和诊所首先响应政府号召成立联合诊所，中医门诊部设在工商街路西的仁林堂，西医门诊部设在工商街路东的康氏健康诊所，不久中西医门诊部都迁至工商街东南口的广顺祥药店。1956年公私合营时联合诊所改称沙河诊疗所，20世纪80年代初又迁往沙河工商街上的财神庙。此时又改称沙河卫生院至今。

工商街上的商户在1956年公私合营时先后并入当时的昌平县土产公司。昌平县副食零售管理处，昌平饮食服务公司、昌平供销社、昌平县一商局、二商局、百货公司等单位。

在1980年以前，沙河工商街上主要商店有20余家。工商街路东从北往南依次有昌平供销社沙河分社、沙河药店、沙河书店、沙河菜站、缝纫部、钟表店、清真副食店、沙河小吃店、沙河镇医院、房管所、福利工厂等。街西侧自北向南依次为沙河回收站、生产日杂门市部、沙河第二副食店、沙河百货门市部、理发店、沙河人民公社，修车店，肉铺等。1980年以后至今国营企业逐渐被其他所有制企业所代替，沙河工商街上也出现了一些个体商店，这些商店经营品种齐全，有零售也有批发，沙河经济空前发展繁荣起来。

现在沙河工商街有商家约百余户，从工商街路东侧由北往南依次为：百货批发店、粮油店、营森通信维修店、手饰加工店、沙河医院社区门诊部、春花茶庄、香油坊、肉铺、沙河镇医院社区门诊部、香茗茶庄、阿里山饭馆、蓝天干洗店、天元堂药店、重庆麻辣火锅店、天亮厨具店、宏红理发店、世纪家家福超市、少年之家、雨露理发店、西安家乐烤鱼店、亿利来通信店、休闲服装店、香油坊、琴号音像书店、冉冉副食批发店、安记牛羊肉铺、民天小吃店、金玫瑰蛋糕房、大草原饭庄、郁金香鲜花店、工商街鲜牛羊肉铺、洁中干洗店、伊人理发店、集海家电维修部、嘉兰花店、麦特饼屋、利民药店、沙河旭杰居饭馆等。

工商街西侧由北往南依次为：精信钟表电器修理部、缘恒通手机店、日杂批发店、普济堂药店、昌平生产资料沙河门市部、礼品店、手机维修店、君利来理发店、香烟店、布店、天意理发用具店、荣达副食批发店、文彬文具店、手机维修店、世洁干洗店、鑫馨手机店、寿衣店、大桥家电维修部、天香园熟食店、北副食批发店、粮油店、阿园美发店、新雅美发店、潇洒美发店、服装店、启升同泰日杂店、吉达手机维修店、沙河镇医院、农村商业银行、玲玲百货批发店、芳馨理发店、建工门诊部、蛋糕房、原沙河商会（现院内房屋出租）、天堂冥衣铺、手机维修店、紫涵图文设计中心、怡美理发店、泽华电脑店、温雅理发店、鑫鑫粮油店、皮鞋店、菜老板副食批发店、东北烧烤店、香霞理发店、顺风百货批发店、珍有艺丝理发店、杜大夫诊所、天龙商贸中心、盛想副食批发店、小吃店等。本文中条列以上商店名称，初觉烦琐，但考虑到为使读者能够与解放初期工商街的商店有所比较，才罗列此类内容。现在工商街上的商店大多为外来人口所经营，每年街上都有10余家商店因经营不善而改做其他生意。街上商铺门脸房十分紧俏，从无空闲待赁之时。沙河工商街经过四五百余年的风雨沧桑，仍然发挥着商业职能，遗憾地是沙河工商街两侧的清代所建的商户门脸房在近20年间被拆改得面目全非，现今工商街上只有一两家原有的清代建筑，如不加以保护，也会面临着被拆的危险。

　　自2010年沙河启动拆迁规划，工商街居民住户和商户开始陆续搬走一空。所有腾空的房屋除财神庙没有拆除外，无论是清末建筑还是现代建筑一律拆除。建筑垃圾狼藉满地，荒草连连野兔出没。具有五百年历史的古老工商街今天已经消失在北京高涨的拆迁洪流之中。

第十三章　巩华城文物遗存

经历了470余年的巩华城今日已失去了往日风采。尽管其面貌与往昔相比有了天壤之别，但它做为明皇陵体系之一，仍具有很深厚的历史文化底蕴。挖掘其现有的文化遗存，必将对今后沙河地区的经济、文化发展打下坚实的基础。回顾巩华城的文物损毁是在1900年八国联军入侵北京直至20世纪末的百年时间。在这百年时间里，巩华城的损毁可以分两个阶段：第一阶段是从1900年开始至1948年沙河解放近50年。这期间，巩华城遭遇了八国联军烧毁同知衙署、炮击四门城楼和沙河行宫被抢劫这一空前的重大劫难。进入民国时期，沙河行宫成为没有主人的财物，引起各种地方势力的垂涎，最终于1932年被当时的昌平县知事勾结沙河地方豪绅以赈灾名义拆卖一空。解放前几次规模较大的洪水也将巩华城墙冲毁数处。第二阶段是由1950年开始至20世纪末期。这一阶段，是沙河巩华城的文物损毁最为严重的阶段。1950年沙河镇开始大规模地拆除寺庙内的大小塑像，改建寺庙做为学校和公共设施场所。1958年前后，由于建设沙河水库缺少石料，又将沙河安济桥和沙河行宫残址遗存下的石料运往水库工地。到1959年大跃进开始后，沙河居民生活陷入异常困境，沙河镇内四个村又联合分片拆除巩华城城墙，把城墙砖石卖出以弥补大跃进所造成的经济困难。从此，巩华城只剩下4座瓮城因被有关单位占用而侥幸遗存下来，现今巩华城四周城墙只遗留下东南城墙的少量夯土层。

巩华城内外在解放初期尚存有大小寺庙30余座，如泰清宫、圣文寺、朝阳寺、沙河城隍庙、龙王庙、五道庙以及四座瓮城内的庙宇等，这些寺庙大部分是在解放后30多年中陆续被拆除的。巩华城东门内的泰清宫是在20世纪60年代被当时的沙河房屋管理所拆除改建成居民区；沙河城隍庙在20世纪80

年代初被拆除改建成厂房。圣文寺仅存的大殿也在90年代被沙河第二小学拆除。截止于本世纪初期，巩华城内的大小寺庙都已消失殆尽，现在如果不加以记述，恐若干年后寺庙基址后人也无法准确知道。

当前巩华城内外文物遗存只有廖廖数座。位于沙河工商街中心的沙河镇医院内的沙河财神庙，现今遗留有正殿三间、硬山筒瓦卷棚顶、六檩前出廊、明间前接抱厦一间、悬山筒瓦卷棚顶，门窗有所改动，保存基本完好。沙河南一村清真寺建于明代，历史上曾经过三次重修。重修时间分别为清康熙三十三年（1694）、光绪三十一年（1905）、1986年由北京市政府拨款35万元重修。占地面积约1000多平方米，坐西朝东格局，有三进院落均为四合院布局，有大殿及配房38间。殿前有光绪三十一年（1905）、民国四年、民国九年（1920）石碑各1座。沙河城隍庙内重修沙河城隍庙碑及泰清宫药王殿前的药方碑现在昌平公园石刻园保存。位于北沙河上的朝宗桥及朝宗桥碑保存完好。桥梁至今仍发挥着交通南北大道的作用。现今的沙河工商街西还遗留有清末民国初的商户门脸房1间，如果不加以保护，也会在今后被拆除改造，失去其原有的风貌。

明代建成的巩华城现今只遗存有4座瓮城以及东南城墙的少量夯土层。扶京门是4座瓮城中保存较完整的1座瓮城。解放后由北京第五肉联厂（牛羊库）使用。近年来由于肉联厂的经济效益一般，遂将瓮城内所有房屋出租，院内垃圾乱堆乱放，污水横流。瓮城的6个城门洞保存基本良好，洞顶有少量城砖风化脱落，瓮城内西北角尚保存有火神庙正殿1座，虽稍有倾斜，但木质结构依然挺实。扶京门城台和城墙上已有多处塌陷，瓮城外侧西面城墙一段露出夯土的坍塌处，现已被新砌起的高约1米青砖围挡起来。丈量瓮城西门门洞，长约15米，宽约4.5米，于此可见城门之厚重。瓮城外墙局部损坏，砖体脱落。城墙上布满杂草树木，杂草间残留有城楼柱基石和起落千斤闸的石构件。

展思门由昌平区供销社占用，在瓮城内建有职工家属宿舍。瓮城西部城墙及西瓮城门已被拆除，已看不到城墙遗址。东侧瓮城墙保存完好，东瓮城门被毁严重，只剩下一层门洞拱券砖层，城墙上残留有城楼柱基石和千斤闸石构件。

镇辽门由沙河镇东一村占用，瓮城内房屋现已出租给小工厂和废品回收人员，瓮城院内私搭乱建严重。废品垃圾处处可见。瓮城门洞保存较好，但东边瓮城墙和南侧瓮城墙由于风化和人为拆损，已经残破不堪。正门洞被废品回收人员占用当做库房使用。

威漠门也是保存较完整的瓮城，一直由昌平区粮食局使用。现在瓮城内房屋均已出租，瓮城内也是私搭乱建严重，垃圾到处堆放。瓮城门洞墙城砖及城墙砖有多处脱落，瓮城外墙人为损坏清况也较严重。瓮城内西北侧还保存有清末房屋建筑。1900年八国联军炮火击塌瓮城南侧城墙，形成豁口，在此以后村民出入城均从此通过。司狱署封堵瓮城门，利用瓮城作为办公地点直至民国初期。

四座瓮城墙上均残留有城楼柱基石和千斤闸提升石构件。以展思门瓮城门为例：瓮城正门洞顶上，位于门洞中心两侧遗有起落千斤闸板的门形石构件，两只石构件相距3.8米，距北侧城墙垛口约有2.7米。展思门正门三个城门洞顶上遗有当年城楼的柱础石，分为梁柱础石和檐柱础石两类。梁柱础石应为4块，现仅存东西各1块，为汉白玉制，底座长宽为112厘米×113厘米，柱镜面直径为88厘米，距城墙南侧护墙约5米。檐柱础石现存3块。西面一块，东面南北各两块，底座长宽为90厘米×90厘米，镜面直径为68厘米，为花岗岩石制，距城墙护墙约为2米左右。

西门威漠门瓮城墙西段，直对沙河工商街口处一段城墙被建成墩台形式，墩台上方原有升降吊桥的桥桩，桥桩两侧有炮台，这座墩台现已残毁，但细辨仍然可见墩台原形。

四座瓮城城门洞内现存有千斤闸槽，闸槽位于门洞两侧墙壁上，宽约13厘米，为花岗岩石制造。部分瓮门洞千斤闸槽上方依存留有日伪时期安装的木闸门残留物。千斤闸槽后部为城门，城门为木制，外包裹铁皮，俱以馒头钉固定，门后有木制门栓，门栓两侧的砖墙壁上有花岗岩石制的方形门栓孔，距地面约有1.2米，孔洞长宽为30厘米×30厘米，城门洞地面铺砌花岗岩石石块，大者约有1平方米，小者也有0.5平方米。石块铺砌平整，边缘光滑。

明代在巩华城南门扶京门外东南临河处建有临水泊岸，用于停靠漕船（沙河当地人又称此处为钓鱼台）。这条临水泊岸俱以花岗岩石和城砖砌成，经过多次修浚南沙河河道现已不存在，泊岸仅存的遗迹在20世纪末由于疏通调直南沙河水道被拆除。在正对泊岸的河中心就是南沙河中的南大寝。

南大寝

沙河人又称为鱼洞、泉眼。洞底急流湍涌，漩涡直切洞壁，此处被视为打鱼禁地，泅者过此，九死一生。麻兆庆在《昌平外志》一书中认为南大寝就是古湿余水中的湿余潭。"湿余潭者，在河之中，重源潜发，积而为潭，非平地泉也。南大寝者在南榆河中。相传中有大鼋，能幻人形。水深数丈，证之《郦注》，其为湿余潭也"。笔者幼时记忆中的南大寝方圆约有一亩，碧深水澈，水温较其他处低。泉非一眼，而是数眼。其中泉眼最大者直径有一丈多。漩涡笔者幼时亲见。由于此处水寒于他处，游水到此易手脚抽筋，所以沙河人视此为禁地。近年来南沙河上游水土流失严重，降雨量不足，南大寝也被淤泥填塞，在其位置已经形成滩涂之地，河草丛生，杂树林立，已看不到其本来面目了。

王家宅院

巩华城内泰清宫大街有清末建筑的王家宅院。宅门前左右有细清石的上马石，阶石左右有两只扁圆形石狮。大门门道里的柁檩皆有彩画，共有三层宅院，均为三合院格局。进入大门后的宅院为外宅，外宅五间正房中间辟穿堂门，进入内宅。内宅中间也辟穿堂门，进此门后为第三层宅院，这三层宅院都是青砖漫地。王家宅院门楼保存完好，院内建筑被改建，仅存有少量旧时建筑。

刘家宅院

位于兴隆巷胡同西侧路北的兴隆巷39号刘家宅院，也是一座清末建筑，建筑格局为四合院，宅门保持完好，院中有井一口，现仍有部分旧建筑保存完好。

圣文寺

圣文寺于1958年被改成沙河第二小学，"文革"以后大殿保存完好，配殿全部拆除改成教室。1990年后大殿因年久失修被拆除，新建的房屋仍建于原大殿的台基之上，大殿的台阶，台基仍然完好并使用。寺内还保存有国槐数株。圣文寺不是文保单位，一旦小学校因沙河拆迁而搬迁至沙河新城，圣文寺也会面临全部拆毁的危险不复存在。

巩华城城墙只有东南城墙遗有少量夯土层，其余均被平整建房或改成道路。有些地段城墙依据现瓮城依稀可以分辨出来。巩华城展思门以西的北城墙位于北门西街以北80米处，以东城墙位于北城根大街以北50至80米处。威漠门以北城墙位于龙王庙西街以西50米处，至今遗址处仍见到高于周围地面的城墙地基，沙河房屋管理所管辖的两栋位于西城角的居民楼房和首钢第一线材厂的三栋居民楼就建在原城墙地基上，威漠门以南城墙位于西城根大街以西5米处，遗址上现为西二村民居和沙河医院，扶京门以西城墙位于粮食局职工宿舍，鸿雁小学和家平洗浴以及西二村部分民居基址上。扶京门以东城墙有夯土层存在，容易辨别，夯土层南侧有部分护城河基址遗存，位于夯土层和护城河之间为西二村回民公墓。镇辽门以北城墙位于东城根大街以东10米处，镇辽门以南城墙位于南环路东侧路旁，城墙基址上有部分坟地和杨树。

巩华城东南角楼位于南环路南端，西南角楼位于沙河医院锅炉房处，东北角楼位于城根大街3号、5号院之间，西北角楼位于东后街52号。

巩华城两水关：位于巩华城扶京门东西两侧的城墙下，西水关遗址已经不见，但从位于原沙河城隍庙（教工幼儿园）东墙外的东小街可以判断出大致位置（东小街南接西水关，北接安济沟原是巩华城西半城的泄水沟）。东水关有部分基址遗留，东水关北接梁家沟河塘，东水关城墙内侧遗存有部分花岗岩石，是当年东水关的建筑材料。水关两侧宽约8米，杂草丛生，沟底内种植有蔬菜。

巩华城内的排水主要靠位于城内西侧的安济沟和东侧的梁家沟两大纵行的排水沟。安济沟北至龙王庙头条，南至东小街经沙河城隍庙东墙外与西水关相通，主要汇集城内西半部的生活污水和降水。梁家沟北至泰清宫大街，南至南水关，主要汇集城内东部的污水和降水。巩华城在兴建时，由于建筑城墙在城内挖坑取土后形成了几个大坑，这几个大坑又深又大，有锅底坑之称。城内西半部北侧有后坑，是城内最大的坑，位于北门西街以南，龙王庙头条以北，东至后坑胡同，西至龙王庙西街，坑为长条形状，坑中间为葫芦腰形，在此处与安济沟相通。沙河第二小学围墙东侧有苇坑，苇坑经泰清宫大街上的小石桥与位于沙河中学（沙河行宫）东墙外的东坑相通，两坑汇合后向东流到梁家沟出东水关。沙河行宫遗址南侧有老太太坑，此坑是行宫宫门桥拆除后村民在此取土形成的。具体位置为行宫前的3座石桥处。解放初期，由于城内西排水沟淤塞，城内每逢夏季降雨量大时，城内之水便涌出排水沟沿着柴禾市大街和泰清宫大街灌入苇坑和西坑，经兴隆巷胡同入梁家沟从东水关排入护城河内。

巩华城外的护城河遗迹已荡然无存，城北护城河消失的最早，城东护城河也面目全非，被垃圾和建筑废弃材料掩埋，只有城西和城南护城河有迹可考，城西北护城河位于东后街路东的居民区上，城西南护城河位于今沙河西门市场基址上。城南护城河位于家平洗浴中心以南5米的南一村居民区建筑物基础上。城东南护城河遗迹保存完好。

护城河与南北沙河贯通处

北沙河与南沙河在解放初期仍存有与护城河相通的河道。北沙河从朝宗桥东侧，展思门大街西侧路南的东后街与威漠门瓮城北侧的护城河相沟通，东后街原为河道。后淤塞填埋成为街道。南沙河在巩华城扶京门东侧的东南角楼附近与南护城河相沟通，至今仍然保存原有的遗迹可查看。

沙泉烧锅店古井

沙泉烧锅是清顺天府北路烧酒有代表性的酿酒烧锅，因沙河水质好，用沙河的水酿出的酒色泽清澈、味道香醇，质量十分好，所以销路广，买卖兴隆。酿酒所用之水取自沙泉烧锅店房后威漠门瓮城护城河西岸的一眼泉水。该泉为自流水，长年日夜不断地流淌。夏季清凉透澈，冬季温和而不刺手。泉口为条石砌成，有花岗石水槽直通护城河。20世纪70年代仍旧是附近居民生活水源。后因修路被填埋。遗址在沙河西门市场北门西墙外，顺城街北口路边。

沙河温泉：

温泉在沙河八达岭高速公路东辅路的沙河百货公司院内，院内温泉是百货公司打机井后形成的。温泉向北流至沙河红都市场原昌平纺织仓库和新华书店一侧形成长方形的水塘。水塘周围芦苇茂密，泉水流经之地两侧砌着整齐的石板形成水渠，冬季沙河附近居民都来此洗衣，温泉水温常年在15—20℃间。由于沙河地区水位下降，温泉消失于20世纪80年代初。

沙河冶铁遗址：

明代建造巩华城需要的大量铁器工具，是由设在巩华城威漠门（西门）瓮城外北墙根的冶铁作坊打造的。冶铁时形成的大量碳灰铁渣都倾倒于此处护城河堤岸，长期凝结成块，此段护城河也被沙河人称为金帮铁底的护城河。20世纪昌平房管局在此兴建居民楼时，挖出大量凝结成块的铁渣，给施工进度带来很大影响。

巩华城做为明陵文化建筑体系的重要组成部分，有它开发、利用的潜力，当前要做的是把巩华城现有文物遗存有效地保护起来，为其未来的发展做好准备。

从1988年起，沙河镇就开始有了保护规划，北京市政府也批复了建设方案。巩华城的保护与新城的开发同时启动，一平方公里的巩华城四个城门保留并恢复，城墙遗址上建筑将拆除，计划在原城墙位置上搞一圈绿化带，城内部分居民将迁到占地6平方公里的新城区。古城内不允许盖10层以上的高楼。

做为北京市第六批划定的文保单位巩华城，文保部门给其划定了保护范围及建控地带：

保护范围：现存东、西、南、北四个瓮城城墙外侧墙皮各向外延伸20米的范围（包括瓮城内部所围合的面积）；城东南角及城东侧古城残留部分墙体外皮范围内。

建设控制地带：Ⅰ类：城墙：沿原巩华城城墙中线向内30米、向外40米（共计70米）宽的地带。城东：原巩华城东门保护范围以东至东侧规划主干路南丰路以西之间宽40米的范围之内为视线走廊。城南：原巩华城南门保护范围以南至南沙河床北沿之间宽40米的范围之内为视线走廊。城西：原巩华城西门保护范围以西至西侧八达岭路以东之间宽60米的范围之内为视线走廊。城北：原巩华城北门保护范围以北至北沙河床南沿之间宽40米的范围之内为视线走廊。Ⅴ类：沿原巩华城内侧的Ⅰ类建设控制地带向内所包含的所有内城区范围，原城内交通道路：南北御路、东西主干线除外；高度控制为6—9米，建筑应为坡屋顶，中国传统建筑形制，总容积率控制在0.7以内。

第十四章　巩华城的寺观庙宇

自明代嘉靖年间开始修建沙河城内泰清宫，万历元年又建造城隍庙开始，以后陆续又建有许多大小寺庙，作为本地区居民祭祀祷告的场所。这些寺庙除自然毁损，洪水冲毁外，到1950年还有20余座，这剩下的20余座寺庙也在解放后的生产建设中陆续拆除殆尽，幸存者寥寥无几。

巩华城内外寺庙众多，南沙河北岸有清真寺，北沙河南岸有真武庙，工商街有财神庙，沙河城四座瓮城内也俱有庙宇，西门有关帝庙，北门有皂君庙，南门有火神庙，东门内有娘娘庙。城内中心有圣文寺，东门大街有泰清宫，城内西南角有城隍庙；城西北侧有朝阳寺，北城东侧有玉皇庙，除这几座建筑规模较大的寺庙外，还有龙王庙、土地庙、五道庙等小庙。

一、沙河清真寺

清真寺位于沙河南一村村南，安济桥北岸，八达岭高速公路东侧，是沙河、老牛湾、定福黄庄的穆斯林礼拜之所。清真寺始建于明代嘉靖九年（1530），占地约为1000平方米，座西朝东，寺内分三层院落，最后一层院落正中为礼拜殿，大殿后有窑殿，整个寺院内配房有38间，三层院落皆为四合院布局。外层大门为具有伊斯兰文化特色的拱形门，门正中有汉字"清真寺流芳西域"的匾句和阿拉伯文匾句，阿拉伯文内容为"的确真主的清真寺是在沙河街"。二层大门为砖石结构的八角飞檐门楼，门楼两侧各有1座甬门，北甬门外有石碑1座。门楼上原悬挂有1块蓝底金字的匾额行草大书"得一真源"，此匾为清代顺天府北路同知杨某书赠，"文革"中流失。礼拜殿面开三间，前部两山四脊，勾连两进六间，紧接着是一脊两山五间，和前部接为一体。除大殿外，寺内尚建有南北讲堂，男女沐浴室，办公室储藏室等

40余间房屋。大殿前的左右檐柱上对联为"认主独一造化天地万物，命人行好明辨是非曲直"，落款为"公元一九九六年岁次丙子"。殿门对联为"人生价值在求知善举，万物运动乃安拉使然"。整座清真寺内外古木参天，松柏国槐各有千秋。沙河清真寺重修有3次，分别为清康熙三十三年（1694）、光绪三十一年（1905）和1987年进行了整体翻修。寺内有清光绪三十一年、中华民国四年（1915），中华民国九年（1920）3座石碑。沙河清真寺的伊玛目在民国之前为世袭掌教。笔者曾经在网上看到拍摄于清光绪二十七年（1901）的沙河清真寺老照片数张。从照片上看当时清真寺的伊玛目是一位年约70岁的老者，头戴高约一尺半的白色尖顶阿訇帽，（清代袁大化《新疆图志》记载："阿訇之帽，上锐而高，檐以白布绽之，厚二三寸，脱帽为敬。人门必解履。妇女必遮面。皆古制也。"又说"惟寺中礼拜，戴棱冠。上锐下圆，五色皆备，而白者为多"）身着马褂长布袍，神态安详，与经过沙河清真寺的德国人一起在清真寺大门前合影。老照片显示当时清真寺周边是一片开阔地，有经商的骆驼队和驮轿在此休息。德国人则在清真寺门前摆放的桌椅上休息，周围有许多好奇的村民围观。这种情景也从侧面证明了沙河耆老口中所说的1900年八国联军占领巩华城期间并没有对沙河居民造成伤害的事实。

二、南一村文昌帝君庙

建于清代嘉庆年间，又称沙河南庙，原址在今工商南街路东沙河巩华中心小学。沙河始祀文昌帝君旧在圣文寺内文昌祠。清嘉庆七年文昌帝君祭祀列入国家祀典，沙河文昌帝君祭祀才专有其庙。文昌帝君主持一方文运。旧时每年二月初三日为文昌帝君神诞之日，官府和当地文人学士都要到供奉文昌帝君的庙宇奉祀，吟诗作文举行文昌会。庙在20世纪60年代被拆改建成小学，正殿三间，左右各有耳房一间，大殿明间前接抱厦一间，整座大殿建于高约1.5米的砖石结构地基之上。大殿左右各有东西配殿二间，山门直对安济桥路。在文化大革命期间此处关押过南一村的所谓的"地富反坏右"的"黑五类"分子。此庙规划严谨，庙内树木繁密，庙门外有水井一口供往来于京北大道的商户中途休息。

三、南一村花景庙

建于清代，花景庙在工商南街中段街西，座北朝南，有正殿三间，山门一座。殿内供有关圣帝君，有周仓、关平陪祀，在关圣帝君塑像右前方有真马一样大小的泥塑白马一匹，山门处有水井一口，供来往商旅饮水之用，该庙于1930年改为沙河南会（南一村）学校，20世纪70年初被拆除，现址为民居。

四、沙河工商街财神庙（关帝庙）

建于清代，财神庙位于沙河工商街西，座西朝东，原址在沙河镇卫生院。庙门直对巩华城威漠门瓮城，庙门正中门额镶嵌三块雕刻"财神庙"三字的青砖。现存正殿三间，硬山筒瓦卷棚顶，六檩前出廊，明间前接抱厦一间、正殿左右各有耳房一座。正殿供有"利市财神关圣帝君"塑像，亦称关帝庙。沙河工商街商铺林立，每逢商铺开张或重张之时，店铺掌柜的都要带领大小伙计在此祭祀财神、祷求买卖兴旺。财神有文财神和武财神两种，当今道观中的财神塑像多为黑面浓须，骑黑虎，一手执银鞭，另一手执元宝、全副戎装，这种打扮的财神是武财神，即赵公元帅。除了赵公元帅外，民间亦有以关羽为财神的，关公是无所不管的大神，司财只是其职责之一。关公是威风凛然的一员武将，一生与财无关，将他奉为财神，完全是因为国人对他极其崇拜以他为全能大神的缘故，最主要原因是推崇他的忠义，也就是"诚信"。以忠义诚信之人司财，也是在告诫世人"君子爱财，取之有道"。该庙最后一次重修是在民国二十四年（1935）五月初四，由沙河镇商会主持修缮。庙内正殿脊檩檩枋下面有两侧题记，一侧为"中华民国贰拾肆年桃月初四日商会创建新立"，另一侧题记为"中华民国贰拾肆年桃月初四日虔心创建敬立"。当年重修竣工之日，商会特请戏班在西门瓮城下连唱三天戏以示庆贺。为记述重修的经过，商会请工商街煤铺账房先生李耀书写碑文，刻碑立于庙门外左侧。石碑在民间二十八年洪水中被冲失。解放后该庙作为县区政府招集乡民开会议事的场所，以后又先后做为沙河人民公社和沙河卫生院。

五、北二村七神庙

庙在今沙河工商北街北口路东侧，原沙河供销社院内，座东朝西，有大殿3间，左右配殿各2间，院内有国槐5株。山门外有水井1口，供来往商旅饮水之用。庙在解放后由沙河运输组和沙河供销社占用。1958年后被拆毁。正殿供有火德星君，为头戴平天冠，穿滚龙袍座像。南北配殿分别塑有风神、虫子，蛾、牛王、马王、河伯、五道将军像。

六、北二村玄真庙

玄真庙址在沙河朝宗桥路北口路西的昌平供销社酿造厂。明朝隆庆时期重修。座西朝东，有大殿3间，东西配殿各2间。主殿内供奉有铜铸玄真大帝像。抗日战争前夕，真武大帝像被人从大殿后墙盗洞偷走。此庙后被村民用砖石封死，沙河乞丐大多居住于此。解放后此处居住的乞丐被送往小寨养老院。玄真庙院墙南北两侧俱为其香火地。

七、北二村菩萨庙

菩萨庙又称沙河北庙，原址在沙河北二村小学校，座北朝南，殿三间，左右各有耳房一间，殿基高大。大殿明间前接抱厦一间，有东西配殿各三间，正殿殿基达高约1.5米，院内植有国槐，山门遥对朝宗桥路。此庙在解放前被日军占据做为仓库，解放后作为北二村小学校使用，正殿及西配房为教室，东配殿是教师办公室。沙河北二村小学进行扩建，此庙被拆除。菩萨庙西墙外即是旧的京北大道，向西北直达朝宗桥。

八、沙河五道庙

五道庙是供奉五道将军的场所，五道之意是指灵魂转生换世的"五道轮回"。五道将军是东岳大帝的臣属，是冥间的神仙，掌管阳世间人的生死与荣禄的神祇。另外，他还有监督阎王判案公正与否的权力，可以改判阎王的决定。每年农历三月十二日是五道将军的生日，在庙中要摆放供品焚烧纸马进行祭祀。神像多为泥塑，五道将军有蟒袍玉带的文官打扮，也有的是武官打扮。五道将军两侧还分别塑有判官和众鬼。五道庙主要用于乡民的"报庙"。报庙就是乡民去五道庙给死去的亲人报到，报告家里有人死了，请五道将军收录。报庙仪式为：孝子捧着装有香烛、纸马的盘子，到五道庙替死者报到。报庙要报三次，即从家至庙来往三个来回。报庙时，有的是去时哭，回来不哭，有的是去时不哭，回来哭。一般每个村庄都建有五道庙，没有五道庙的村子，就要到村外的十字路口，摆上3块砖代替五道庙。沙河有三座五道庙，分别坐落于西二村、北二村、东一村。南一村居住着信仰伊斯兰教的穆斯林村民，有自己的宗教信仰和丧葬习俗，没有与汉民族习俗的庙宇。

（一）西二村五道庙

又称西五道庙，原址在沙河第二小学校后，西五道庙胡同内。建筑格局为座北朝南，有山门一座，殿有两重，分前殿、后殿。后殿地基较前殿高，院内植有国槐，庙墙为城砖垒砌，庙门楼东南侧院墙上有一宽50厘米，长约60厘米的方形孔洞，为烧纸时所用，此庙"文革"期间被拆建民居。

（二）东一村五道庙

又称东五道庙，座落于巩华城东门内北侧东城根大街街东。座东朝西，庙后墙距巩华城东城墙仅6米，庙内有大殿3间，左右配殿3间。正殿及配殿内均有泥塑神像，院内有百年历史的海棠树1株，庙南墙外为该庙香火地。沙河城内老人传说，东五道庙比西五道庙更有"灵验"。

（三）北二村五道庙

庙址在沙河朝宗桥路北口路西的昌平供销学校南侧，坐西朝东，庙门面向朝宗桥路。有殿1间，解放后拆除。

九、泰清宫

位于巩华城东门内泰清宫大街东侧路北，为三进院落，建于明嘉靖年间。门楼为汉白玉制八角飞檐门楼，门楼建筑形式独特，豪华雄伟、技术高超，建造难度很大，为北京地区不可多得的建筑工艺品。（沙河清真寺和西贯市清真寺的门楼都是仿它而建）门楼正中有一石匾，上刻"古建泰清宫"。泰清宫内共有三层大殿，前殿为药王殿，药王殿供奉药王孙思邈，药王孙思邈塑像后有一倒座的韦驮塑像。药王殿前右侧有清咸丰年间所立药方碑1座，殿左侧有座东朝西一间房大小的王奶奶庙。二层殿供奉太上老君塑像，塑像座下的须弥座是由4个小塑像组成，名叫拳打井、怀揣树、搬山倒和捋道直。三层殿名为三教殿，供奉儒道佛三教的人物。殿内正中端坐佛主释迦牟尼，慈和安祥；左边是儒家始祖孔子，微笑谦恭；右边是道教主老子李耳，清高豁达，三教殿内中佛、道、儒的和平共处，体现了儒家思想"和为贵""仁者爱仁""智者见智"以及道家的"无量度人""礼度为先"和佛教"普渡众生"的思想，是三教思想融恰升华的展示，为指点世人化解矛盾纷争作出了榜样。三教殿东墙塑像为有巢氏、伏羲氏、神农氏和燧人氏，西墙塑像为轩辕氏和尧、舜、禹。头层殿和二层殿之间，二层殿与三层殿之间俱为穿堂门。头层殿和二层殿之间有东西配殿各3间，配殿在每年四月二十八日的泰清宫庙会期间是卖芭蕉扇子和避暑药物的地点。在前殿和二殿之间的甬路边有一高约1米的铜塑像1尊，此像后被盗卖。二层殿殿门对联为"花暖青牛卧，山空碧水流"。泰清宫于1967年前被沙河房屋管理所拆除，在原址建居民区。（见附图九）

十、三孝庵

三孝庵又称菩萨庙，位于泰清宫大街南侧的兴隆巷胡同东口，三孝庵座北朝南，有殿1间，殿外用木栅栏圈护，遗址现为民居。

十一、罗汉庙

罗汉庙在泰清宫大街南侧菩萨庙胡同南口路东，拆毁时间较早，沙河当地老人多无记忆。

十二、玉皇庙

建于明代，玉皇庙在巩华城北门内北城根大街路北。现在的药研家属楼锅炉房处。向南斜对勇家坑胡同（原玉皇庙胡同）坐北朝南。玉皇庙有大殿3间，东西配殿各3间，院内植有松柏树，有山门1座。供奉玉皇大帝塑像。1947年国民党青年团在此培训沙河附近青年学生，灌输"三民主义"思想。庙在解放后无人看守，破败不堪，药物研究所盖宿舍楼时残址被清理建为锅炉房。

十三、龙王庙

建于明代，龙王庙在巩华城西门内龙王庙头条西口。建筑格局为座北朝南，龙王庙由东西两个院落组成，山门在西院南墙，西院内大殿3间，殿内供有龙王塑像，殿前有水井1座。院墙东侧有门通往东院，东院为守庙人居住，有北房3间，东房2间。龙王庙北山墙外是后坑，后坑长约一里，宽约10—50米不等，是明代建造巩华城取土时留下的土坑，后形成河道。庙后坑边有1户农家，农家右侧亦有水井1眼，后坑已被北京桥梁建设公司第一工程处围占填埋。（见附图十）

十四、朝阳寺

建于明代，朝阳寺位于巩华城内西北角，今首钢第一线材厂北宿舍东墙外。建筑格局为座西朝东，内有三开间的大殿和东西配殿各3间，1955年前后被拆除改为西二村场院。

十五、土地庙

土地庙在北门西街南侧，后坑胡同北口西侧的后坑北岸。座北朝南，庙为1间，有山门1座，无配殿，现遗址为民居。

十六、圣文寺（沙河文庙）

清代乾隆年间建，原址在沙河第二小学。亦称圣仁寺、圣人寺、沙河文庙。因寺中供奉武圣人关羽而称圣人寺。清代北路厅所辖1州4县的乡试童子要到北路厅同知驻辖地巩华城进行考试，考试地点就设在圣文寺内，所以又称为沙河文庙。《清史稿》记载："雍正十年，议准，顺天府所属童生，除大宛两县外，其余二十三州，县童生，州县考后，俱由霸昌道录取送院，但该道驻扎昌平，童生赴试遥远，守候需时。查四路同知，分辖各州、县、道里适均。嗣后，二十三州县童生，于州县考后，令四路同知各按本辖之州、县就近分考，录取送院。该同知于驻扎地方酌设考棚，关防慎密，按期考试"。圣文寺建筑格局为座北朝南，寺门直对沙河行宫。有大殿3间，殿基高约1.5米，殿内正中为泥塑关圣帝君座像1尊，左塑有关平手捧印玺，右侧塑有周仓手持青龙大刀，大殿东西各有耳房两间，东西配殿各2间，配殿南侧亦有东西方向相对的厢房各3间，为守庙人居住。寺内有国槐数株，东西配殿中间有1株直径达三尺左右的国槐，下部有虫蚀出的大洞内可坐1位小孩，庙内国槐是明代建总兵衙门时栽种。圣文寺内有石碑1甬，石碑立于清乾隆五十六年六月，碑名为《圣文寺香火地碑记》。该碑已失，圣文寺香火地在本寺东西两侧，东侧香火地为东一村窦姓人家耕种，西侧香火地为西二村赵姓人家耕种，两块香火地各为20亩。东侧香火地1958年以后被沙河第二小学改成操场，西侧香火地被建成教室。圣文寺内塑像于1950年后被拉倒丢弃于圣文寺东墙外水坑内。圣文寺寺门对联分别为"刘朝义勇无双世，汉代英雄第一人""兄玄德弟翼德德兄德弟，师卧龙友子龙龙师龙友"。1942年，沙河南会、北会、东会三处学校学生合并到圣文寺一处，建立沙河镇完全小学（县立第二国民小学）。（见附图九）

十七、沙河城隍庙

建于明万历年间，沙河城隍庙坐落在巩华城内西南角，今沙河教工幼儿园。城隍庙西临南河槽大街，东临安济沟（东小街）。清道光年间北路同知刘遵海和光绪三年北路同知郑沂两次重修。该庙座北朝南，分东西两个院。东院为城隍庙，大门为3座门楼，进门后甬路东有钟楼1座，西有鼓楼1座，钟鼓楼有木梯可上下。正殿3间，正殿东西两旁各接耳房2间。东西配殿各3间。正殿明间前接抱厦1间雕栱彩绘。殿中有城隍塑像1尊，头戴乌纱帽，身穿大红袍，左面有判官，绿袍蓝面红髯手拿生死簿，右边为一厉鬼，面目狰狞，手执镣铐似提人模样。西跨院为守庙人居住，有南北房各3间，解放前看庙人姓高，沙河人俗称高老道。每年农历五月二十八日为城隍生日，乡民要唱戏三天祝贺，唱戏地点就在城隍庙庙门对面的戏台上。城隍庙内有清光绪三年所立《重修沙河城隍庙碑记》1座，现存于昌平公园石刻园。该庙先是改为沙河小学，后出租为西屋工厂，最后改成沙河教工幼儿园。城隍庙香火地有两块，一块15亩，在城西周家坟，另一块6亩在本庙前后。（见附图八）

十八、观音堂

建于明代，又称娘娘庙，是沙河城隍庙的附属庙宇。南河槽大街南口西侧，宏达超市后面是该庙原址。建筑格局为座西朝东，有大殿3间，供奉观音菩萨。大殿内左右殿墙上绘有壁画，壁画内容为骑白马的观音渡海。"文革"期间壁画被涂白灰，刷写成标语，1980年前后被拆除。有香火地两处，一处3亩在沙河北门外姑子坟，另一处30亩在桥南村。

十九、魁星楼

建于清乾隆年间，楼在巩华城东南角楼以北200米处的东城墙上，楼高约14米。分上下两部分组成，下部为八角圆柱支撑，上半部伞盖形八角飞檐，飞檐下挂有铜铃铛，上部塑有魁星塑像1尊，赤面红须手执朱笔。传说古时的科考状元都要由魁星批点，是生员们的敬拜之神。魁星楼上下两部分有木梯连接，登楼可俯视全城。该楼于1900年被八国联军炮击而毁，解放以后仍残留有楼的下半部基址，基址于1960年后随沙河城墙一同被拆除。建在巩华城东南城墙上的这座八角攒尖顶亭台式建筑的魁星楼，从美学上足以打破巩华城方形城楼的沉闷。魁星楼不仅在建筑美学上有特殊的作用，并且在表意上向人们展现巩华城是一个"四维"的意象。

二十、巩华城瓮城内四座庙宇

建于明代万历年间。明嘉靖二十二年，守备沙河城的官员曹松上书工部、兵部八事，其中一事就是请求在沙河城四门庙堂六处塑神像。万历元年，曹松所请八事得到明廷批准。沙河城四座瓮城所立神庙为道教神仙。扶京门瓮城西北角建有火神庙，展思门瓮城内建有皂君庙，镇辽门瓮城内建有娘娘庙（观音庙），威漠门瓮城内建有关帝庙。关帝庙外南侧建有一座戏台，戏台为条石砌成。南门火神庙现存完好已被修缮。西、北、东三座瓮城内庙宇均于解放后被占用瓮城的单位拆除，北门皂君庙被昌平供销社土产公司拆除，东门观音庙被东一村拆除。西门关帝庙被昌平县粮食局拆除。四座瓮城内庙宇均为座北朝南，有大殿一间，青砖垒砌。

二十一、流沙寺

坐落于巩华城展思门外。据《光绪昌平州志》记载：流沙寺，在巩华城北关外，元皇庆年建（1312）。明崇祯十六年北京地区大疫流行，居民死伤无数，十月，巩华城群鬼夜号，月余乃止。守城官兵连夜出沙河北门，拆除流沙寺残存殿堂，以遏群鬼夜号。该寺是沙河地区有记载的最早寺庙。

二十二、巩华城内戏台

巩华城内戏台有3座，1座在东门内泰清宫大门外道南的九如餐厅处。每逢泰清宫庙会在此演戏。另1座戏台在沙河城隍庙大门外南侧，每年农历五月二十八日为城隍生日，乡民要请戏三天祝贺，唱戏地点就在城隍庙庙门对面的戏台上。第3座在西门威漠门瓮城内西北角关帝庙，庙门外南侧建有1座大戏台。

二十三、"敦厚乡里"影壁

建于民国，"敦厚乡里"影壁在巩华城内皇城根大街南口东侧，影壁座东朝西，面对南庄子街。该影壁基址就是原北路厅同知署衙门西墙址，解放初期仍然可见。

二十四、西沙屯药王庙

西沙屯药王庙在沙河镇西沙屯村，座北朝南，两进院落。明清两代多次修缮。山门为歇山式，中殿带月台，两旁竖碑，后殿为硬山五间建筑。年久失修，两庑配殿坍毁改建，中殿毁于1988年木器加工厂火灾，现仅存山门和后殿。山门正上方匾额内写着"古刹药王庙"。前殿无存，中殿前面现存1块乾隆五十七年四月所立的药王庙重修碑记。后殿是药王庙的主殿，面宽5间，前出廊后出厦，建筑面积近200平方米。西沙屯药王庙内供奉的是隋唐时代的药王孙思邈。药王庙北墙外有100亩地，是药王庙的香火地。西沙屯药王庙的庙会是农历四月二十八日。药王庙有人说始建于唐，民间口口相传说是元朝。西沙屯药王庙是北京白云观的下庙，主持道长由白云观指派，1958年文物普查时药王庙建筑十分完整。据《文物参考资料》1956年12期记载北京市监察局及文化局为昌平区马池口乡友联农业生产合作社破坏明代佛像发出联合通报中记载："昌平区马池口乡西沙屯有药王庙一座，该庙兴建于明代，清康熙时重修。庙内有三座佛像、十八尊罗汉像及两个站童像。根据文化局文物调查组的调查，这些佛像都是木制漆金，雕工精细，佛腹中藏有明万历时印的佛经。今年四、五月间昌平区马池口乡友联农业生产合作社社长为了解决社员春耕时生活困难，并未向区、乡请示，即和乡党总支副书记、副社长、社保管员、社员等人去庙内将佛像的背光砸碎，把铜镜取下（卖了24元），并将三座佛像破开寻找财物。后来为利用庙做仓库，又把佛像及罗汉像推倒，将庙占用。从佛像腹中取出的佛经也被散失"。自此之后药王庙先后作为生产队仓库、西沙屯小学校、木器加工厂而逐渐败落，特别是1988年木器加工厂在中殿内的一把大火，烧毁药王庙中殿，使药王庙更加残存无几，现仅存山门、中殿地基遗址、西配殿（已改建）和后殿。

第十五章　历代沙河吟咏记

边贡沙河即事

放马野田草，路回登古原。

鸡鸣桑下屋，牛卧雨中屯。

白日浮山影，长桥下水痕。

煌煌中使出，束帛自陵园。

孙堪沙河晓发

月斜犹带雨，日出渐收云。

凉入青郊透，阴从碧树分。

幡幢看熠耀，缟素尚缤纷。

无限仙凡意，名香宝鼎焚。

崔学履安济春流

沙河南去锦帆稠，春水偏宜估客舟。

共指灵源通潞水，喜看幽派即沧州。

尽多沙渚眠鸥鸟，欲傍星搓犯斗牛。

畿辅名区多胜绝，楚云湘月共悠悠。

程敏政过沙河感中元诸公遇雨有作

平田白草望中齐，断垄危桥幸屡踬。

颇爱初阳先煦煦，欲怜旧雨尚凄凄。

龟跌古碣看遗篆，驼背军储困远赍。

短策羸骖还少憩，道旁炊午断霜□。

前人：沙河道中大风与李学士联句

掩地颠风作暮寒，乱云羁思雨漫漫。
沙飞屡却行人步，天冷谁供逆旅餐。
岂有贤劳裨国事，最惭多病负儒冠。
停骖小憩斜阳里，莫问前头道路难。

郭维藩：沙河行宫候驾

云里飘飘飐凤旗，芳草绣陌自逶迤。
铁衣遍绕青山口，黄屋高张绿水涯。
辇过即看花竞舞，龙行恰有雨相随。
候朝帐殿归村远，宛转风林马去迟。

张治：沙河候驾

沙河远泛白浮来，帐殿新依碧涧开。
万骑似云屯虎豹，千峰如韧护蓬莱。
草承香辇含烟细，鸟避仙幢拂树回。
簪绂十年叨扈从，甘泉惭乏子云才。

王维桢：沙河

晓日平郊远色分，皇家千嶂抱诸坟。
沾花车骑微闻露，过水冠裳润带云。
绣壁斜翻丹凤势，回沙细拥白蛇文。
词臣预喜瞻依地，宝篆穹碑七帝勋。

崔学履：安济春流

野岸莎明雁，河桥柳转莺。
雪消春涨稳，渔艇去来轻。

林垠：沙河行宫诗

宫殿连云起，城楼入汉低。

寒鸦如望幸，朝夕自悲啼。

吴宽：渡沙河

桥下流澌玉一湾，十年重此照衰颜。

疏林小店行厨设，落日平原猎骑还。

韦杜南连多白草，居庸北界尽苍山。

天寒喜报王师转，驿路无尘羽檄间。

戚元佐：巩华城即事

巩华晴散紫宸朝，晓度春风威漠桥。

花映前茅仙跸引，日临左纛玉骢骄。

山回御气云中转，炉袅天香仗外飘。

六尚才人都后乘，彩霞深处拥笙韶。

王维桢：巩华城陟眺

沙城粉堞喜初凭，壮接神京亦股肱。

地涌云霞围御宿，峰悬松柏认皇陵。

青青辇道青苔合，宛宛灵山紫气凝。

尽说经营劳睿思，群工莫自论微能。

许毂：沙河道中和汝湖韵

五渠春水接天河，玉辇经游紫气多。

夹路羽仪交日驭，行宫仙乐动云和。

飞鱼口外龙游转，洗马桥边豹尾过。

独羡上卿遥扈跸，诗来传出凤凰坡。

《沙河镇》崇祯八年王铎

公田沙土积，喜遇旧春山。人屋胡尘断，寝园石兽新。

桃开潭外火，磬落宦中身。未定玉泉趣，鸥心疏与亲。

耿继先：之官前一日沙河即事
朝宗桥拥巩华城，御宿经过此地名。
易代仅存黄屋制，到宫新见绛骓迎。
漫劳道上夸童叟，旦喜边垂寝甲兵。
咫尺天威颜不远，几回清梦绕神京。

前人：巩华城口占
负此嘉名曰巩华，漫漫一望总平沙。
琉璃古瓦前朝院，此外居民共几家？

杨自牧：沙河
人家寥落戍城荒，安济遥连潞水长。
屡过石尤沙回起，空思清樾柳千行。
河鱼春至收罗网，塞马西来结帐房。
试问题诗桥上客，可曾凭吊立斜阳。

建军诗词六首

安济春流
久居蓬莱处，未曾睹春流。
踏歌寻故迹，野径惹人愁。
钓鱼台前仁，水浅无鱼游。
碑石掩落日，两岸夹残柳。
回首望云天，滨草鹤曾留。
白帆伴古城，安济驻春流。

观高速辅路红叶有感
香山红叶誉京华，秋霜凝露逾雨花。
观叶何须登炉顶，满目葱茏映壁霞。

巩华秋月

秋深炎暑去，斜影无眠意。

推窗悄问月，铺地芦花絮。

六月十七日沙河喜雨

北山云郁青如墨，惊雷震宇一线破。

疾风掠浪天河泻，一湖新涨连天阔。

忆江南·南沙河

榆河水，碧水浪汀洲，两岸晓风偕新柳，一帆直下北通州，春意亦无愁。

军都故城

昌平士人寻访军都城，城垣轮廓岁久俱无存。

惜不能置身当年目繁景，吁嗟城乎奈尔何？

但见垣墙蜿蜒成墟土，草深林暗埋孤井。

太行三折横幽燕，清泉五注汇榆河。

当年军都燕山前，战鼓旌旗敝日连。

汉家男子夹弓羽，匈奴小儿猎农田。

可怜军都城百尺，榆水不挡马弓弦。

军都城外榆河畔，荒郊处处拾遗箭。

白骨嶙峋诉怨情，何时生于太平年。

岁月悠然两千载，人间已然换新颜。

本书主要参考资料

南北朝

［北魏］郦道元《水经注》

明朝

宋濂主编《元史》

顾炎武《昌平山水记》

谈迁《北游录》

蒋一葵《长安客话》

刘若愚《酌中录》

赵其昌《明实录北京史料》《崇祯实录》

谷应泰《明史纪事本末》

清朝

《光绪顺天府志》

《日下旧闻考》

《光绪昌平州志》

《昌平外志校理》

《读史方舆纪要》

《清史稿》

《西巡回銮始末》

《清实录北京史料》

现代

王永斌《北京的关厢乡镇和老字号》

内藤湖南《燕山楚水》

《北京市昌平县地名录》

《北京市昌平县城镇体系调查研究》

《昌平》北京图书馆出版社

成大林的《居庸关杂考》

《徐好民集》之4——地象概论

《巡根月刊》2007年4月卷作者毛丁。

《十三陵大事记 》

《北京历史文物志》

《明朝帝王陵》胡汉生著

《昌平掌故》

《昌平县志》

采访人物

昌平区沙河镇梁伯卿，李式元，赵平来，李同，李秀玉以及许多不知道姓名的沙河老先生。

附图一：巩华城街巷图

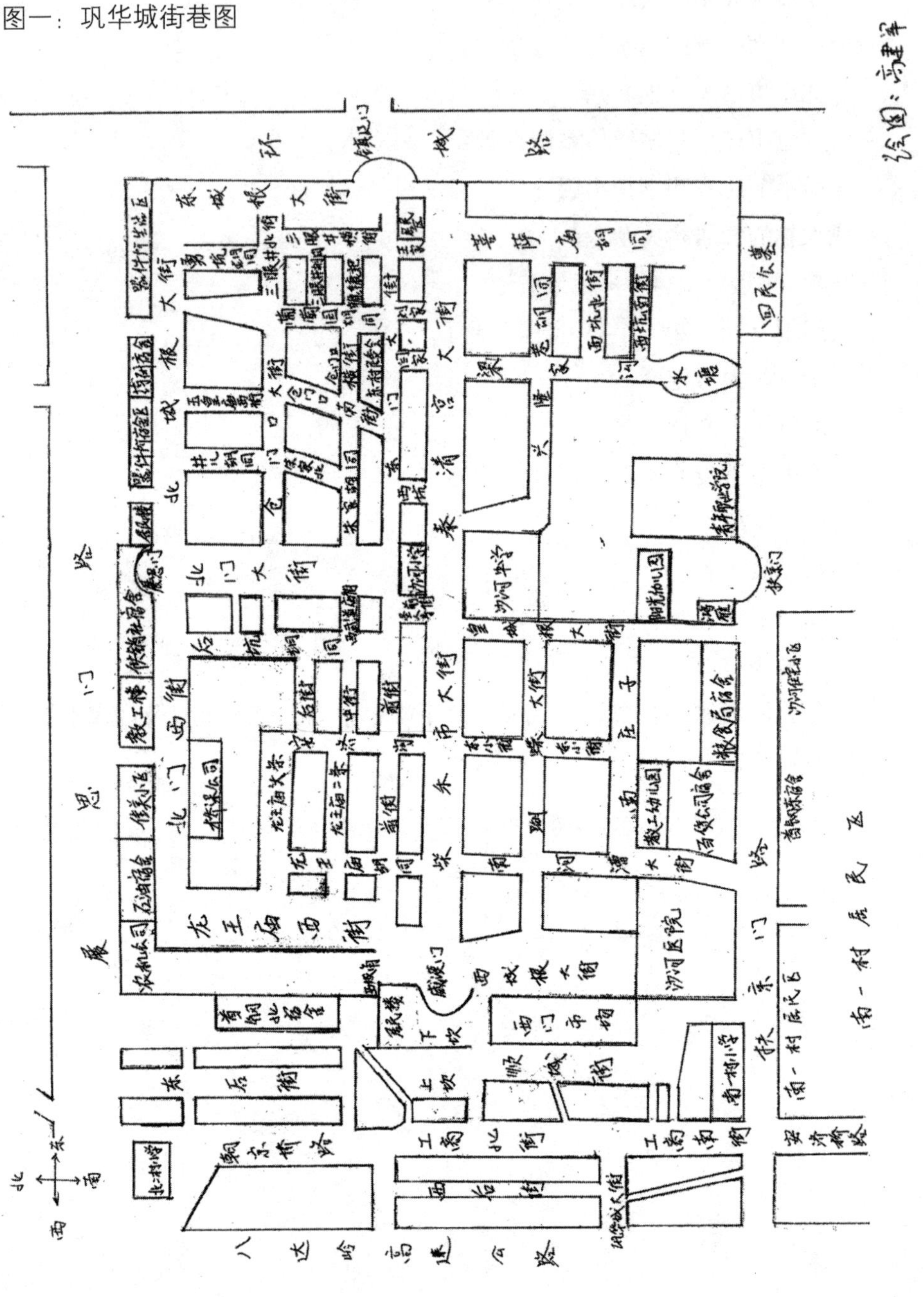

附图二：京北大道历史变迁示意图

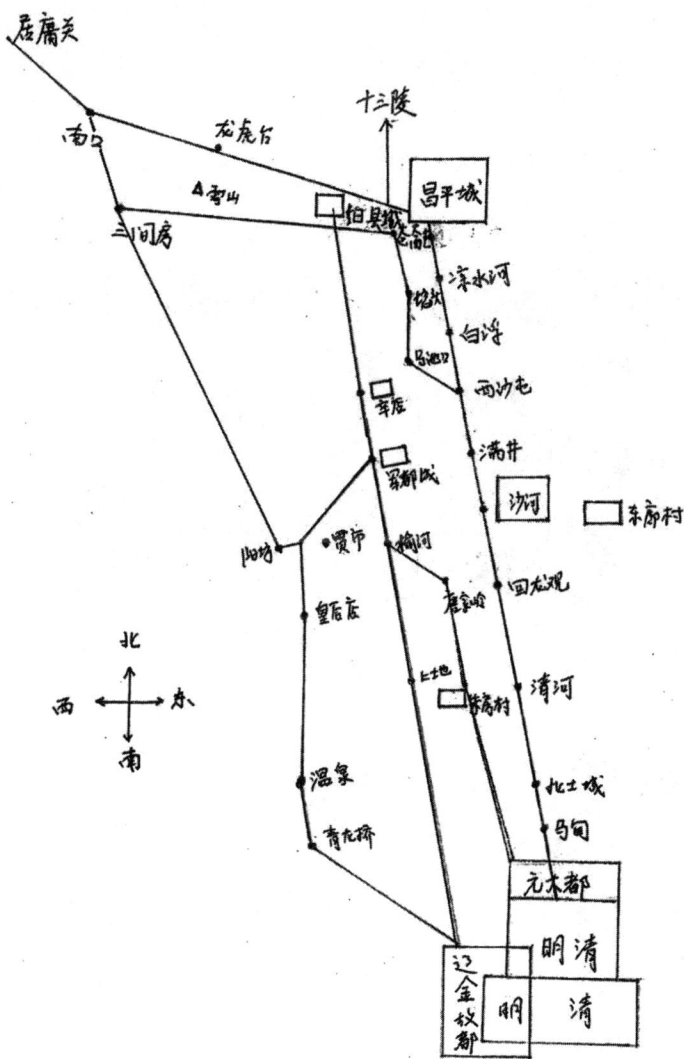

绘图：高建军

附图三：明清沙河地区京北大道示意图

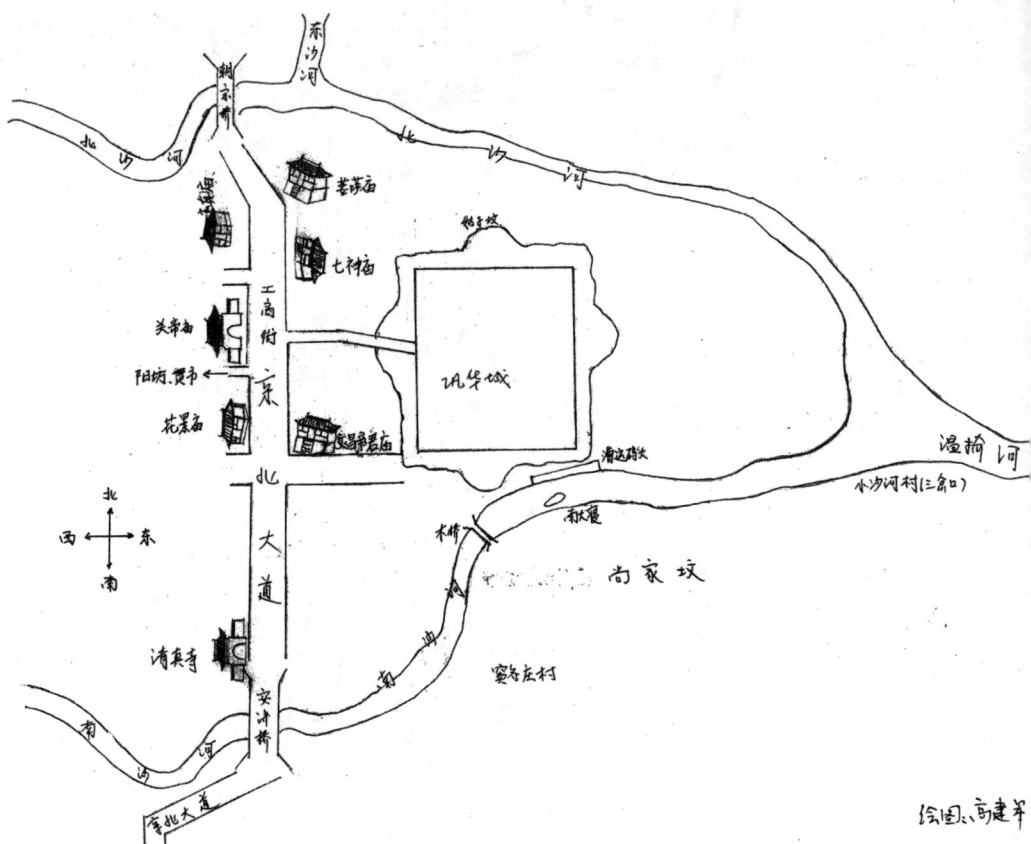

附图四：杨守敬《水经注疏·湿余水》图

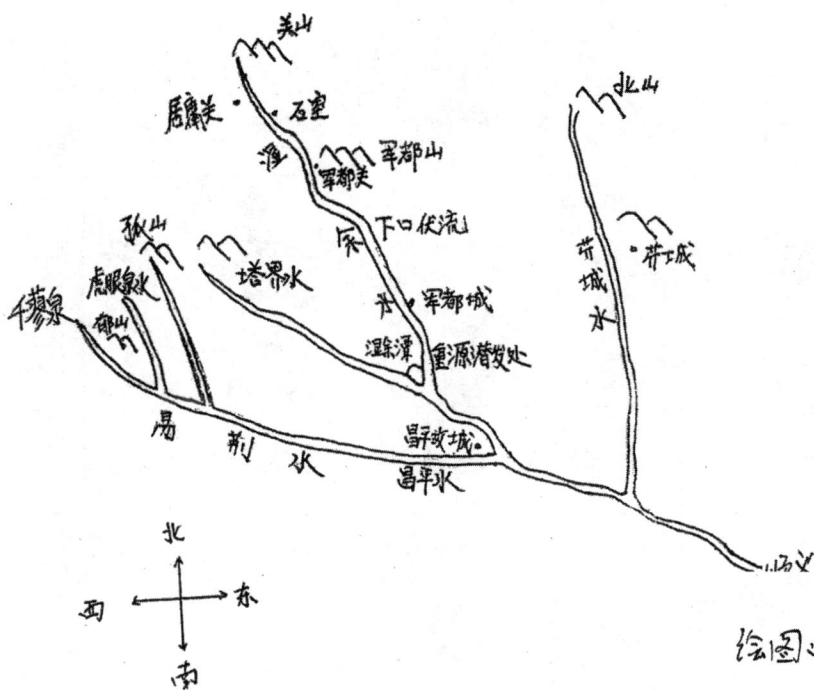

关山

居庸关·　石室

军都山

军都关

孤山　　　　下口伏流

虎眼泉水　塔界水　　　北山

[?]泉　[?]山　　　　军都城　　　芹城

　　　　　湿[?]潭　重源潜发处　芹城水

易　荆　水　昌敬城·

　　　　昌平水　　　　　　[?]水

北

西　←　→　东

南

绘图：高建军

附图五：明清巩华城示意图

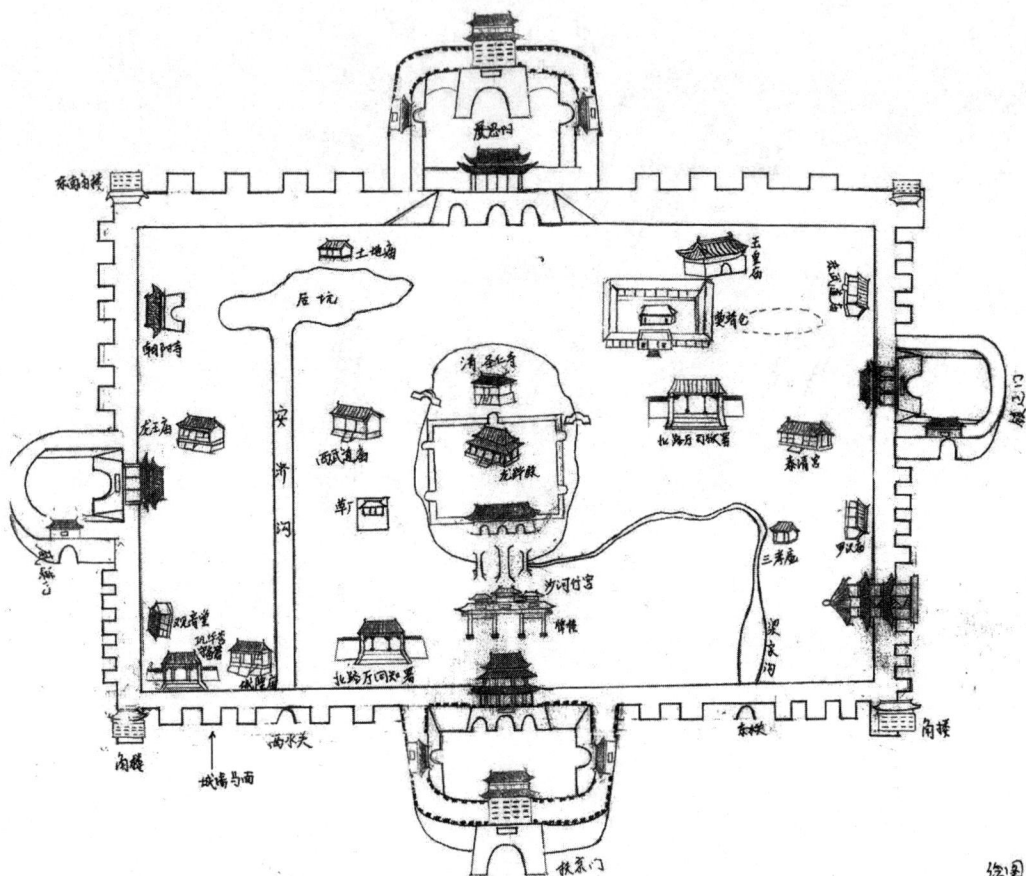

附图六：民国二年沙河镇图

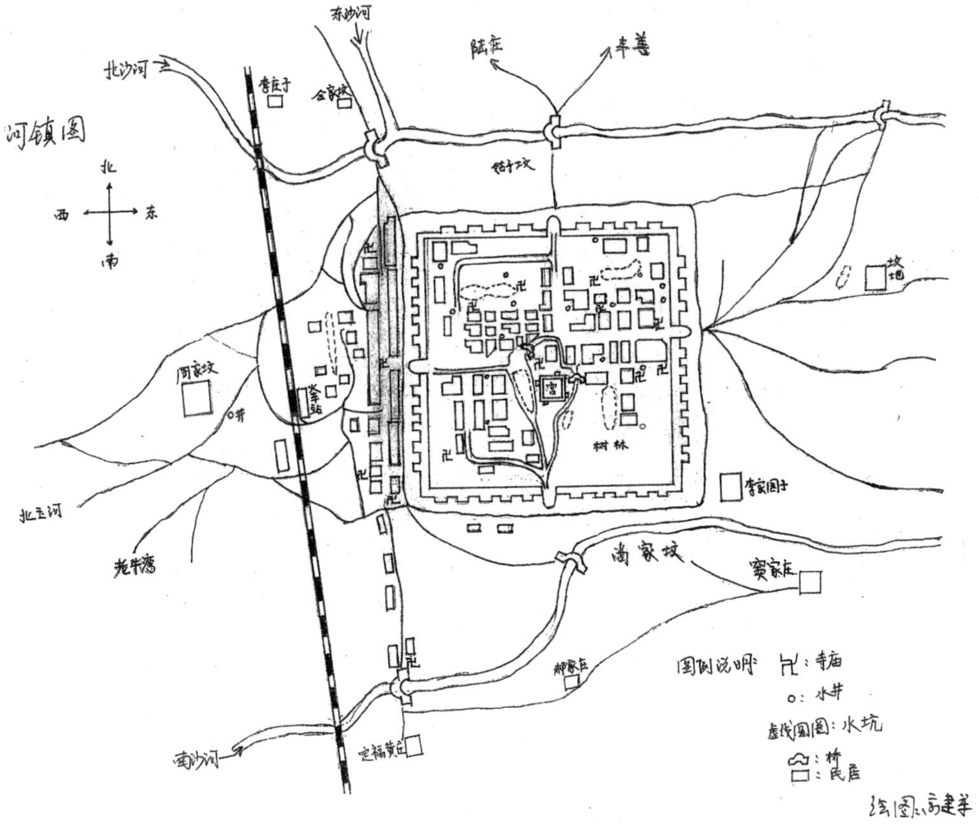

附图七：明清巩华城守备署示意图

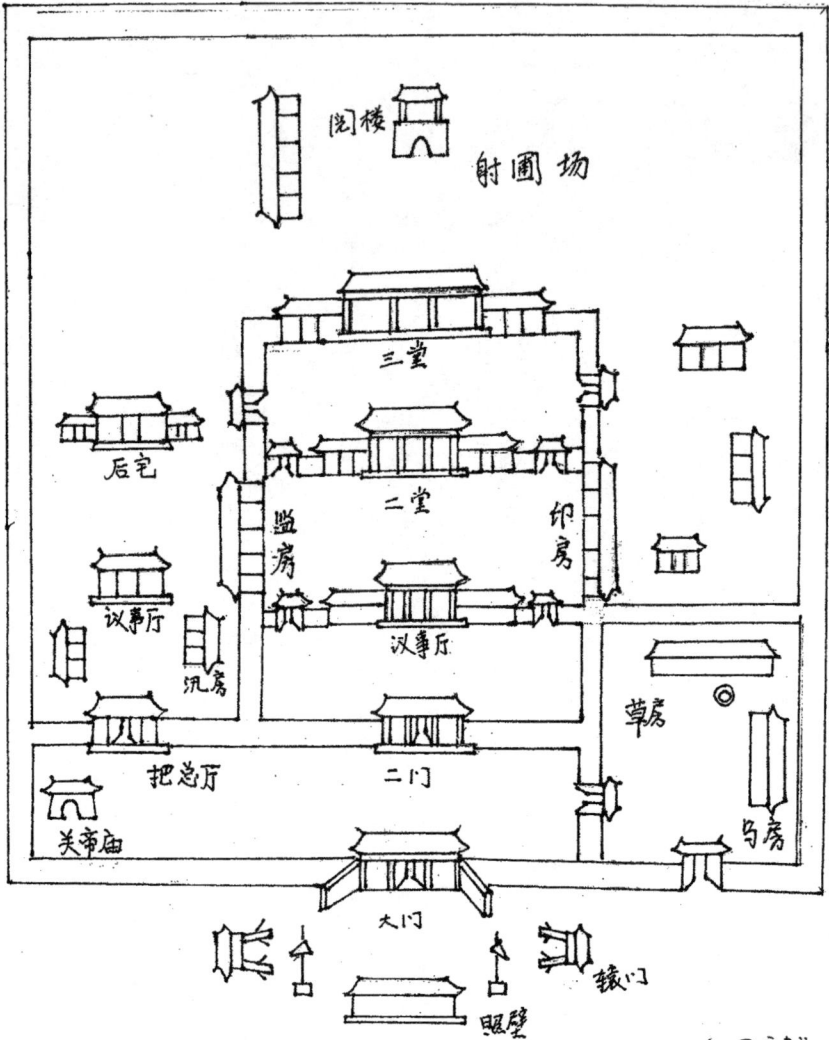

附图八：清顺天府北路厅署

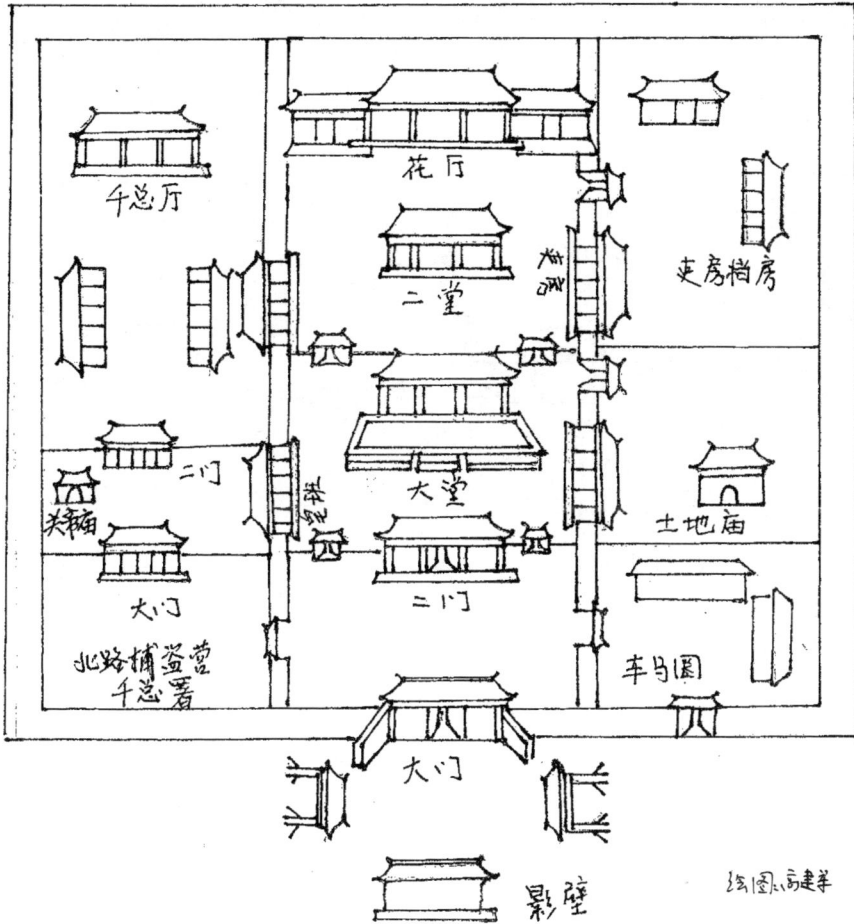

千总厅

花厅

二堂

吏房档房

二门

关锁

大门

大堂

土地庙

二门

北路捕盗营
千总署

车马圈

大门

影壁

绘图：高建军

附图九：沙河城隍庙示意图

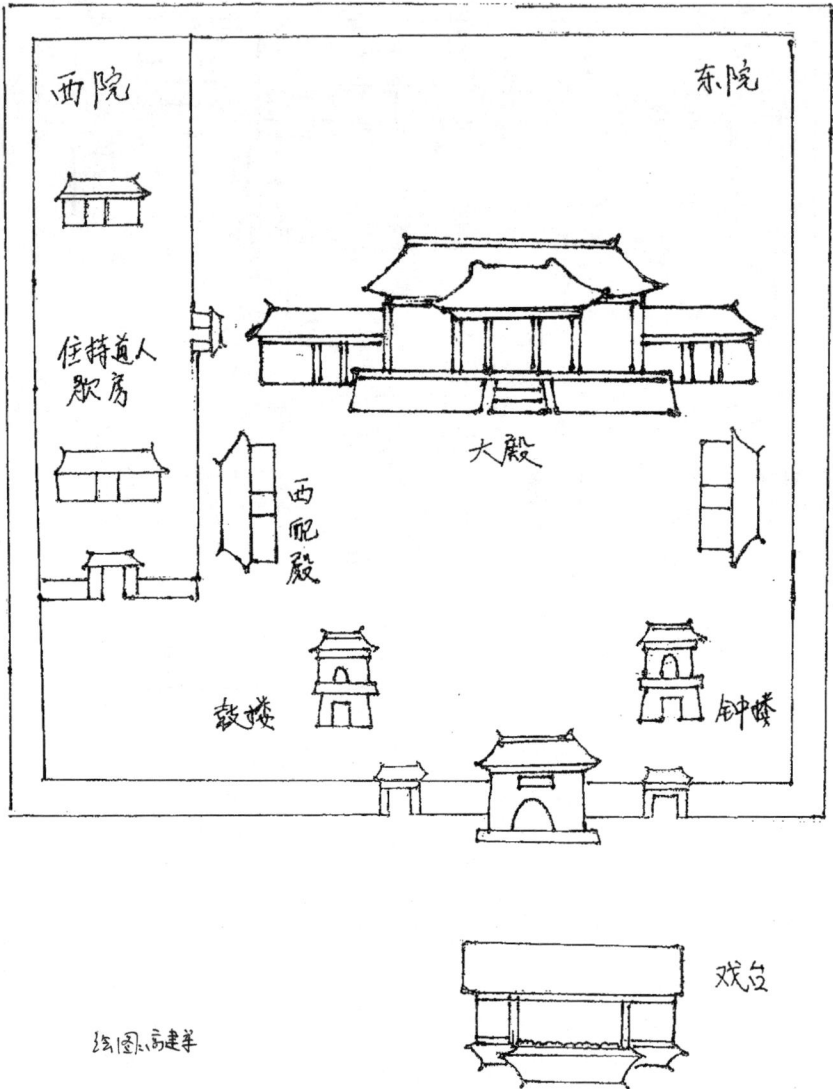

附图十：沙河圣文寺及泰清宫示意图

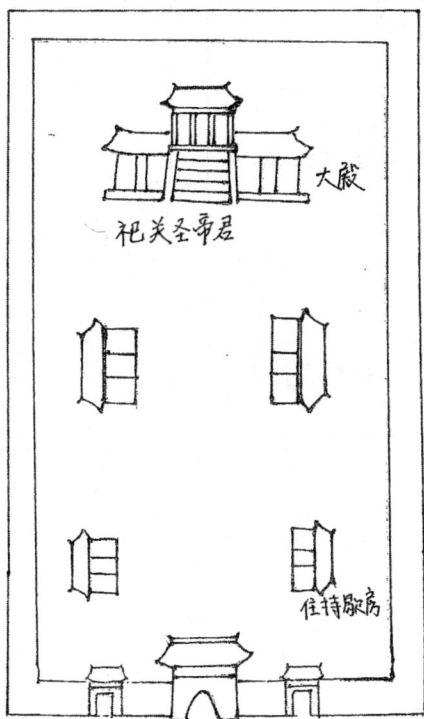

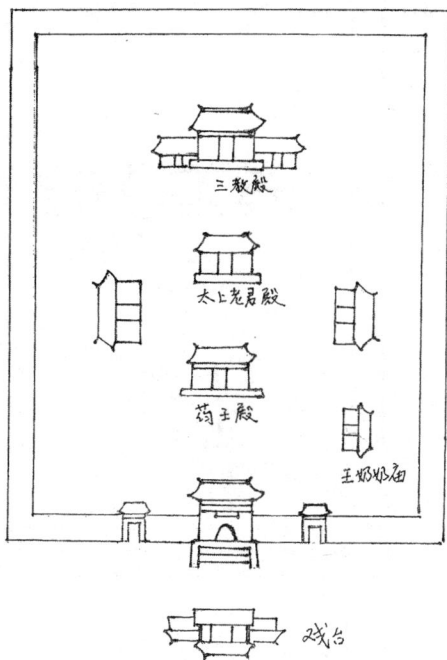

沙河圣文寺示意图　　　绘图·高建华　　　泰清宫示意图

附图十一：沙河龙王庙及北路厅司狱署示意图

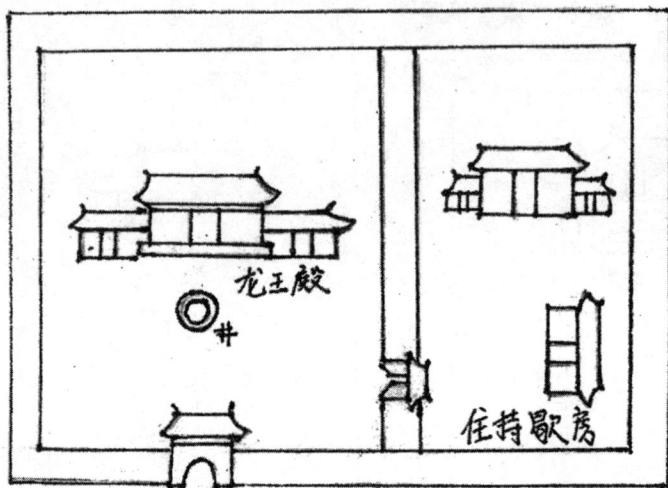

龙王殿

井

住持歇房

龙王庙示意图

绘图：高建华

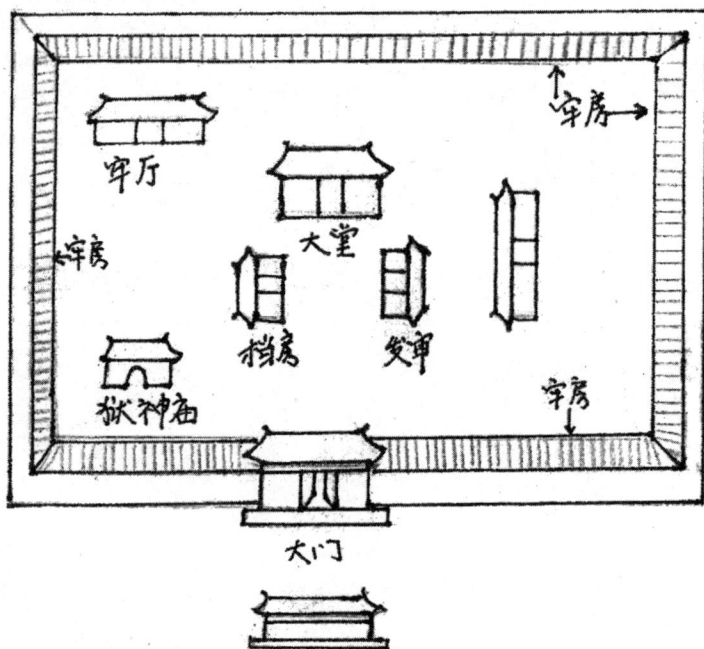

牢房

牢厅

牢房

大堂

档房

发审

狱神庙

牢房

大门

司狱署示意图